本书是教育部人文社会科学重点研究基地重大项目"从地域社会到移民社会的转变——中国城市转型研究"(项目号:18JJD840002)结项成果

珠三角移民与城市化研究

STUDY ON THE MIGRATION AND URBANIZATION
IN THE PEARL RIVER DELTA OF CHINA

周大鸣 等 著

社会科学文献出版社
SOCIAL SCIENCES ACADEMIC PRESS (CHINA)

图书在版编目(CIP)数据

珠三角移民与城市化研究 / 周大鸣等著. -- 北京：社会科学文献出版社, 2023.5
ISBN 978 - 7 - 5228 - 1449 - 0

Ⅰ.①珠… Ⅱ.①周… Ⅲ.①珠江三角洲 - 城市化 - 研究 Ⅳ.①F299.21

中国国家版本馆 CIP 数据核字 (2023) 第 031757 号

珠三角移民与城市化研究

著　　者 / 周大鸣 等

出 版 人 / 王利民
组稿编辑 / 刘　荣
责任编辑 / 单远举　王玉敏
文稿编辑 / 周浩杰
责任印制 / 王京美

出　　版 / 社会科学文献出版社 (010) 59367011
　　　　　　地址：北京市北三环中路甲 29 号院华龙大厦　邮编：100029
　　　　　　网址：www.ssap.com.cn
发　　行 / 社会科学文献出版社 (010) 59367028
印　　装 / 三河市尚艺印装有限公司

规　　格 / 开本：787mm × 1092mm　1/16
　　　　　　印　张：15　字　数：247 千字
版　　次 / 2023 年 5 月第 1 版　2023 年 5 月第 1 次印刷
书　　号 / ISBN 978 - 7 - 5228 - 1449 - 0
定　　价 / 99.00 元

读者服务电话：4008918866

版权所有 翻印必究

目录
CONTENTS

导论　中国城市的转型：从地域社会到移民社会的转变 ………… / 1

第一编　珠三角的城市转型

珠江流域的族群与文化 ……………………………………………… / 13
珠三角地区人口迁移数据分析 ……………………………………… / 26
改革开放后珠江三角洲外来人口政策迭代研究 …………………… / 44
珠江三角洲农村改革开放四十年 …………………………………… / 63
从乡村到城市：文化转型的视角 …………………………………… / 72

第二编　珠三角的城市移民

农民工"转工"研究 ………………………………………………… / 91
从农民工到城市新移民 ……………………………………………… / 105
珠江三角洲经营型移民的社会流动 ………………………………… / 120
在穗非洲导购中介商的社会网络研究 ……………………………… / 135

第三编　移民、都市化与"二元社区"

移民与珠江三角洲城镇的发展 ……………………………………… / 151
珠江三角洲移民结构与城镇社会特征 ……………………………… / 165

从"二元社区"到社区融合 ································· / 178

"二元社区"与都市居住空间 ···························· / 195

移民与城市活力 ·· / 205

后记　我的珠江三角洲研究之缘 ························ / 216

导论　中国城市的转型：从地域社会到移民社会的转变[*]

过去我们时常探讨"文化转型"。一些学者习惯使用"文化变迁"这一概念代替"文化转型"，比如林淑容认为，"社会转型"和"文化转型"是两个建构的概念，相较于文化转型，她更赞同使用"文化变迁"概念，认为基本上没有所谓的文化转型，也就是说，文化从这个模式完全转变到另外一个模式，而这个模式与过去的模式是截然不同的，这是不可能出现的，因而文化只有延续、断裂、复振与创新。[①] 也有学者赞同使用"文化转型"概念，比如徐新建等认为随着权力支配方式转变，文化形态亦发生一种根本性的转变，同时，在当代社会使用文化转型概念也是一种策略性的选择。[②] 笔者以为"文化变迁"与"文化转型"是两种说法的不同，而非概念性的不同，二者都旨在对当今社会文化现象的变化进行描述。笔者更倾向于使用"文化转型"概念分析当代城市社区在结构层面呈现的急剧变迁现象。

笔者曾撰文探讨过都市化过程中的文化转型问题，从家庭、社会关系以及社会整合模式等角度探讨了都市化过程中的文化转型现象，认为文化转型具体表现在道德伦理的弱化、"圈子"的变化、乡村整合模式及人际关系的功利主义取向等方面。[③] 中国过去的文化是在农业文明的基础上形

---

[*] 本文原载于《社会学评论》2017年第6期，第3—10页，题为《从地域社会到移民社会的转变——中国城市转型研究》，收入本书时有修改。

[①] 林淑容：《文化传统VS农村现代化——以贵州侗族的文化观光与经济发展为例》，载安晓平、徐杰舜主编《社会转型与文化转型》，黑龙江人民出版社，2013，第128页。

[②] 徐新建等：《社会转型与文化转型·海峡两岸圆桌论坛·实录》，载安晓平、徐杰舜主编《社会转型与文化转型》，黑龙江人民出版社，2013。

[③] 周大鸣：《都市化中的文化转型》，《中山大学学报》（社会科学版）2013年第3期。

成的，而现在我国城市人口超过了农村人口，开始了从农业社会向都市社会的转变，这是否也伴随着文化转型？与此同时，我们的城市本身是不是也在发生着转型？刘创楚、杨庆堃认为，自近代以来，中国的城市发生了巨大的变迁，他们将19世纪中叶至20世纪中叶这一时段的城市化称为商埠城市化，而从新中国成立到20世纪末中国的城市化又先后经历了急速城市化、逆城市化、迅速城市化三个阶段；相应地，城市组织系统也经历了变迁，面临组织效用与效率等挑战与问题。[1] 笔者以为，当代中国的城市正处在一个转型期，中国的城市过去是建立在地域社会之上的地域城市，现如今正在向移民城市转变。这是笔者最近提出的一个概念和思路，将在本文进行讨论。当然，本文的论述及许多观点仅仅是尝试性的，而并非确定的结论，其中有许多的问题仍然值得深入探讨。

一 "地域社会"概念试析

笔者尝试使用"地域社会"这一概念对中国传统社会进行描述与概括，认为地域社会是在一定的地域文化基础之上而形成的社会。笔者以为地域社会的形成与以下因素相关：社会经济的运作模式、相关联的国家行政制度、市场体系的发生与形塑，以及较为保守的移民政策。具体来说，传统中国社会是以农业为主的社会，以土为生的人不愿意轻易搬迁，久而久之也就形成了安土重迁的习惯。中国的农业传统与欧洲及美洲国家的有所不同，后者经营的是粗放型的农业。许倬云认为，自汉代以来，中国的传统农业走的便是一条精耕细作之路，形成的是小农经济的社会经济形态。传统社会推行"重农抑商"政策，与此种社会经济形态之形成亦有重要关联。对工商业的抑制并没有阻碍人们对于土地财富的追逐，尽管中央政权推行政策的初衷是强调以农固国，鼓励人们重视农业生产，然而却不可避免地导致了小农阶层的兴起，其典型的呈现方式是以主干家庭为基本生产和消费单位。[2] 在中国农业社会里，由于是以家庭为生产和消费单位，

---

[1] 刘创楚、杨庆堃：《中国社会：从不变到巨变》，香港中文大学出版社，1989。
[2] 〔美〕许倬云：《汉代农业：早期中国农业经济的形成》，程农、张鸣译，江苏人民出版社，1998。

其基本特征是生产的产品用于自身的消费,而不是作为商品进行交换,这在中国的农业社会是一个很重要的特点。那么,随着人口不断地增长,农户自身的消费也不断增长,而耕地面积却没有太多的增长,所以只有在有限的单位面积上不断地增加劳动力的投入以获得更多的产量。[1] 这就是黄宗智先生所描述的农业经济内卷现象。

过去,中国传统农业型社会通过"集市"把一家一户的小农联系起来,传统中国小农经济的耕作方式有一个很重要的特点,即在农忙和农闲的时候对劳动力的需求差别很大,农忙的时候大家要精耕细作,"种田如绣花",需要投入大量的劳动力,农闲时农民无农事可以忙活,就做些其他营生,因而过去的小农经济基本上是兼业型的,也就是说一个家庭除了经营农业之外还生产其他的东西,常见的如小手工业产品等。因此兼营家庭手工业也是中国小农经济的一个特点。而又由于家庭手工业生产出的产品不仅满足自身消费,还会拿到市场上交换,这样一来就形成了集市体系。农村地区"三天一小圩、五天一大圩"的这种圩(集)市非常发达,各家各户逢时便将自家多余的农产品、手工业产品拿到市场上去交换,把自己所需要又不能生产的东西交换回来,这也是中国传统社会的特征之一。久而久之,这些集镇也成为交易的中心,成为一种类型的城市。而从市场体系的发展来说,农民被镶嵌到市场关系之中,加之存在缴纳税收等现金的需求,便会更加依赖市场交换,进而将更多的土地变卖以换取金钱。农民卖掉了土地成为佃农,此类的人口增多超出土地负荷的时候,政府便会进行政策的调控。然而传统中国的人口政策是较为保守的,一方面,人口的自由流动会受到限制,从秦朝开始,自由迁徙便是被禁止的;[2]另一方面,政府推行的移民政策大多是出于巩固北部边防的军事目的,比如屯民等边疆永久性移民。[3] 另外,新中国成立以后还有一个很重要的制度变革,就是严格的户籍管理制度的建立。这种严格的户籍制度限制了人口的流动,限制了移民。这种制度也在很大程度上限制了人们在城乡之间、城市与城市之间的流动,强化了地域城市的发展。

---

[1] 〔美〕黄宗智:《长江三角洲小农家庭与乡村发展》,中华书局,2000。
[2] 〔美〕许倬云:《汉代农业:早期中国农业经济的形成》,程农、张鸣译,江苏人民出版社,1998。
[3] 〔美〕许倬云:《汉代农业:早期中国农业经济的形成》,程农、张鸣译,江苏人民出版社,1998。

中国虽然是一个统一的国家，或称为大一统国家，然而事实上，中国社会的内部差异极大。习惯上，我们以地域来划分不同的文化类型，比如中原文化、闽南文化、江南文化、吴湘文化、闽粤文化等，即有多种地域文化类型。如今社会科学界对明清以来的中国社会比较侧重对地域社会的研究，现在经常讨论地方与国家的关系，就是研究在一个大的历史背景下被淹没各个区域的历史，而事实上有的区域历史和大的历史不一定同步，各区域的发展史也不一定是一样的。以昆明市为例，昆明市这个地方在唐代的时候属于南诏国，在宋代的时候则属于大理国，因此，每一个地域都经历着自身的一个过程，而且我们中国各个地区的差异非常大。具体来说，首先表现为不同地域之间的语言的差异、习俗的差异、饮食的差异、住宿的差异。如果大家属于不同的群体，就会有不同的认同。总之，地域社会从总体上说，其结构是相对稳定的；由于受到族群、自然地理环境、历史，特别是移民迁徙等要素的影响而呈现出极大的文化差异。

二　地域、区域与城市社区

从城市社区入手是观察中国社会从地域社会向移民社会转型的一个微观视角。马克斯·韦伯在讨论中国古代的城市时讲到，中国的城市是王者或管理人员，以及工匠、商人的聚居地，在很多时候也是政治的中心，是军事要塞。[1] 作为政治中心和军事要塞的城市建设首先就是要建设一道城墙，即高筑墙，它要有很好的防卫功能。欧洲的城市跟中国的城市有所不同，欧洲的城市很多是以宗教为主体，其最重要、最核心的建筑大多与宗教信仰相关，因而欧洲城市首先是一个神圣的中心，然后才是一个世俗的中心。刘创楚、杨庆堃将城市社区定义为"非农业的、异质性的社区"[2]，将城市区分为"军政的城市"和"经济的城市"两大类，认为中国最初只有军事及政治的城市，而后经济类的城市才逐渐形成。基于对城市社区的定义，刘创楚、杨庆堃认为中国的四大镇，即朱仙镇、佛山镇、景德镇、

---

[1] 〔德〕马克斯·韦伯：《儒教与道教》，王容芬译，商务印书馆，1995。
[2] 刘创楚、杨庆堃：《中国社会：从不变到巨变》，香港中文大学出版社，1989。

武昌镇都是经济性的城市。① 然而不少的此类城市都是以生产官宦人家所用之物为主，所生产的物品较少投放到市场进行贸易，比如景德镇就是有名的官窑，因此传统中国也难以产生资本主义城市发展的基础，中国经济性城市的形成与发展仍然与西方城市有本质的差别。

笔者认为中国传统城市是建立在地域社会之上的。对在地域社会之上形成的地域城市，笔者概括了一些特点。第一，人口是以周边的农村移入城市的居民为主。比如上海，上海是一个移民城市，移民主要来自苏南和浙北，因此上海话是以苏州话为基础的一种方言，只不过音调发生了一些变化。第二，过去的城市是因周边的人移入形成的，因而其居民就是以某一种方言群体为主体，所以地域城市的语言基本上是以某一种方言为主。比如在南宁，这个特征现在表现得并不是特别明显，过去南宁有南宁的白话，城内讲白话，城外可能不太一样。又比如广州整个城市流行广州话，上海流行上海话，在武汉有武汉话，在长沙有长沙话，这些城市的居民就是以某一方言群体为主体。第三，地域城市同时也是行政区划的中心，几乎每一个中国城市都是相应地域的中心，当然这也跟我们的历史有关系，因为中国历来把城市作为一个军事、政治中心。所以，中国革命走的也是农村包围城市的道路，一个区域也有区域性的城市，这跟中国传统上以城市作为主要的政治中心有关系。第四，城市居民在严格的户籍制度下，形成相对稳定而区隔的群体，并形成了强烈的地域城市认同。

三　移民与城市社区的转型

城市社区的转型是伴随着"移民时代"而到来的。随着工业化、城市化的推进，近年来国内人口的流动数量非常大，每六个人中就有一个人是流动人口。② 数据显示，2011年北京市全市的流动人口的比重已经达到40%。③ 在广东省，特别是珠江三角洲（珠三角）地区，流动人口的比重

---

① 刘创楚、杨庆堃：《中国社会：从不变到巨变》，香港中文大学出版社，1989。
② 国家人口和计划生育委员会流动人口服务管理司编《中国流动人口发展报告2012》，中国人口出版社，2012。
③ 陆学艺等主编《2012年北京社会建设分析报告》，社会科学文献出版社，2012。

5

更大，比如深圳市常住人口为1000万，其中非户籍人口700万，占常住人口的70%左右。① 东莞外来暂住人口435万，常住人口830万，外来暂住人口比例超过50%。② 因而总体上看，珠三角地区移民的数量已经超过了本地原有的人口数量，原来的人口结构被改变。另外，当代中国的人口流动总体上是单向的，俗称"一江春水向东流"，即人口主要是从西部向东流，向东南沿海流，向较大的城市流动。从2000年与2010年中国区域人口流动数据比较来看，流动人口的总体区域的变化为：2000年东部流动人口占绝对多数，到2010年西部的流动人口的增长速度超过了东部。2010年，西部的流动人口的增速是86.8%，东部为85.4%。整个中国流动人口所占的比重越来越大，各区域流动人口的比重也越来越大。除了东北流动人口比重不到10%以外，西部超过20%，中部也达到了28%，因而整个中国社会人口的流动并不仅仅是局部性的，而是全局性的。

原有的户籍制度与人们日常生活的很多方面（如就业、粮食定量、燃料分配等）联系在一起。事实上，要真正施行户籍改革是不容易的。1978年改革开放以后，户籍制度尚未发生变化，然而人口流动已经开始发生，另外，城市化也快速推进。1978年，中国的城市化水平是18%左右③，80%以上的人是农业人口，因而我们过去被称为农业大国。从2011年开始，中国的城市人口超过农村人口，现在城市人口逐年增长，特别是党的十八大提出开展新型城镇化建设，需要转移两个亿的人口到城市，城市化的速度加快。事实上，这种大规模的人口流动也给居民提供了更多的选择机会。随着人口流动加速，我国从传统的农业社会走向现代的工业社会，逐渐地完成了工业化、城镇化的进程。现在，我国开始进入城市化快速增长的时期，进入一个人口流动日益频繁的时期。中国的城市，进入了一个转型期。如前所述，城市流动人口的数量占总人口的数量的份额越来越大，中国城市实际上逐步地从一种相对封闭的地域社会向多元开化的移民社会转变，这也可以从人口结构上观察出来。

笔者以为沿海城市已经进入移民社会，而不再是地域社会。为什么？

---

① 深圳市统计局、国家统计局深圳调查队编《深圳统计年鉴2014》，中国统计出版社，2014。
② 东莞市统计局、国家统计局东莞调查队编《东莞统计年鉴.2014》，中国统计出版社，2014。
③ 武力：《1978—2000年中国城市化进程研究》，《中国经济史研究》2002年第3期，第10页。

主要是由于它的人口不再单纯是来源于城市周边农村地区。随着城市的扩大，周边的农村人口会进入城市，城市化也会逐渐把周围的农村变为市区，这些人口自然会成为城市人口。实际上，这部分人口不占主流，习惯上将这部分人口叫作政策性移民，政策性移民在沿海城市移民中所占比重不多。而今移民的来源和组成更加具有多元化的特性。过去，沿海基本都是单一的汉族城市，现在，在广州、深圳、上海、北京这样的大城市，55个少数民族都有。贵州大学有学者去广州研究黔东南的苗族，因为大量黔东南的苗族去广州打工或做其他事情，这是值得研究的。

四 城市转型中的文化调适

移民的多元化使城市在转型期间遇到了诸多问题，需要做出相应的文化调适。具体来说，第一是公共资源的平等享受问题，比如现在讨论的怎样才能实现同城化的问题。如今同城不同待遇的问题较为普遍，居住在一个城市，却因为身份的不同，各方面的待遇不一样，特别是在医疗、教育、养老和社会保障方面。党的十八大提出了新型城镇化建设，新型城镇化中就包括农民的市民化。比如珠三角这些地方，外来人口所占比重非常大，而且这些外来人口很多是举家迁移，子女也在本地上学，因此解决他们的教育问题、医疗保障问题变得越来越迫切。现在这些问题也引起了学术界的高度关注。除了政策层面的、制度层面的变化以外，在城市中还存在一种文化转型，这也是人类学关注的内容。不同地域的文化差异很大，随着人口结构的复杂化，来自不同地方的人把各自的文化带入城市，因此，多元的文化是一个移民社会很重要的特征，城市面临从一种地域性的文化向多元文化的转型，在这样一个转型过程中会存在很多的问题。

第二，家庭内部也会出现与文化冲突有关的矛盾。在地域社会中，住在一个地方的人，信仰同样的宗教，有着共同的文化及价值观，文化背景相似的人或家庭之间产生矛盾的概率相对较小，这从离婚率上也可以观察一二。比如大约20年前笔者在凤凰村做调查时发现，当地的离婚率是0，因而在传统的乡村社会中，家庭极为稳定；但是现在的中国社会离婚率较高，可能很重要的一个原因是通婚圈在扩大，来自不同文化的人通婚越来越多。不同文化在嫁女习俗、礼品的馈赠、酒席的摆法、坐月子、保胎等方面都可能不一致，因而由来自不同文化的人组成的跨文化家庭内部的冲突较多，这极有可能导致离婚率的上升。因而在文化转型的社会中，小到家庭，大到群体，都可能需要面对这些问题。

第三，在转型期里可能会有一些文化不适应。地域性歧视是其中一种，人们对某一地方的人有刻板印象，研究认为这种情况的产生可能是因为群体认同的存在，即自我的认同和排他。另外是传统道德伦理的弱化。过去中国是个熟人社会，血缘、亲缘、地缘三套制度，分别以宗族制度、亲属制度、地缘制度为基础。[①] 进入移民社会后，这些传统就被打破了，可被利用的资源发生了变化。

第四，在移民社会里还有更为复杂的人际关系。过去将人分为"圈内人和圈外人"，实际上，在移民社会里我们面对的更多的是圈外人，那么如何建立起信任机制、如何建立和谐社会？如今我们提出一个概念叫"依法治国"，而过去提倡以德治国，依法治国值得提倡，然而如果解决任何的问题都要靠法律、规章制度，那么社会运行的成本就会很高。中国传统文化讲做人，首先要"修身""齐家"，伦理道德的约束力较强。实际上，从文化的角度来看，个人的行为受到社会道德规范的约束，并不仅仅受法律制约。

第五，族群关系的复杂性。个人之间的关系逐渐变得复杂，群体与群体之间的关系也在朝着复杂的方向变化。一个城市中有来自不同地域的人群，比如在广州有山东、河南、湖北等不同省份的人群，即使是广东人也可以分为潮州人、客家人等不同的方言群体；除此之外，城市居民还来自不同民族，具有共同宗教信仰的民族或人群聚集在一起，举行形式各异的仪式，事实上这是多元化宗教信仰的表现。

五　小结与前瞻

前文探讨了如何从城市微观社区观察从地域社会到移民社会的转型过程，对该转型过程的探讨大多从国内移民的视角展开。事实上，随着

[①] 周大鸣：《庙、社结合与中国乡村社会整合》，《贵州民族大学学报》（哲学社会科学版）2014年第6期，第7页。

全球化时代的到来，中国逐渐成为移民的目标国。笔者曾就国际移民做过专题研究，对广州的韩国人、日本人、非洲人，以及来自中东国家和东南亚等国的国际移民做过研究，广西也拥有不少来自越南、老挝、缅甸的移民，这些移民很多是以"嫁入"的形式来到中国，组成家庭，建立家庭便会有亲属关系，会有亲属网络，从而会对社会产生较大的影响。另外，如今大量的日本人、非洲人、韩国人来到广州，结婚生子，这又涉及很多问题。不同身份类型的移民进入中国之后也产生了许多制度层面的问题，比如跨国婚姻伴侣的入籍问题，以及移入中国的国际移民能否成为中国公民等问题。在广州的日本人、韩国人有自己的商店、超市，有自己的消费场所，自己办的刊物，自己的教堂，他们会把自己的一套体系建立起来，因而移民问题变得越来越复杂，而且这些群体从人数上来说并不是在缩小，而是仍在扩大。事实上，不少来到珠三角地区的韩国人、日本人是专业技术人员。在佛山、顺德两市有许多韩国餐馆和超市，在这两市大量的韩国人实际上是蓝领而不是白领，他们是企业中的技术工人。又比如在浙江义乌等地方亦有许多外国人，他们经营小商品生意，把小商品卖到世界各地去。

中国处在转型期，发展速度极快，法律、政策却相对滞后，相关研究同样较为缺乏。不少民族学、人类学研究仍然关注的是偏远的乡村社会，而对非城市、城市社区或城市家庭的研究相对较少。笔者认为，若将人类学最基本的研究视野与研究方法用来研究城市，相信会对城市研究以及人类学理论视角及方法本身都具有一定的启发。都市人类学的首本著作是关于都市的族群性、都市族群关系的，而这恰恰是政府层面少有关注的，比如在新型城市化建设中尚未提及有关建设多元文化城市、多元族群城市的内容；同样的，我们在提到社会发展的时候，也没有把民族关系、族群关系作为社会发展的指标，因而不少东西都还是缺失的。因而，前文提到的伦理道德的弱化、家庭与亲属制度的变迁、国际移民与跨国婚姻等很多议题也都是未来可深入探讨的。

第一编　珠三角的城市转型

珠江流域的族群与文化[*]

人类历史上的文明古国，多数兴盛于大河之滨，故有江河是文明的摇篮之说。横跨西南、华南地区的珠江水系，是我国南方各民族群体生存繁衍的天然依凭，孕育了流域内丰富多样的族群文化，并由此形成了兼容并包的地域文化，这种文化是人类文明的重要组成部分。然而，长久以来，由于远离中原王朝的政治中心，珠江流域时常被视为蛮荒之地，当地族群生活在所谓中华民族多元一体格局的边缘地带，而其区域文化则以文明碎片的方式出现在主流话语群体的想象当中。[①] 虽然这种状况在1949年以后有所改变，但即便是在已经进入21世纪的当下，把珠江流域视为"文化沙漠"者仍然不乏其人。如此，还原珠江流域族群与区域文化的本真面目，增进世人对珠江文明的认识，也就成为中国人类学研究的现实任务。

一 村落视野与文明碎片的"整体呈现"：珠江文化研究的范式存疑

自从人类学者走下安逸的摇椅、走出舒适的书斋之后，非西方的异文化的自然村落就成了人类学研究的主要关切点。当泰勒（E. B. Tylor）、弗雷泽（J. G. Frazer）及其同时代的学者在书斋里搜集记载着世界各地奇特风俗的文本，并试图阐释"森林之王"一类神话传说的文化内涵的时候，他们可能没有料到会因此而赢得"摇椅上的人类学家"的"美誉"。尽管

---

[*] 本文原载于《社会科学战线》2017年第2期，第1—8页，题为《珠江流域族群与文化——宏观视野下的人类学研究》，收入本书时有修改。

[①] 王明珂：《华夏边缘：历史记忆与族群认同》，允晨文化实业股份有限公司，1997。

如此，这些先驱者仍然因为引领人类学告别那种自发性的、随意性的和业余性的研究，开创了人类学的"科学时代"而得到了学术界的广泛尊重。马林诺斯基（B. Malinowski）开创了人类学实地研究的先河，他对于人类学田野调查方法的创新及其在特罗布里恩群岛的研究，确立了人类学研究的基本范式，并宣告了人类学科学时代的真正来临。自此以后，严格意义上的人类学研究逐渐从书斋的旧纸堆里走出，转而进入异文化的"田野"之中，以寻求资料收集与理论研究的融合。随着学科理论的发展，在讲求"科学性"的学术意识形态的导引下，人类学的研究视域逐渐从人类的生活世界中收缩，孤立的、与世隔绝的异文化简单社会——自然村落，由此成为人类学研究的聚焦点。村落视野及其所衍生的"以小见大"的理论阐释模式，因为其独到的理论穿透力而成为人类学研究的一种"利器"，并得到众多人类学学者的追捧。尽管在政治、经济与文化交流与合作不断加强的当代世界，村落视野的理论局限性日渐显现，但其在人类学研究中的影响依然十分深远。[1]

然而，当把人类学定位于"研究人及其文化的科学"，并且谋求实现对既存社会文化现象进行普适性阐释的时候，它所面临的理论困境是显而易见的。事实上，无论村落研究如何深入细致，它所反映的毕竟只是村落的实存状况，而这些零星的文明碎片显然难以涵括广阔区域的社会事实。特别是民族国家纷纷独立，打破了人类学原有的调查格局，以及在全球化、都市化和现代性影响下"原始民族""调查的伊甸园"不复存在的情况下，人类学从单一的村落研究转向复杂的、区域性的整体研究就成为必然。美国芝加哥学派开创的城市"社区研究"按照人口、技术、习惯及自然资源将城市划分为若干社区，而这些区域划分是某些机构或特定人口为获取战略空间相互竞争的结果。中国人类学的区域研究源自对微观村落整体分析的质疑与批判，施坚雅结合历史文献与地理学提出的"市场体系"理论将中国社会结构理解为不同层级的集市网络整合而成的六边形市场体系。杜赞奇在探讨华北农村与国家关系时指出，文化网络（包括非正式的人际关系网如血缘关系等）是权力存在和施展的基础。台湾人类学家提出的"祭祀圈"和"信仰圈"理论将信仰与区域发展相结合，突破了宗族范

---

[1] 〔美〕哈维兰：《文化人类学》，瞿铁鹏、张钰译，上海社会科学院出版社，2006。

式的局限性。① 费孝通先生在全国多地进行田野考察之后，系统而深刻地提出各区域不同的发展模式，包括珠江模式、苏南模式、温州模式等；同时他还提出"民族走廊"这一概念，将区域内因族群流动而形成的跨越族群边界的共同文化作为研究重点。这些研究都看到了区域内的村落之间的互动是多方面的，整合力量也是多元的。一定区域内的自然条件基础、生计模式的共生关系和族群文化的多样性促使人类学转向更加宏观的区域整体研究和文化比较研究。②

大江大河流域通常是各种生态景观复合而成的生态系统，河流冲击而成的河谷平原自古以来便是文明的发源地和扩展中心。流域内的生态环境和地理空间影响着人群的居住格局和生计方式，例如生活在山间坝子的水族、布依族、苗族等长期从事精耕细作的农业生产，而居住在森林茂密的半山区的怒族、景颇族等多从事狩猎或轮耕经济。同时，流域内的江河谷地往往是人群迁徙流动的天然通道，例如滇西北的纳西族先民，古时居住在西北河湟地带，战国时期南下进入川陇地区，后沿金沙江流域一路南下到达丽江坝子；拉祜族先民在元明时期沿澜沧江流域从今大理楚雄一带迁入临沧、孟连。在你来我往、迁徙流动的互动过程中，也形成了跨越族群边界的多元文化和共生互助的族群关系。因此，开展以流域为单位的人类学研究，可以更好地将点、线、面三个层次上的研究融为一体，这对于实现人类学区域研究的整体观有着十分重要的作用。

以闲适的笔调描述珠江流域的风俗习惯在中国古代早已有之。只是，有关珠江流域族群与区域文化的众多表述所呈现的，通常都是一些碎片化的地方性奇特风俗习惯。自从秦始皇三十三年（前214）中原王朝平定岭南，置桂林、南海、象郡三郡并"以谪徙民，与越杂处"以来，珠江流域就开始进入中原王朝统治的版图，而当地的各族民众在其统治之下，也日渐成为中原文化的所谓"化内之民"③。尽管如此，在中原统治者的眼里，珠江流域所及百越之地，仍然难以褪去其"蛮夷"之色，而传统文人对于生活在此地区各民族群体的关注，也大多局限于当地的一些奇风异俗。《岭表录异》《桂海虞衡志》《岭外代答》《岭表纪蛮》一类的猎奇文本，

---

① 黄淑娉、龚佩华：《文化人类学理论方法研究》，广东高等教育出版社，1996。
② 《费孝通文集》，群言出版社，1999。
③ （汉）司马迁：《史记》，中华书局，1982。

以碎片化的方式集中展现了珠江流域的族群及区域文化特点,并由此建构出一个迥异于中原文化的无足轻重的"蛮夷者的世界"。梁启超曾对于作为珠江流域核心地区的广东在中国政治、经济、文化中的地位唏嘘不已,认为历代朝廷时常"以羁縻视之",并且慨叹"就国史上观察广东,则鸡肋而已"。一些现当代地方历史文化研究者,感慨于珠江流域族群与区域文化研究的边缘状况,纷纷对各地世居民族的历史与文化进行"系统"研究,试图为证明此地区地域文化处于较高发展水平提供一些"佐据"。徐松石所著《粤江流域人民史》,或可视为其中最具代表性的研究论著之一。20 世纪 50 年代以后,以基于行政区划的地域文化和单一民族群体的历史文化现象作为研究对象的著作曾经风行一时。《壮族通史》《瑶族通史》等浩瀚之作对于珠江流域族群和区域文化所进行的结构性描述,被认为较好地反映了相关民族群体"悠久的历史"和"灿烂的文化"。基于长时段的田野考察,对珠江流域少数民族村落的社会生活进行研究的人类学著作在 20 世纪 80 年代以后涌现,这些著作以大量第一手资料展示了珠江流域区域文化发展的现实状况,宣示了此一地区作为"文明之地"的存在意义。

然而,无论是单一视角的村落研究,还是以行政区划和族别作为聚焦点的区域历史文化研究,都忽视了各族群杂居状况以及文化的杂糅性,似乎难以阐明珠江流域族群与区域文化的实存状况。随着区域经济的快速发展、人口的频繁流动以及文化交流的不断增进,20 世纪 80 年代以后,珠江流域各族群的社会生活逐渐告别传统的封闭状况,并日趋"一体化"。在这样的时代背景之下,不仅旧式的猎奇性研究已与现实严重脱节,而且"新兴"的村落视野、基于行政区划的区域文化研究和族别研究等研究范式,也开始面临前所未有的解释困境。如此,采用全流域的宏观视角,结合"微观社会学"的研究方法,对珠江流域的族群和区域文化进行全面考察,或许可以在一定程度上超越传统研究范式的某些局限,从而更好地呈现珠江流域族群社会生活的本真面貌和区域文化的丰富内涵。

二 "蛮荒"之地的守护者:珠江流域的族群及其分布

虽然长久以来被视为"蛮荒"之地,但珠江流域却是中国大陆最早的人类活动区域之一。珠江水系由西江、北江、东江、珠江三角洲诸河组成，流域面积45.37万平方千米，其中中国境内流域面积44.21万平方千米，多年平均径流量3360亿立方米。西江是珠江的主干流，发源于云南省曲靖市沾益区境内的马雄山，流经云南、贵州、广西、广东四个省份，于广东省珠海市的磨刀门附近注入南海。20世纪70年代以来，一系列考古发现表明，早在500万年前非洲东部就有人类祖先活动的遗迹，人类祖先之后向西迁徙至非洲西部，向北迁徙到欧洲，向东迁徙至南亚，然后再向东北亚和东南亚地区迁徙。作为连接我国云贵高原和东南沿海地区的纽带，珠江流域被认为是早期人类从非洲东部向东北亚地区迁徙的必经之地。有学者甚至认为珠江流域是早期人类的发源地之一，在云南省元谋县那蚌村距今大约170万年的地层中发现的元谋人的牙齿和石器，为这种说法提供了强有力的证据。

西瓯、骆越是先秦时期珠江流域最为重要的民族群体。在《汉书·地理志》中，有所谓"自交趾至会稽七八千里，百越杂处，各有种姓"之说。当其之时，西瓯、骆越是古代百越民族群体的两大支系，主要分布在云贵高原东部和岭南西部的广大地区，是古代珠江流域的主要民族群体。秦汉以后，该民族群体又被称为"乌浒""俚僚""俚""僚"等，是现今壮侗语族诸民族群体的先祖。包括西瓯、骆越在内的古代百越民族群体，被认为是稻作农业的发明者之一，其稻作农业在中国农业发展史上占有重要地位。或许是得益于稻作农业相对充足的物质供应，古时百越之人"饭稻羹鱼""食物常足""民无饥馑"[1]。《史记·货殖列传》记载，秦汉之时，"楚越之地，地广人稀，饭稻羹鱼，或火耕而水耨，果隋蠃蛤，不待贾而足，地势饶食，无饥馑之患"[2]，农业文明已有相当程度的发展。

秦平岭南以后，珠江流域逐渐发展成为多民族群体杂居之地。秦汉以降，因戍守、谪徙而进入珠江流域的中原人口不断增多，珠江中下游地区民族群体的构成发生变化。此后中原王朝逐渐加强对珠江流域各地区的统治，地区之间、民族之间的经济交往和文化交流日益增多，原住少数民族群体与迁徙而来的汉族人口的社会生活逐渐融合，一些少数民族群体因受中原文化影响较深而"成为"汉族，与此同时，也有部分移民群体融入当地社会而"成为"少数民族。终汉、魏之世，百越各民族群体不再以越人

---

[1]（汉）班固：《汉书·地理志》卷二八，中华书局，1962。
[2]（汉）司马迁：《史记》，中华书局，1982。

的名称出现于史册之中,而被称为"蛮""俚""僚"等。珠江流域另一主要民族群体——瑶苗语族各民族,于宋时大量开始迁入两广地区,并与当地汉族和其他民族群体杂居于岭南地区,成为此地区民族大家庭的重要成员。①

据 2010 年全国第六次人口普查统计,珠江水系所流经之云、贵、桂、粤等地,共有人口 231059542 人。其中,汉族人口 184130970 人,占总人口的 79.69%;少数民族人口 46928572 人,占 20.31%。珠江流域内主要居住着壮、苗、瑶、侗、布依、傣、仫佬、毛南、彝、水、仡佬、回等世居少数民族群体以及平话人、广府人、客家人、福佬(潮汕)人等汉族民系。这些族群在珠江流域的山川河谷地带互相杂居,形成了"大杂居,小聚居"的多元一体的族群分布格局。

珠江流域各民族群体在地理空间上的分布,与当地族群的历史发展背景和现实生活状况密切相关。在珠江中上游地区,当地民间有所谓"瑶族人住山头、壮族人住水头、汉族人住街头"的说法。虽然这种说法未必"客观",但也从一个侧面反映了珠江流域各民族群体居住地分布的某些特点。壮侗语族诸民族群体是珠江流域最早的开拓者,是地方经济与社会发展的直接推动者和受益者,大多居住在珠江中上游地区水源充足、土地肥沃的丘陵平地,物质生活条件稍好。宋明以后迁徙而来的瑶苗语族各民族群体,为了躲避战乱和官府苦役,往往选择山区林间作为栖息繁衍之地,故有"南岭无山不有瑶"之说。秦汉以后进入岭南地区的汉族民系,或因戍守边防而留,或因逃灾避难而至,或为经商谋生而来,其居住地较为散杂,但多与市镇为邻。② 从某种意义上讲,尽管珠江流域各民族群体来源不一、风习各异,而其居住地亦有"各据一方"之势,但长久以来各民族群体"安其居、安其俗",成为珠江流域青山绿水的守望者。③

三 被"遗失"的文明:珠江流域的区域文化及其社会表征

珠江流域北向紧靠五岭之山,南面濒临南海,西据云贵高原山地,东

---

① 广东省地方史志编纂委员会编《广东省志·少数民族志》,广东人民出版社,2001。
② (清)徐松辑《宋会要辑稿·刑法二》,中华书局,2014。
③ 广东省地方史志编纂委员会编《广东省志·少数民族志》,广东人民出版社,2001。

南多为近海冲积平原，中部则散布各大小丘陵、盆地，其地势大致上呈现出西北高、东南低的走向。在漫长的历史发展进程中，珠江流域各世居民族群体因当地特殊的自然环境，或靠山吃山，或靠水吃水，或以工商为业，形成了独特的区域文化表现形式。

长久以来，虽然生计方式有异，但稻作农业一直是珠江流域各世居民族群体最为重要的生计来源，而其区域文化的形成和发展，亦与此种生计方式密不可分。作为水稻种植最早的发明者之一，壮侗语族各民族群体是稻作农业生产的创始者和恒久秉持者。在长期的农业生产中，当地族群逐渐形成了以"那"（水田、稻田）为本的生计方式、社会组织形式和价值观念系统，这种被称为"那"文化的文化传统，不仅极其深刻地形塑了珠江流域各世居族群的社会生活，而且在中南半岛和东南亚其他地区也有广泛影响。与此同时，在流域内的一些地区，也出现过类似于过山瑶人（瑶族的一个支系）"吃了一山过一山"的传统游耕策略，而工商业对于城乡地区的发展也起到重要的促进作用。从某种意义上讲，虽然珠江流域各族群的生计方式各异，但又相互依赖、浑然一体。事实上，作为一个"自然"形成的庞大的民族群体，珠江流域的各个族群与山水相依、与邻族相伴，经过长期的磨合与整合，"你中有我、我中有你"的格局清晰可鉴。

如果以"那"为本的生计方式是珠江流域各地民族群体颇具共性特点的文化表现形式，那么复杂多样的族群语言，则是其区域文化的另一种社会表征。大体而言，珠江流域的世居民族群体，主要包括汉藏语系的壮侗、苗瑶、汉语三个语族，珠江流域是我国族群语言最为复杂的地区之一。单就流域内的壮侗语族而言，就有壮傣、侗水两个语支，其中壮傣语支有壮话、土话、板话、僚话、侬话、雅侬话、岱话、偏话等，且壮话还有北部方言和南部方言之别；而侗水语支又有侗语、水语、仫佬语、毛南语等。生活在珠江流域的苗瑶语族，其语言分为瑶语支和苗语支，内部方言众多。流域内的汉族民系，主要操粤方言、福佬话（包括潮汕话和雷州话）、客家话和平话等汉语方言，而云南的汉族人，则讲汉语西南方言（俗称西南官话）。20世纪50年代以后，随着普通话的推广，珠江流域内各族群之间的语言障碍逐渐减少。[①]

---

① 广东省地方史志编纂委员会编《广东省志·少数民族志》，广东人民出版社，2001。

珠江流域各世居民族群体的传统服饰种类繁多，一些族群的服饰独具一格。壮族人的壮锦、瑶族人的五色衣、苗族人的银饰等，均有着悠久的生产历史和使用历史，同时有着浓郁的民族特色。就其穿戴的场景而言，各族群的服饰大致上可以分成日常服饰和节日服饰两大类。20世纪80年代以来，随着经济发展和对外交流的不断增多，珠江流域一些族群的日常服饰，无论是在用料上还是在款式上都已经比较接近，多以工业化生产的普通服饰为主，这种现象在男子的着装上尤其明显。与此同时，主要由手工制作的节日服装，则被作为本族群的传统服饰而得到较多的保留。

　　珠江流域各民族群体的建筑艺术和民间技艺独树一帜。"干栏"式房屋是壮侗语族和苗瑶语族较为常见的传统建筑，这种根据地形、气候条件而设计出来的建筑，综合考虑到了当地人的生产、生活需要，因而在当地颇有受众。侗族人的建筑技艺在珠江流域各族群当中颇具名望，鼓楼、风雨桥等闻名遐迩的传统建筑所体现的建筑水准，即使在建筑技术高度发达的当今社会，也仍然令人叹为观止。此外，珠江流域各族群在冶炼铸造、织染、耕作养殖、天文历法等方面亦有诸多建树。

　　隆重的节日庆典和多彩多姿的民间歌舞，展示了珠江流域区域文化的丰富内涵。春节、端午节、中秋节、重阳节等传统节日，是珠江流域各族民众社会生活的重要内容。除此之外，珠江流域各地还有着众多各具特色的民族传统节日。壮族人的"三月三"、"四月八"（亦称春牛节或者牛魂节）、"七月半"，瑶族人的"达努节""盘王节""阿波节"，苗族人的苗年、"新禾节"等传统节日，不仅丰富了珠江流域各民族群体的社会生活内容，同时还较为集中地展现了各族群的文化传统。壮族歌谣、瑶族舞蹈、苗族芦笙（音乐）等民间艺术，被认为是珠江流域最具特色的民族传统文化表现形式，它们不仅是传统节日庆典不可或缺的表演内容，同时也渗透于当地人日常的生活、生产活动之中，成为区域文化的重要组成部分。

　　庞杂多样的宗教信仰，是珠江流域区域文化的深层表达。就其外在表现形式而言，珠江流域各民族群体的宗教信仰复杂而"多元"，彼此之间往往存在着较大差异，但又都与当地族群历史和现实的生存境况关系密切。大致说来，上游地区传统的民间信仰，大多简朴而自然，当地人大多崇拜祖先、敬畏自然。而在中下游地区，虽然当地的族群同样崇拜祖先和自然，但受外来文化的影响相对较多，道教、佛教在当地有相当的受众。

珠江三角洲地区的民间信仰较为复杂，不仅自然崇拜盛行，道教、佛教门派众多，近代以来又得"风气之先"，局部地区受基督教影响较大。或许可以这样说，珠江流域各族群的宗教信仰，其"科层化""制度化"程度，与其江水的流向呈现出某种关联性，也就是，上游地区的民间信仰比较"自然"，而下游地区的民间信仰则相对"正式"。

四 繁荣的甜蜜与悲哀：珠江流域区域文化发展的时代困局

珠江流域族群社会的发展，在1949年以后进入了一个狂飙突进的崭新时代。民族平等政策的贯彻落实，交通条件的逐渐改善，区域经济联系的不断加强以及文化交流的日趋增进，在相当程度上改变了珠江流域各民族群体传统的孤立、封闭状态，并有力地推动了区域文化的整合与发展。

民族平等政策的落实，为珠江流域区域文化的发展创造了良好的社会环境。1949年以后，中央人民政府制定了一系列促进全国各民族平等、团结和共同繁荣的政策、法律、法规，极大地促进了少数民族地区经济与社会的发展，而历史上形成的各族群之间的经济差距也在不断缩小、文化区隔不断减少。在我们调查的少数民族村寨当中，绝大多数的当地人对于国家民族政策所带来的社会经济与文化上的重大变化心存感激，当地的族群关系普遍较为融洽，一些族群对保护传统文化较为热心，对于发展本民族/族群传统文化的期待也较高，而对于其他民族/族群的文化，大多数人都持有一种较为宽容、理解甚至于赏识的态度。或许可以说，新时期民族平等政策的实施，使"求同存异"成为各族群发展自身文化的自觉诉求，并由此夯实了区域文化发展的社会基础。

语言的"统一"，加快了珠江流域区域文化整合的步伐。1956年2月6日，国务院发布《关于推广普通话的指示》。普通话的推广使用，在一定程度上克服了珠江流域各族群之间的语言障碍，为该地区的文化交流与区域文化的整合提供了语言上的诸多便利。在如今珠江流域各地的族群当中，普通话已成为真正意义的"普通之话"。我们的调查表明，在35岁以下的人群中，90%以上的人能够听懂普通话，70%以上的人能够讲流畅的"本地普通话"（带当地口音的普通话）。在珠江流域中下游地区，调查人员基本上没有遇到语言沟通上的障碍，因为这些地区的人大多通晓普通话，对于汉文化以及其他族群的文化持有较高程度的认同。

　　日益加强的区域经济联系，促进了珠江流域族群之间的交往与区域文化的发展。尽管在长久的社会生活当中，珠江流域各民族群体彼此相依，然而对于那些生活在自给自足的自然经济之中、"日出而作，日落而息"的人群来说，族群之间的交往并不频繁，区域文化的整合程度也不高。这种状况的存在，虽然使得珠江流域的民族群体保持了各自的文化特色，但对于区域文化的整合与发展，并不总是有利的。20世纪80年代以后，珠江流域以珠江三角洲地区为龙头的区域经济迅猛发展，区域内各地区、各族群之间的经济联系得到了前所未有的加强，族群交流不断增多。珠江三角洲地区良好的投资环境及其在资金、技术以及生产管理上的优势，使之成为拉动珠江流域区域经济发展的重要力量，而珠江流域地区丰富的自然资源和人力资源，则成为区域经济发展的坚强后盾。在我们调查的珠江流域不同地区、不同族群聚居的村寨当中，几乎每个村子都有人到珠江三角洲一带打工，劳务输出成为一些地区经济发展、农民增收的重要方式。区域经济联系的加强，为区域文化的整合与发展创造了良好的条件。

　　现代交通、通信技术的发展，推动了区域文化的繁荣和发展。由于受到交通条件的限制，1949年以前，珠江流域各族群之间的往来，主要依靠舟楫。20世纪50年代以来，陆地交通运输条件的改善，使珠江流域各地的经济与文化交流明显增多，区域文化的整合初显端倪。而在20世纪80年代以后，珠江流域区域经济的快速增长，则直接推动了该地区交通事业的发展。从那时起，大量的高等级公路得到修建，城乡之间、地区之间、族群之间的往来日趋便利，族群文化的交流以及区域文化的整合日益加深。与此同时，通信技术的推广使用，使更广阔地理空间之中的人群的文化交流成为可能。而20世纪90年代以来信息技术的飞速发展，为珠江流域各族群的文化交流构筑了更加便捷的通道。广播、电视、互联网对社会生活的深度渗透，开始改变当地人长久以来关于村寨、城市、地域等地理/社会空间的理解和想象。信息的传播，使珠江流域的文化多样性与地理空间的一体性在方寸之间得以展现，而珠江流域作为一个自然地域的事实与想象，为其区域文化的整合发展，提供了坚实的基础。在我们调查的一些村寨当中，虽然大部分的青壮年劳动力外出务工，但当地电话、电视的普及率和使用率仍然普遍较高，一些家庭安装电话，主要是为了与外在他乡的亲友保持联系。外出务工者为其家庭所带来的，不只是可观的收入，同时也通过这些通信设备,传达关于其他地区、其他族群的信息。此外,电视的普及,也让当地人有了更多了解其他族群文化的机会和途径。凡此种种,都在一定程度上促进了珠江流域区域文化的整合与发展。

区域文化的繁荣和发展,在增进族群文化交流的同时,也为少数民族传统文化的保护带来了一些新问题。在国家权力、经济资本以及现代科学技术的共同推动之下,珠江流域区域经济与区域文化的整合发展,呈现一种不可逆转的趋势。这种整合与发展,为当地人生活状况的改善创造了前所未有的有利条件。就目前的情况而言,来自珠江流域经济发达地区的一些所谓的现代生活方式,已经开始渗透到珠江流域各族群的日常生活之中,并为众多当地人尤其是青年人所认同。事实上,在一些少数民族村寨当中,讲广州话、穿时装、住"洋楼"、看影碟或者电视剧、唱卡拉OK、喝啤酒、开摩托车等,已经成为"时尚"的生活方式。在一些年轻人看来,只有城市里的、经济发达地区的生活方式,才代表着"现代生活"的潮流,而当地传统的生活方式已经不合时宜。在这种理念的影响之下,一些传统习俗被视为阻碍当地经济与社会发展的主要障碍——尽管近年来民族文化、非物质文化遗产受到地方政府的重视,但是从某种意义上讲,珠江流域区域文化的整合,是一种带有双面性的文化发展进程,它在增进族群文化交流的同时,也为少数民族传统文化的保护和发展带来了许多前所未有的新问题。如何在"共享人类文明发展成果"的同时,保持各民族/族群传统文化的传承和发展,成为珠江流域各族群所必须共同面对的问题。

从某种意义上讲,珠江流域区域文化的繁荣,是伴随着不断加快的区域经济一体化进程而展开的。在此过程中,中西方文化的碰撞,各族群文化的融合,对区域各族群传统文化的传承和发展产生了巨大冲击。而在"旧"的传统受到冲击、"新"的传统尚未形成的过程当中,一些思想尚未成熟的年轻人容易产生某些思想上的迷惘——尤其是当他们从村落中的"熟人社会"进入城市里的"陌生人社会"的时候。也由此,一些社会丑恶现象,如卖淫嫖娼、盗窃抢劫、聚众斗殴、赌博、吸毒贩毒等,开始在城市或者城镇中滋生。在农村地区,由于传统的社会约束力失去作用,而一些人对于新的法律、法规又缺乏了解,一些当地人开始对自然资源进行掠夺性使用,并由此对自然环境造成极大破坏,农村的社会风气有所恶化。对于珠江流域各民族群体而言,20世纪80年代以来日益繁荣的经济所带来的甜蜜与悲哀同样显著。

五　人类学研究对象与方法的反思

作为"蛮荒"之地的珠江流域，经过2000多年的"开发"渐有"化内"之名。然而，即便是在21世纪，也仍然有人把珠江流域视为"文化沙漠"。近现代以来的历史文化研究，因研究视野和研究方法上的种种局限，只能以碎片化的方式建构起一个关于珠江文明的"他者的世界"，而难以还原珠江流域族群与区域文化的本真面目。

珠江流域汇聚了众多有着久远历史和深厚文化传统的民族群体。凭借流域内独特的地理环境、丰富的自然资源、便利的水陆交通条件，这些民族群体经过数千年的发展，业已成为推动中国社会发展的一支重要力量，在中国政治、经济和文化生活中的地位不断提升。然而，珠江流域族群与区域文化的研究，却在相当程度上停留在条块分割的静态描述之上，而这些研究所呈现的，往往是各行政区划、各民族群体"独特的文化传统"，珠江流域的族群作为一个自然形成的文化整体由此被割裂、被肢解，往往被作为一个个并不相干的"文化活化石"存在于各类研究文本中，而各族群如同滔滔不绝的珠江之水一样流动的社会生活，也因此被固化在相关研究者们为其所设定的时空之中。

珠江流域族群与区域文化研究的实存状况，迫使我们对人类学研究对象的界定、研究方法的采用以及与之相关的其他问题进行反思。早期关于珠江流域族群文化的研究通常是以行政区划或者民族类别来进行划分的，这与20世纪50年代以来的苏联民族学有着深刻的关系。这一类的研究，声称要把"民族"作为整体进行全面考察，进而研究民族的起源、发展以及消亡的过程，研究各民族的生产力和生产关系、经济基础与上层建筑。但是我们必须澄清一个学术意识形态问题，即文化到底是一种自在的社会现象，还是国家权力的建构物。当"民族"被作为一种需要经过"识别"才可以"合法"地存在于一国之内的社会群体的时候，它就不可避免地会成为国家意识形态的反映。这样，所谓的民族文化，也就同样需要国家意识形态的"确认"——因为它是而且只能是"民族的"。在此意义上，经由专门的行政机构"识别"出来的"民族"的文化，如同行政区划范围之内的所谓区域文化一样,就被从其实存的社会状态之中剥离出来,进而成为国家权力的建构物。透过这种"民族文化"的生产过程,我们或许不难理解,为什么珠江流域的世居民族群体与区域文化表现形式,即使是在社会主义的大家庭里面,也仍然处在一种梁启超所说的"鸡肋"状态之中。

或许可以肯定的是,如果不能超越行政区划、民族类别的学术意识形态,不能走出村落研究的狭小空间,那么无论民族学、人类学的研究如何深入细致,都不可能贴近族群生存的真实状况,也不可能对处于自然状态之下的区域文化有更加深入的认识和理解。而我们的研究所建构起来的,将永远都是一种碎片化了的、想象的他者世界。在马尔库斯(G. E. Marcus)和费彻尔(M. J. Fisher)看来,民族志理论和写作实验的理想在于,它们既能全面展示特定研究对象所拥有的丰富多彩的意义系统,又能较好地表述那些将它们与其他地点中活生生的研究对象联系起来的较广泛的政治经济体系。珠江流域族群与区域文化的研究,若想达到这样的理想境界,一方面需要我们对传统民族学、人类学研究的学术意识形态进行某种程度上的"修正",另一方面则需要把各族群"丰富多彩的意义系统"置于全流域乃至更广泛的社会空间中进行考察。唯有如此,我们的研究才能不断消解学术研究以及更广大人群社会生活中的某种中心主义情结,从而更好地展现珠江流域族群生活的真实状况及其区域文化所蕴含的共同价值。

珠三角地区人口迁移数据分析

关于"移民"的概念，简单理解就是人口从一个地方流入另一个地方，主要包括"乡—城"和"城—城"流动。随着我国工业化、城市化的发展，国内不同区域、城市的人口处于快速流动过程中，远近人口流动、内外人口流动、上下人口流动，可谓全方位、多层次。人口的流动与聚集造就城市的发展与扩张，以迁移和流动为主导的移民城市也在逐渐地形成。

考察我国历史，人口迁移与土地紧密相联，尽管人口发生了空间迁移，但人与土地并没有分离，围绕土地求生活的跨地域迁移本质上还是与我国古代农业经济社会相适应。无论是中央集权具有强制性的官方迁移，还是土地兼并、天灾人祸等引起的自发性流动，人口之所以与原来依赖的土地相分离，是为了寻求人与土地相结合的"宽乡"环境。在迁移的过程中，一旦发现有"立足之地"，移民会毫不犹豫选择停下来不再继续迁徙，并能够紧紧依靠土地建立起新的家园。因此，在空间地域分布上，与当前我国人口"点对点"的迁移特征所不同的是，我国历史上的人口迁徙呈现渐进式的带状人口迁移特点。另外，我国古代实行中央集权的政治制度以及形成了地主社会，国家重农抑商政策自上而下一贯到底，相应地，"人地不分"实际上成为统治集团实施人口迁移政策的基础。[1] 例如湖广填四川、江西填湖广，正是统治阶层利用人口迁移调动人力以达到局部区域内人口与土地相平衡，从而巩固农耕经济基础。此外，人口逐渐南迁是我国人口流动的主要趋向。正是因为传统中国绝大多数人口是围绕土地进行耕种生产，附着在土地之上的农耕人口更需要稳定的社会、自然环境，然而北方自古以来作为我国政治核心区域，政权更迭使得战乱频发，加之北方

---

[1] 国家卫生健康委员会编《世纪大迁徙》，中国人口出版社，2018。

干旱的气候条件也极易引发自然灾害，因此，一直以来我国在一定的历史时期出现人口的规模性迁移也就具有规律性。整体而言，人口主要是由黄河中下游平原向四周扩散，尤其是向南方长江流域和珠江流域迁徙。我国历史上曾出现过三次大规模的南迁浪潮，包括两晋时期"永嘉之乱"、唐朝"安史之乱"、北宋末年"靖康之乱"导致的人口南迁。① 三次人口南迁大潮直接使我国人口、经济重心转向长江流域，迁移人口也都颇具规模。尤其是北宋末年"靖康之乱"导致第三次人口大规模南迁，经济重心南移，南方经济的发展逐渐超过北方。历史上人口迁移多由扩充边塞、战争和灾害所引起，人口迁移的政治性影响较大，大规模移民常常在社会转型背景下发生，且人口迁移的整体趋势是从中心向外围、由北向南逐渐分散、渗透，而近现代我国人口的流迁则主要是以获取更多的经济机会为主的自主性迁移。

改革开放后，我国出现的人口大规模流动现象与迁入地更优越的环境关系密切，"当代人口迁移的目标，无论是国内流动还是走出国门，均是为了获得更好的就业环境、教育环境、生活环境和发展环境"②。随着我国改革开放人口迁移政策的推行，以及工业化、城市化、现代化的快速发展，人口的流动和集聚加速，我国大规模跨区域的人口流动和迁移成为我国经济、社会、人口乃至文化转型过程中的显著特征。流动人口本身作为重要的资源，其活跃程度也直接推动我国社会变迁、城市活力提升及产业结构的转型调整，社会阶层分化、劳动力行业与职业结构发生改变，以及人们的生活方式和价值观念发生改变，一种围绕乡土农业人口集聚的地域社会向以围绕工业、城市人口聚集为主导的移民社会的城市转型悄然发生。

一 社会转型的视角

改革开放40余年，我国工业化、城市化发展效应吸引大量移民，农村大批劳动力向城市转移，我国流动人口分布在全国各地区和各个行业，对我国经济和社会生活产生广泛影响。规模性迁移的人口，成为我国工业

---

① 江立华、孙洪涛：《中国流民史·古代卷》，安徽人民出版社，2001。
② 国家卫生健康委员会编《世纪大迁徙》，中国人口出版社，2018。

化、城镇化的重要推动力量。2019年我国常住人口城镇化率达到60.6%，①流动人口规模2.36亿人，占总人口的16.9%。② 人口学的研究发现，目前我国人口已经转变为以迁移和流动为主导。③ 以往"由西向东"的人口迁移放缓，以珠三角地区为例，2010—2020年流动人口增速相比2000—2010年流动人口增速减缓，但流动人口基数仍然占有相当的比例。广东一直以来是人口流入大省，人口净流入主要集中于广州、深圳、佛山、东莞等主要城市，其流动人口在珠三角城市群地区所占比重巨大，比例超80%，广佛莞深是珠三角地区流动人口聚集的核心地带（见图1）。2019年，深圳市常住人口1343.88万，其中外来流动人口为802.09万，占常住人口比例近60%，广州外来流动人口576.87万人，东莞外来流动人口595.39万人，佛山外来流动人口354.58万人。"常住人口规模增长从集中在深圳、广州、佛山、东莞和惠州等城市，到近年来的人口聚焦式增长，主要集聚于深圳和广州两个超大城市，珠三角城市群人口城市化的空间分布路径仍处于向大城市集聚阶段。"④ 随着我国主体功能区规划建设的推进，中西部重点开发地区城市群开始崛起，人口迁移的方向出现新的转变，尤其是中西部地区城市群内的核心城市近年来流动人口增速加快，核心城市及其周边城市群人口回流，如郑州、武汉、重庆、成都、长沙、贵阳等城市。东北地区比较特殊，近年来人口是净流出的。

无论是人口流入地区还是人口流出地区，人口的迁移对城市经济社会发展的影响是值得关注的。从上述的统计数据可知，东部沿海地区吸纳我国绝大多数流动人口，而中西部地区围绕核心城市形成的城市群吸引了其周边人口的流入，当前我国大片区域内主要城市都已经变成人口迁移目标地，流动的人口、流动的社会亦然成为我们这个时代的特征。由此，研究城市移民人群的流动，并分析其内部形成的社会分化对城市社会结构的影响，对我国城市社会稳定意义重大。笔者认为，我们要研究区域、城市

---

① 国家统计局：《中华人民共和国2019年国民经济和社会发展统计公报》，中国统计出版社，2020。
② 解韬、汪睁铮：《珠三角城市群劳动年龄流动人口空间分布特征分析》，《广东经济》2020年第8期，第20—27页。
③ 段成荣等：《从乡土中国到迁徙中国：再论中国人口迁移转变》，《人口研究》2020年第1期，第7页。
④ 韩靓：《珠三角城市群人口城市化特征及机制演化——兼与长三角、京津冀城市群比较分析》，《深圳社会科学》2019年第4期，第27—37、157页。

群，就要把移民数据放进来，将移民作为重要指数纳入衡量城市发展的指标体系之中，这样的研究对于制定下一步城市经济和社会发展规划很有意义。① 移民成为我们观察城市社会脉动的一个窗口。

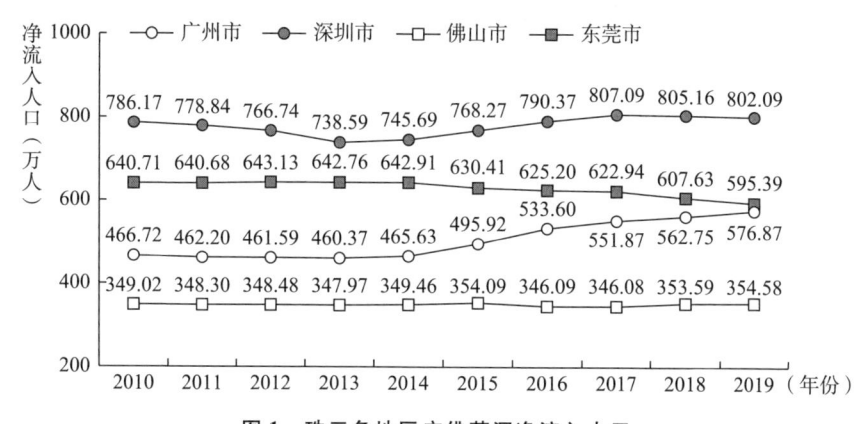

图1　珠三角地区广佛莞深净流入人口

说明：净流入人口＝常住人口－户籍人口。
资料来源：广东省统计局、国家统计局广东调查总队编《广东统计年鉴2019》，中国统计出版社，2019；《中国经济社会大数据研究平台》，https://data.cnki.net/YearData/Analysis；中商产业研究。

关于流动人口尤其是"农民工"的研究中，国内长期存在城乡二元分割的结构性视角，即将这一主要来自农村的流动群体置于与城市对立的位置来分析看待问题，集中讨论的问题包括农村人口是就地非农化还是异地非农化、容纳流动人口采取小城镇发展还是大城市集中发展模式等，开展移民的"市民—非市民"研究等。近年来，随着流动人口对城市经济、城市活力发展影响越来越大，学术界也逐渐从关注该群体的适应、融入城市转向关注定居，而在流动与定居之间，移民内部出现的社会分化也引起城市社会结构的变化，移民内部的异质性结构特征在某种程度上反映了城市社会结构。在某种意义上，将注意力集中于移民对城市社会构成的影响，避免了陷入城乡二元对立的思路。一方面，流动人口来源多样，"外来打工者已经都不是来自乡村，从小城市到大城市、从欠发达地区城市到发达地区城市、从经济不景气城市到经济活跃城市的流动打工者越来越多"②。

---

① 周大鸣：《人口迁移是城市发展的重要风向标》，中国城市百人论坛2020年会会议论文。
② 李培林：《巨变：村落的终结——都市里的村庄研究》，《中国社会科学》2002年第1期，第12页。

同时，流动人口本身的阶层分化凸显，笔者团队在关于"城市新移民问题及其对策研究"中，通过调查将移民群体大致分成投资经营型移民、体力劳动型移民和智力型移民，无论哪一类型的移民，其经济需求是他们自主性迁移的主要动因，在流动人口中，追求经济目标的群体成为人口的主要部分。①

周大鸣等提出乡村都市化，关注到城市化发展过程中的阶段性特征。这种分层级、分阶段的城市化在城市人口结构上表现为人口集聚数量在不同阶段存在差异，从村落"集镇化"、集镇"市镇化"到县城和小城市"大都市化"、大中城市"国际化"，② 城市发展层级越高，相应的人口流入数量越大。但由于超大城市面临竞争与生存的人口挤压，人口流入北上广深一线城市受到一定程度的抑制，这可以从2010—2015年广州流动人口增速放缓中得到证明（见表1）。珠三角地区的城市化有其特殊之处，在于其周边地区高度城市化的城市发挥了提升城市活力的作用，产业及人口开始向周边中等规模城市转移。中西部不同区域内中心城市以及超大城市对周边地区的辐射力度不断加大，例如中西部地区的武汉、重庆、成都等，近年来这些城市流动人口增长较快。总体而言，我国人口在不同层级城市的流动与迁移成为常态，一种移民社会的城市转型和发展业已形成，珠三角地区内部"中等城市和小城市的经济发展和人口聚集，推动人口在少数中心城市集中向更广阔的区域去集中"③。

表1 广州市户籍人口迁移状况（2010—2019年）

单位：人，‰

年份	迁入人数	迁入率	迁出人数	迁出率	净增人数	净增率
2010	135073	16.88	81677	10.20	53396	6.68
2011	128336	15.84	83143	10.26	45193	5.58
2012	131458	16.06	103973	12.70	27485	3.36
2013	112750	13.63	69674	8.42	43076	5.21
2014	106739	12.75	61231	7.31	45508	5.44
2015	112823	13.30	69375	8.18	43448	5.12
2016	118653	13.76	46160	5.35	72493	8.41

① 周大鸣等：《城市新移民问题及其对策研究》，经济科学出版社，2014。
② 周大鸣等：《中国乡村都市化》，广东人民出版社，1996。
③ 国家卫生健康委员会编《世纪大迁徙》，中国人口出版社，2018。

续表

年份	迁入人数	迁入率	迁出人数	迁出率	净增人数	净增率
2017	180585	20.74	47114	5.41	133471	15.33
2018	228093	24.99	48835	5.35	179258	19.64
2019	210518	22.38	42952	4.57	167566	17.81

资料来源：2011—2020年广州统计年鉴。

二 经济转型的视角

人口的迁移与城市的经济发展息息相关，伴随人流量而来的资金流量、信息流量、商品流量成为经济发展的动因。人口的聚集是城市经济繁荣的风向标，它带来城市经济的活力和发展。因此，将移民作为重要指标纳入衡量城市发展的指标体系之中，这样的研究对于制定下一步城市经济和社会发展规划很有意义。①

人口的流动与聚集影响城市经济的发展活力。相关研究表明，地区流动人口与流入地GDP呈正相关，地区流动人口每增加1%，流入地GDP相应增长0.54%。②改革开放以来，由于城乡经济体制改革带来农村人口与土地、就业的矛盾，农村经济收益低下成为农民选择外出务工经商的强劲推力，而我国工业化、城市化的发展为大量农村剩余劳动力提供了就业出路，从而拉动数以千万计的乡—城流动人口进入城市，并普遍从事第二、三产业。游离在乡城之间、"半农半城、非农非城"的农民工群体为城市的发展作出重要贡献。随着珠三角地区大量人口集聚，该区域产业分工逐渐细化，技术不断进步，流动人口由制造业转向以服务、技术为主的第三产业，城市第三产业占比迅速增大，促进城市现代经济发展和产业转型。2005年，珠三角地区产业转型升级开始，转型升级主要是要淘汰落后产业，因此，企业外迁被广泛关注，"新生代农民工"一词开始出现。③可以说，珠三角人口的涌入和集聚为该区域产业分工、升级提供了基础动

---

① 周大鸣：《人口迁移是城市发展的重要风向标》，中国城市百人论坛2020年会会议论文。
② 李哲：《外来流动人口参与社会治理对策研究》，《广东经济》2020年第8期。
③ 国务院研究室课题组：《中国农民工调研报告》，中国言实出版社，2006。

力，也带来珠三角经济区域内产业集群效益，许多企业从采购到产品完成只需一天时间，如此高效的生产无疑是以技术服务、信息服务、物流服务和充足的人力资源高效流动作为支持，这是早期形成的以单一制造业为主的产业形态所不可比拟的。珠三角产业形态演变与流动人口结构密切相关，移民在第二、三产业的分布状态影响城市产业结构的分布格局，人口的流动促进城市第二、三产业发展。

同样，大规模人口流迁推动了我国区域城市群的形成，带来城市活力。"改革开放后大规模的人口流动与聚集造就了京津冀、长三角与珠三角。"[①] 一般而言，城市的发展必然带来城市版图向外迅速扩张、人口聚集，而中国大城市的发展比较特殊的是，几乎所有大城市（北京、上海、广州、深圳这些中国一线城市）扩张采取的是一种资源"什么都要有""什么都要"的全盘吸纳模式，它们可能既是政治中心、经济中心，还是重要的文化中心，典型的如北京、上海、广州，深圳近年来利用其资本优势，在基础教育、高等教育等文化方面的投资力度是远大于国内大部分城市的，逐渐吸引更多高学历、高端人才。[②] 可以预期的是，未来深圳在这批流动群体的影响下会逐步成为强文化的城市。美国城市主导功能与此正好相反，城市的主导功能呈现分散特点，在美国，政治中心是华盛顿、经济中心是纽约、文化中心是洛杉矶、科技中心是旧金山。

（一）珠三角产业结构的发展历程

1. 制造业为主的产业阶段

珠三角是受我国农村劳动力人口红利影响显著的地区，"1984年，珠三角有30万打工者，但是大多属于'进厂不进城，离土不离乡'的广东本土居民"[③]。珠三角在改革开放早期迎来的民工潮人口红利，与此时珠三角成为资本、产业转移的承接地密切相关。改革开放伊始，珠三角利用来自港、澳、台地区的资本，以"三来一补"的生产形式大力发展乡镇企业，珠三角地区城市化在资本进入的背景下被纳入全球化链条。从产业类型上看，处于世界产业链低端环节，承接的是以服装、纺织、电子加工、

---

① 国家卫生健康委员会编《世纪大迁徙》，中国人口出版社，2018。
② 陆学世、张荆、唐军主编《2011年北京社会建设分析报告》，社会科学文献出版社，2011。
③ 南方都市报：《变迁三十年》，南方日报出版社，2014。

玩具制造等制造业为主的劳动密集型产业，这些产业首先消化了大量来自珠三角城镇周边的农村劳动力，农民"洗脚上田"，变成市民，生计也从"种田"转向"种楼"，城市化从农民的生产、生活方式的转变开始，典型例子是从小渔村蜕变成国际性大都市的深圳。① 随后产业集群不断扩大，珠三角又迎来我国中西部地区农村剩余劳动力，大量剩余劳动力涌入城市。此外，国家对珠三角地区的优惠政策也是推动该地区产业化、城市化迅速发展的重要因素。1984年，国家具有战略意义地将改革重点从农村转向城市，主要措施是推进城镇化建设。珠三角模式通过产业集聚带动人口集聚，进而实现城市周边地区快速发展。② 1992年以后，由于国家鼓励第三产业、非农产业发展，中国农村剩余劳动力全方位大规模转移，政策和人口红利推动各地城镇化的速度更加迅猛。③ 党的十四大提出建立社会主义市场经济体制，使私营企业、中小企业大量崛起。④

2. "民工荒"阶段

珠三角地区"民工荒"现象的出现是在2008年金融危机之后，大批农民工返乡，2010年珠三角地区缺工数量超过200万人。⑤ 缺工对于珠三角地区主要依靠廉价劳动力为主的制造业冲击较大，导致大量企业无法正常接单并组织生产。"民工荒"现象与珠三角产业结构密切相关，以制造业为主的第二产业，大多是劳动密集型产业。实际上，在2004年之后，我国新生代流动人口群体已占据了较大比例，这一群体与第一代流动人口外出务工群体所不同的是，他们不仅数量更加庞大，而且具有一定的文化水平，有些还掌握一定的技能，因此，长期在工厂毫无目标地工作已经不再能够吸引这批新生代流动群体。珠三角"民工荒"问题的出现在某种程度上反映了以制造加工业为主的城市产业无法满足新一代流动人口的需求（就业、职业前景、薪资等），产业迫切需要转型升级以形成新一轮经济发展高潮。

3. 产业升级转型阶段

城市产业的发展依赖土地、资金和劳动力三大要素，土地是固定的，而资金和劳动力是流动的。珠三角地区城市产业开始兴起时也是建立在利

---

① 南方都市报：《变迁三十年》，南方日报出版社，2014。
② 周大鸣：《珠江三角洲外来劳动人口研究》，《社会学研究》1992年第5期，第9页。
③ 南方都市报：《变迁三十年》，南方日报出版社，2014。
④ 南方都市报：《变迁三十年》，南方日报出版社，2014。
⑤ 谌新民：《珠江三角洲地区人口流动与产业结构研究》，广东人民出版社，2013。

用廉价土地之上的,廉价的土地吸引外资注入,并带来大量外来劳动力。[①]在 1978 年以后,由外来资本带来的"三来一补"的产业结构是以土地为"诱饵"。这与依靠上海强大的工业辐射能力的"苏南模式"不同,广州工业落后,无力辐射周边。因此,珠三角地区形成的以"产业聚集带动人口聚集"的发展模式与 20 世纪七八十年代廉价的土地密不可分。资本和人口的同时汇聚,使得广东省成为全国经济和人口总量最大的省。然而,"低成本发展时代随着土地成本的大幅度提高已经成为过去"[②],加之劳动力成本上升的倒逼机制,资本和技术密集型的"机器换人"的替代机制,传统工业被淘汰出局的更新机制的作用,90 年代中期以来,珠三角地区整体面临产业结构调整和经济增长方式的转变,[③] 城市产业升级和重组加速,大、中城市成为区域经济发展主阵地。相应地,人口结构也自动调整。

近年来,珠三角地区产业结构发生转变,第一产业和以劳动密集型为主的第二产业所占比例逐渐减少,第三产业占比上升明显且占比最大,为珠三角地区增长创造了大量经济效益(见图 2)。从流动人口内部结构来看,人口结构的变动和分化具有显著特征,这意味着我国社会经济的转型,珠三角地区目前从劳动密集型产业向科技产业、高新技术产业、服务

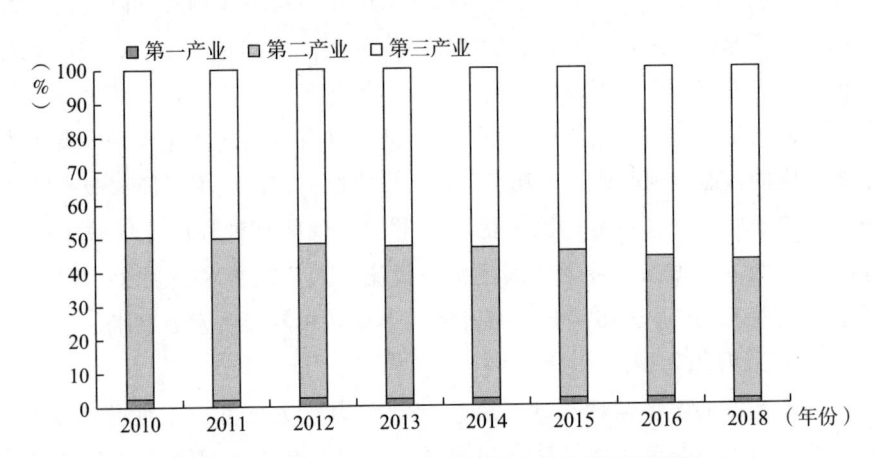

图 2　2010—2018 年珠三角地区产业结构比例变化

资料来源:2011—2019 年中国城市统计年鉴。

---

① 南方都市报:《变迁三十年》,南方日报出版社,2014。
② 南方都市报:《变迁三十年》,南方日报出版社,2014。
③ 周大鸣:《中国乡村都市化再研究:珠江三角洲的透视》,社会科学文献出版社,2015。

业转型的特征十分突出,不同行业、不同职业的流动人口差异趋向比较明显。

(二)流动人口结构

流动人口的年龄、受教育程度、职业技术水平等因素直接影响这一群体所从事的行业及职业层次,流动群体内部分层逐渐明显,如周大鸣团队通过调查将移民群体内分层差异归纳为投资经营型移民、体力劳动型移民和智力型移民(见表2与表3)。① 无论是哪一类型的移民,经济需求是他们自主性迁移的主要动因,而在流动人口中,追求经济目标的群体成为主要部分。

表2　2010年外来人口的受教育程度

单位:%

现住地	未上过学	小学	初中	高中	大学专科	大学本科	研究生
广州市	0.61	12.93	55.11	21.43	6.32	3.31	0.29
深圳市	0.55	8.67	53.81	25.07	7.86	3.78	0.25
珠海市	1.51	12.57	42.45	30.38	7.72	5.13	0.26
佛山市	0.91	19.32	60.70	15.02	2.74	1.25	0.04
江门市	0.99	21.87	60.27	13.79	2.25	0.79	0.03
肇庆市	0.84	17.82	63.09	13.84	2.61	1.72	0.09
惠州市	1.02	16.88	60.02	17.15	3.64	1.24	0.05
东莞市	0.45	10.58	64.00	20.26	3.72	0.97	0.04
中山市	0.55	15.06	61.29	18.78	3.18	1.10	0.05

注:笔者根据2010年第六次全国人口普查资料计算得到表中数据。

表3　2010年珠三角地区外来人口从事的工作

单位:%

现住地	国家机关、党群组织、企业、事业单位负责人	专业技术人员	办事人员和有关人员	商业、服务业人员	农、林、牧、渔、水利业生产人员	生产、运输设备操作人员及有关人员	不便分类的其他从业人员
广州市	3.42	5.37	6.05	29.60	1.45	53.94	0.17
深圳市	2.38	6.89	8.62	23.90	0.22	57.95	0.04

---

① 周大鸣:《城市新移民问题及其对策研究》,经济科学出版社,2014。

续表

现住地	国家机关、党群组织、企业、事业单位负责人	专业技术人员	办事人员和有关人员	商业、服务业人员	农、林、牧、渔、水利业生产人员	生产、运输设备操作人员及有关人员	不便分类的其他从业人员
珠海市	1.27	6.64	6.84	26.78	2.38	56.04	0.05
佛山市	2.11	3.54	4.41	18.18	1.32	70.26	0.18
江门市	—	—	—	—	—	—	—
肇庆市	0.56	2.99	5.04	14.98	3.31	73.04	0.08
惠州市	0.83	3.56	6.21	16.67	4.13	68.59	0.01
东莞市	2.11	3.38	6.80	15.61	0.46	71.64	0.00
中山市	2.53	4.09	5.58	14.96	1.28	71.34	0.21

注：笔者根据2010年第六次全国人口普查资料计算得到表中数据。

(三) 人口流动与城市产业的互动

人口的流动与城市产业发展存在互动关系。从产业结构来看，产业转型带来流动人口工作行业的变化，珠三角地区在其城市化过程中产业不断升级，过去由于承接香港等发达地区劳动密集型产业较多，成为吸纳农村剩余劳动力的主要场地。目前，珠三角地区从劳动密集型产业向科技产业、服务产业转型，不同行业、不同职业的流动人口差异趋向明显，2018年，第三产业在珠三角地区产业结构中的比例已高达57.26%。珠三角地区专业技术人员，商业、服务业从业人员以及办事人员增长幅度较大，2010年深圳、广州、东莞以及中山的来自外省的专业技术从业人员所占比例，相比2000年增长均超出10个百分点（见表4）。

表4　2010年珠三角地区外来人口职业变化情况（与2000年相比）

单位：%

城市	生产运输、设备操作人员	商业、服务业从业人员	办事人员	专业技术人员
广州	-13.4	10.0	23.4	13.4
深圳	-16.8	10.0	26.8	16.8
东莞	-26.5	17.4	43.9	26.5
佛山	-8.5	5.8	14.3	8.5
江门	4.1	1.4	-2.7	-4.1

续表

城市	生产运输、设备操作人员	商业、服务业从业人员	办事人员	专业技术人员
肇庆	4.1	1.7	-2.4	-4.1
惠州	-9.6	7.5	17.1	9.6
中山	-11.2	5.7	16.9	11.2
珠海	6.1	-3.8	-9.9	-6.1

注：笔者根据2000年、2010年人口普查资料计算得到表中数据。

从人口流动的空间集聚来看，产业的空间转移带动人口空间集聚，在我国庞大的流动人口群体中，来自农村主要以务工为主的农民工群体占有相当大的比例，由于缺少技术、未接受过较高层次的教育，门槛较低的劳动密集型的第二产业是这一群体的主要选择，因此，近年来，随着珠三角地区以制造业为主的劳动密集型产业向惠州、东莞、中山等城市转移，流动人口的落脚点也发生了改变。同时，人口的规模流动与聚集对产业的转型、转移具有反作用，珠三角地区大量外来人口的流入为该地提供了充足的劳动力，人口流入的数量和人口素质吸引外地产业进驻，助推当地产业的转型升级，流动人口群体受教育程度、生活背景、价值观念等的变化一定程度上影响着迁入地经济结构的调整。由此看来，人口的流动与城市产业的发展相互作用，而当前中国形成的以人口迁移和流动为主导的移民社会，在经济产业层面意味着城市的另一种转型。

三 文化变迁的视角

社会学将社会所形成的结构严密且由法律条文所规范的有机整体作为社会实体存在的表现，社会的结构性和规范性特征常被关注，但作为社会行动主体的个体或群体同样存在迁移、跨越边界的行动可能，这种迁移和流动在社会变迁或转型期极具规模性，也几乎存在于所有不同类型的人类社会，"社会是流动的实体"[①]。随着人群的迁移和对边界的跨越，文化也

---

① 〔美〕麦克尔·赫兹菲尔德：《什么是人类常识：社会和文化领域中的人类学理论实践》，刘珩、石毅、李昌银译，华夏出版社，2005。

成为跨区域的、混合的,不同人群所代表的不同地方性或族群性的文化,在互动过程中逐渐形成融合的、多元的文化状态。人口学学者观察人口的动态迁移过程,认为这一过程在文化层面上反映出与乡土中国相适应的"静文化"逐步向与迁徙中国相适应的"动文化"转变。[①] 人类学学者认为,地域社会向移民社会转变的过程中,随着流动人口生活方式和价值观念的变化,一种整合城市不同人群认同的移民文化形成,成为某地区和群体共享的社会文化资源。

珠三角地区作为移民社会,其特点是人口多元及由此带来的文化差异性。这一特点体现为人口来自不同地域(见图3),以及不同民族人群流入珠三角地区。与京津冀、长三角地区相比较,珠三角首先在人口迁移绝对数量上具有绝对优势,全国人口迁移数量前十名城市中,珠三角地区占有三席。作为全国流动人口的最主要流入地,珠三角地区移民文化浓厚。另外,珠三角地区与港澳毗邻,较早在文化与生活方式上受到现代城市文化的影响。[②] 广州、深圳等大城市的包容性强,文化也更为多元,不同的流动群体都能在城市里找到自己的文化属地。不同地域、民族人群将各自的语言文化、风俗习惯和宗教信仰等带入城市,流动人口群体基于血缘、亲缘、地缘、业缘等社会关系形成具有明确社会文化边界的文化和生活圈,

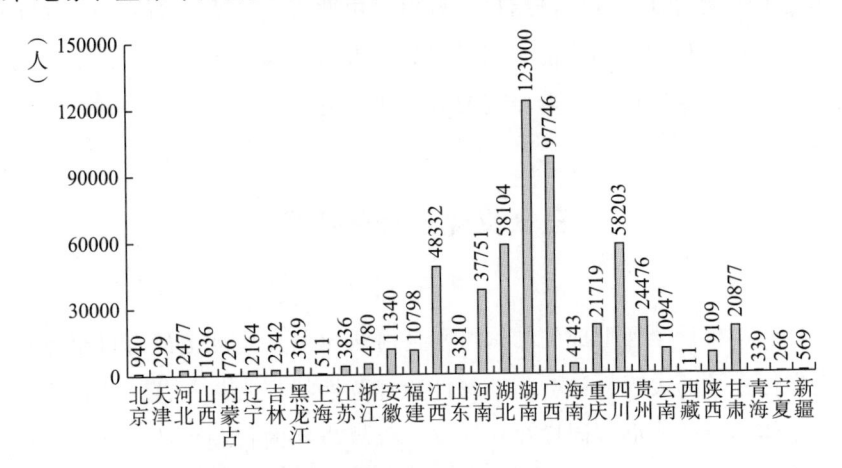

图3 2015年各省份流动到珠三角的人口数

资料来源:2015年全国1%人口抽样调查。

[①] 段成荣等:《从乡土中国到迁徙中国:再论中国人口迁移转变》,《人口研究》2020年第1期,第7页。
[②] 肖子华主编《中国城市流动人口社会融合评估报告》,社会科学文献出版社,2018。

多元开化的移民群体使城市呈现多元文化的特征。例如在国家商贸中心城市广州，不仅有来自国内不同地方的人群，而且有从国外流入的人群，广州小北路和广园西路成为外来非洲移民的聚居区域。1982年广东省少数民族人口18.2万人，2012年珠三角地区少数民族流动人口约250万人，至2019年增长至400万人。珠三角地区少数民族流动人口约占全国的10%，55个少数民族均有。①

四 迁移政策转变的视角

从政策角度来看，我国人口的流动与流动人口政策的实施与调整交互进行，这里有几个时间节点值得关注。

一是新中国成立初期，国家对人口流动并没有采取严格限制，实行自由迁移政策。1953年我国进入"三大改造"和经济建设时期，国家统一调整工业布局，沿海地区工厂、科研机构等有计划地向内地转移，这使得新建、扩建工厂企业在内地大量兴起。为支持内地工厂的发展，国家进行了有组织地将沿海城市部分人口向内地转移，大批农民被征调进入城镇做工人。此外，这一时期政府有计划的人口迁移还包括垦荒移民（主要抽调东部沿海人口到黑龙江、新疆、内蒙古、青海等地区垦荒）。政府相对宽松的政策环境、人口迁移的计划组织以及工业化使得中国在这一时期人口自由迁移十分活跃，② 形成空前庞大的移民流。据统计，1954年到1960年6年间迁移人口猛增至2200万人。③ 随着迁移人口猛增，国家对人口流动政策逐步收紧，1956年12月和1957年9月，国务院分别发出《关于防止农村人口盲目外流的指示》和《关于防止农民盲目流入城市的通知》，加强对外出农民的约束。④ 直至1958年，实施户籍管理制度，人口迁移和城市

---

① 李晓婉：《珠三角地区少数民族流动人口特征分析》，《北方民族大学学报》2020年第4期，第6页。
② 张弥：《中国人口史论纲（1949—2017）》，中国财富出版社，2018。
③ 国家卫生和计划生育委员会流动人口司编《中国流动人口发展报告（2010~2017）》，中国人口出版社，2017。
④ 《中国共产党中央委员会、国务院关于制止农村人口盲目外流的指示》，《中华人民共和国国务院公报》1957年第54期。

化受到严格控制。户籍制度的初衷是在计划经济体制下保证工业化建设，通过制度将农民固定在农村进行农业生产，以农业的增长支持城市工业的发展。但这一制度使得农民与市场割裂，强化了城乡二元社会结构。改革开放前，流动人口政策的组织性和计划性很强，政策的变动直接影响人口迁移的方向和数量，新中国成立初期为服务于国民经济建设和内地工厂企业发展，国家有计划地抽调沿海地区人口，人口迁移流向是从沿海到内地、边疆，为支援边疆开荒垦殖，大量农民集体性移民进入边疆地区；而之后三年困难时期由于城镇人口供应不足，工厂又无法运转，在城镇居住的人口被迫退回农村。据统计，三年困难时期有2000万在城镇务工的农村人口返回农村，城镇人口精简政策也下放了2600万人。[①] "文化大革命"期间，大批知青上山下乡和干部下放，我国人口出现从城市到乡村的倒流，这与改革开放后人口流向完全不同。

二是1978年改革开放，在计划经济体制机制改革背景下，农村"分田到户"制度确立，农村过剩的劳动力人口因务工、升学、当兵等向城市大量迁移。20世纪80年代随着东南沿海地区乡镇企业兴起，出现了大批离土农民涌入城市的"农工潮"，进城务工经商成为人口迁移的主流。进城务工只是获得更多收益的兼业性选择，与发达国家城市化进程中农民进城不同，我国农民工并非真正脱离土地。这一时期相应的政策也转变为鼓励农民进城，如1984年1月中央一号文件《关于1984年农村工作的通知》强调"允许务工、经商、办服务业的农民自理口粮到集镇落户"，1985年中央一号文件《关于进一步活跃农村经济的十项政策》提出"扩大城乡经济交往"，1986年《国务院关于发布改革劳动制度四个规定的通知》要求"企业招用工人，应当公布招工简章，符合报考条件的城镇待业人员和国家规定允许从农村招用的人员，均可报考"。

三是20世纪末至21世纪初，在社会主义现代化建设的背景下，国家在适应社会主义市场经济发展规律的前提下，对人口流动转向规范化和制度化地有序引导，人口迁移相关政策也旨在推动城乡融合发展、实现城乡一体化，放开和支持农民工自由流动、"公平流动"、共享发展。这一阶段外部人口流动政策环境利于人口迁移。从改革开放伊始至20世纪90年代，

---

① 国家卫生和计划生育委员会流动人口司编《中国流动人口发展报告（2010~2017）》，中国人口出版社，2017。

大量农民工涌入城市，我国人口移民进入"快车道"，1995年公安部、劳动部等16部委召开全国流动人口管理工作会议，并强调"因势利导、宏观控制、加强管理、兴利除弊"，标志着国家开始采取管制政策，限制人口"盲流"。其后，《关于加强流动人口管理工作的意见》《暂住证申领办法》《劳动部关于抓紧落实流动就业凭证管理制度的通知》《劳动部关于"外出人员就业登记卡"发放和管理有关问题的通知》等一系列政策文件相继出台，流动人口"证卡时代"来临，除身份证外，就业证、务工证、流动人口婚育证、暂住证等成为农民进城的必要证明。但沿海工业、城市的发展对劳动力的需求日益增加，流动人口数量仍然急剧增长。进入21世纪，沿海工业城市"用工荒"引起国家关注，国家逐步取消对农民进城的各种限制。2000年1月10日，劳动与社会保障部办公厅发布的《关于做好农村富余劳动力流动就业工作的意见》提出"促进劳务输出产业化，保障流动就业者的合法权益"，2000年7月20日劳动与社会保障部等七部委发布的《关于进一步开展农村劳动力开发就业试点工作的通知》提出"实行城乡统筹就业，逐步建立统一、开放、竞争、有序、城乡一体化的劳动力市场，在试点区域范围内取消对农村劳动者就业的限制"，到2002年，中共中央、国务院印发的《关于做好2002年农业和农村工作的意见》提出农民工新十六字方针，即"公平对待，合理引导，完善管理，搞好服务"。至2000年，我国流动人口规模首次过亿。2010年，流动人口总量达到2.21亿人的规模，10年时间我国流动人口数量整整翻了一倍。

四是2010年以来，我国人口流动新的特征是增速放缓，年均增速由2000年的10%下降至2%，[①] 2014年流动人口数量出现峰值，达到2.53亿人。此后，流动人口数量开始缓慢下降。《中国流动人口发展报告（2010~2017）》显示，2015年我国流动人口总量是2.47亿人，比2014年下降约0.06亿人，2016年流动人口数量比上年较少0.02亿，2017年流动人口较上年减少0.1亿。[②] 2019年流动人口总量为2.36亿，相比2014年流动人口峰值下降了约0.17亿人（见图4）。流动人口数量下降受多方面因素的影响，主要包括户籍制度改革、流动人口市民化以及部分流动人口返乡。

[①] 段成荣等：《从乡土中国到迁徙中国：再论中国人口迁移转变》，《人口研究》2020年第1期，第7页。

[②] 国家卫生和计划生育委员会流动人口司编《中国流动人口发展报告（2010~2017）》，中国人口出版社，2017。

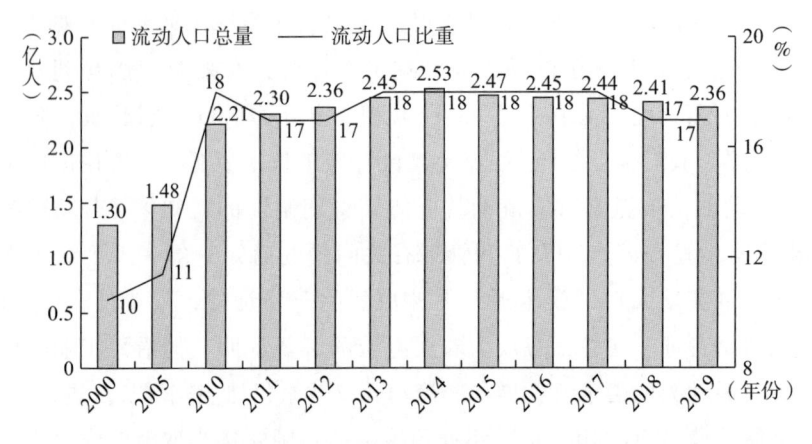

图 4　我国流动人口总量及占比（2000—2019 年）

资料来源：根据国家统计局资料整理绘制。

从人口流动与迁移的政策反观我国城市发展与转型的模式，我国从 1958 年开始形成的户籍制度使得我国城乡发展逐渐形成二元结构特征，整体来看，我国城市化的发展滞后于工业化发展进度，人的城市化没能跟上土地的城市化，但围绕城市的移民社会得以形成，国家在统计城市化时，用了常住人口城市化与户籍人口城市化两种不同指标。所谓常住人口指的是虽然户籍不在城市，但常年居住在城市 6 个月以上的人群。2013 年，我国常住人口城市化率是 53.73%，而户籍人口城市化率却只有 35.9%，相差 17.83 个百分点；2017 年常住人口城市化率是 58.52%，相比户籍人口城市化率也高出了 16.17 个百分点。[①] 目前我国城市化率超 60%，其统计的也就是常住人口城市化率，实际上户籍城市化率要低于这个数，这反映了我国流动人口对城市化率的影响巨大。此外，在国家迁移政策制度性因素影响下，大量流动人口进城进厂，使得工业化加速发展推动了城市产业经济调整，然而在当前我国以户籍制度为核心的城乡二元制度、土地制度及持续上涨的高房价条件下，进城农民工大部分无法真正在城市稳定并定居下来，从乡村到城市，又从城市到乡村，进城是因为城市有需要劳动力的二、三产业提供就业机会，返乡则是因为城市二元制度、高房价、高消费等形成的城市"推力"，最终形成循环往返于两地而处于

---

① 张弥：《中国人口史论纲（1949—2017）》，中国财富出版社，2018。

流动之中的"钟摆"效应。这部分规模依然庞大的常年流动群体正在悄然改变着城市产业结构、影响着城市的发展活力,甚至预示着超越传统城市的另一种转型。从某种意义上来讲,我国城市化也便成了一种移民的城市化。[①]

[①] 周大鸣:《中国农民工研究三十年——从个人的探索谈起》,《中国农业大学学报》(社会科学版) 2017 年第 6 期,第 8 页。

改革开放后珠江三角洲外来人口政策迭代研究*

珠江三角洲自改革开放以来就是中国外来人口流入最多的地区。据第七次全国人口普查统计，2020 年珠三角核心区人口为 7801.43 万人，占全省常住人口的 61.91%。全省人户分离人口为 6063.51 万人，其中，流动人口为 5206.62 万人。①《广东统计年鉴 2020》显示，截至 2019 年年底，珠江三角洲常住人口为 6446.89 万人，其中户籍人口为 3767.72 万人，不统计珠江三角洲内部的人口迁移，则珠江三角洲的外来人口总数应超过 2679.17 万人，外来人口率为 41.56%。② 也就是说，在珠江三角洲这片土地上，每五人中就有超过两人是所谓的"外地人"。

外来人口如何在此处生活，过去的学者们对此向来不吝笔墨。在以往对珠江三角洲外来人口与本地居民互动的研究中，被关注的最多的是分配制度、职业分布、消费娱乐、聚居方式和社会心理五个方面，在外来人口进入这一区域的过程中，本地人和外地人在这五个方面形成了不同的两个系统。③ 而这种系统性区隔，也在不同层次上使得中国当代的城市发展，最终经历了从以乡土熟人社会为中心的地域城市体系，到以全国性城市社会为中心的移民城市体系的巨大转变。④ 研究者们着眼于外来人口进入在

---

* 本文由周大鸣、肖明远撰写，原载于《社会科学战线》2022 年第 8 期，第 210—220 页，收入本书时有修改。

① 广东省统计局、广东省第七次全国人口普查领导小组办公室：《广东省第七次全国人口普查公报》，2021。

② 广东省统计局、国家统计局广东省调查总队编《广东统计年鉴 2020》，中国统计出版社，2020。

③ 周大鸣：《人口迁移是城市发展的重要风向标》，中国城市百人论坛 2020 年会会议论文。

④ 杨小柳：《从地域城市到移民城市：全国性城市社会的构建》，《民族研究》2015 年第 5 期，第 11 页。

人口流动与城市化层面的影响，并用以考察外来人口在城市的融入状态。[①]改革开放40多年来，不同的研究者对于外来人口的最主要组成部分——农民工，进行了深入的研究，农民工群体经历了从被视为社会问题的"制造者"到被视为社会发展的"牺牲者"和"城市新移民"的转变；同时，农民工研究也依次经历了"剩余劳动力"视角、"流动人口"视角、"劳工阶级"视角和"城市新移民"视角等四种基本范式的转变。[②]而对于外来人口政策的研究，更多倾向于从我国的人口形势与社会发展的指标分析中进行研究，并认为城市的公共服务能力及相对收入水平是吸引外来人口的首要因素，产业结构与城市化也是影响人口流动的重要因素，[③]并着重关注我国人口形势和政府执政理念的不断变化对人口政策产生的影响。[④]较少通过考察外来人口与迁入地居民不同时期的诉求，来理解外来人口政策的嬗变。由于珠江三角洲特殊的社会历史发展过程，本文将外来人口定义为不具有本地户籍的外来居民，拥有本地户籍的居民，不论其是否为非农业户籍，均被认作本地居民。外来人口、流动人口、外出务工人口等词语和概念含义相近，且在历史上的不同文件中经常混用，因此本文不对这些概念做进一步区分，一律指外来人口。

本文以改革开放后珠江三角洲外来人口管理的一些关键性政策为主线，考察外来人口与本地居民作为被刻意分隔成两个管理系统的人群，分属两个管理系统的制度根源究竟在何处，而他们又是如何在社会客观现实的不断变化中重塑社会认识，并最终引发相应政策在改革开放后漫长的40多年时间里，随着社会环境的剧烈变迁而逐步发生迭代的？

一 居住与迁徙：外来人口何以成为一个问题

研究外来人口问题，首先需要回答的是外来人口何以成为一个问题，

[①] 王春光：《农村流动人口的"半城市化"问题研究》，《社会学研究》2006年第5期，第16页。
[②] 孙中伟、刘林平：《中国农民工问题与研究四十年：从"剩余劳动力"到"城市新移民"》，《学术月刊》2018年第11期，第14页。
[③] 李拓、李斌：《中国跨地区人口流动的影响因素——基于286个城市面板数据的空间计量检验》，《中国人口科学》2015年第2期，第11页。
[④] 尹德挺、黄匡时：《改革开放30年我国流动人口政策变迁与展望》，《新疆社会科学》2008年第5期，第106—110页。

如果这个问题在当代的形成逻辑不清晰，那么讨论它亦无从入手。本地居民与外来人口的两个管理体系是外来人口问题的外显，如果不存在将本地居民与外来人口之间区隔的相关制度安排，那么从逻辑上来看，身为中华人民共和国的合法公民，便不应存在具体政策适用上的限制。在这个理想意义上，国家法律理应适用于全体公民，而地方法规因地而制。制定与创建专门管理所谓外来者的管理政策与机构，显然与这一逻辑是存在根本矛盾的。

中华人民共和国成立后的第一份有关户籍制度的管理文件，是1951年7月16日公安部公布的《城市户口管理暂行条例》。即使只审视该条例各项规定的字面含义，我们也可以很清楚地看到，彼时的执政者虽心中已对城市人口与农村人口进行了区别，但仍不将两者之间的身份转换视为一个问题。条例中虽提出"迁入、迁出户籍者应申报登记"，但并未对向城市或农村的迁入者提出身份限制。可以说，这一时期的人口流动虽然需要登记，但大体上是自由的。该条例的第一条即阐明"为维护社会治安，保障人民之安全及居住、迁徙自由，特制定本条例"。很明显，人民的迁徙自由在这一时期内是包括立法者在内的绝大部分社会成员的共识。

正式的户籍登记条例出现在1958年1月。第一届全国人大常委会第91次会议在当月表决通过并公布了《中华人民共和国户口登记条例》，其中的第十条规定："公民由农村迁往城市，必须持有城市劳动部门的录用证明，学校的录取证明，或者城市户口登记机关的准予迁入的证明，向常住地户口登记机关申请办理迁出手续。"对比最初的《城市户口管理暂行条例》来看，城乡之间自由迁徙的状态被打破了。在没有上述的迁入迁出证明时，农村人口就无法从其常住地自由地迁往城市。在《中华人民共和国户口登记条例》制定前后，从中央到地方政府，配套实行了一系列与之相关的增强其效果及可操作性的法律法规与政策，[①] 可以说不是户籍登记条例本身导致了农村户口与城市户口的等级差异，而是在户口登记的基础上，针对城乡户口身份的不同政策，导致了城乡二元结构的不平等。不同的户籍类型直接与身份、就业、分配、教育、公共服务挂钩，这在一定时

[①] 这些制度包括但不限于1955年的《市镇粮食定量供应暂行办法》、1959年的《中共中央关于制止农村劳动力流动的指示》。

期呈现为具有显著等级差异的制度,① 城乡二元结构成为中国近几十年来最为重要的社会结构。

至此,基于户籍制度的农村—城市二元结构,被从制度安排的层面确定下来。

二 "东南西北中,发财到广东":作为劳动力的外来人口管理

跨户籍流动是自城乡二元户籍制度以来就存在的一种现象。当然,从严格意义上来说,跨户籍流动应该是指跨行政区的流动,而不仅仅是跨户籍类型的流动。在改革开放前与改革开放至社会主义市场经济初步建立前,跨户籍的工作流动被称为计划外用工,它导源于计划经济体制下的劳动用工制度无法满足用工单位的需求,是中国计划经济历史上的一种社会经济现象,并几乎与计划经济相始终。② 而这种基于计划经济时期对于人口与迁移的认识,基本上贯穿在1992年南方谈话前的外来人口政策制定中。作为改革开放"排头兵"的珠江三角洲,由于改革开放的示范效应,巨量的外来人口在这一时期蜂拥而入,为外来人口管理带来了新的政策需求与实践机会。

(一)"百万民工下珠江"

党的十一届三中全会后,珠江三角洲成为对外开放的前沿地区,大量的"三来一补"型企业迅速建立与壮大。巨大的劳动力需求将本地从土地中被解放出来的剩余劳动力尽数承接,珠三角很快出现了劳动力不足的现象。最初进入珠江三角洲的外来人口,主要从事农业生产,这群被称为"代耕农"的外来人口"离乡不离土",起到了将本地人口解放出来从事二、三产业的作用。③ 稍晚些时候,由于本地劳动力无法完全满足日益增长

---

① 宫希魁:《中国现行户籍制度透视》,《社会科学》1989年第2期,第5页。
② 张学兵:《计划外用工:当代中国史上的一种资源配置形式》,《中共党史研究》2014年第1期,第12期。
③ 陶晓勇:《珠江三角洲地区的代耕经营及其经济、社会影响》,《农业经济问题》1986年第10期,第16—18期。

的劳动力需求，珠江三角洲的劳动力密集型企业纷纷开始大量招收外来工。

珠三角第一部具有代表性的关于外来劳动力的正式规范性文件，是1986年9月由广州市人民政府出台的《广州市临时招用外来劳动力管理规定》。这份文件明确了几个重点，"临时招用外来劳动力归口劳动部门统一管理"，"临时招用的外来劳动力，不得转移户口和粮食关系。招用省外劳动力应从严控制"。1988年8月出台的《广州市临时工劳动管理办法》中则规定，"使用外地临时工（指非本市区城镇户口临时工），应按'先市内，后市外'的原则，根据本市生产需要和控制城市人口增长的精神，合理招用，加强管理"。上述两个文件从文本上可以很清晰地看出，这一时期的珠江三角洲不管是在省一级还是在地市一级，对于外来人口的官方管理制度都是以严格控制为基调的，这与当时的国家顶层设计有着密切关系。

中华人民共和国成立后，发布了与城乡二元结构相适应的一系列配套政策，在20世纪80年代前主要表现为粮食政策，结果是，城市的粮食由农村进行供应，并且统购统销进行管理。而广东省作为一个缺粮大省，外来人口带来的巨大的粮食压力，在凭票供应的彼时很大程度上对社会的稳定产生了一定的影响，① 所以才会出现上述管理政策中所特别强调的，不得转移户口和粮食关系。然而事与愿违的是，这些政策对于外来人口的抑制并未发挥出预期的作用，反倒因此出现了很强的外部性。

1989年春节过后，数以百万计的外省待业民工，洪水般地南下，直卷广州、深圳等市，沿线车站，码头拥塞不堪，到处可见成群结伙的求职打工者。仅仅十几天，入粤人数便高达250万余人。1979—1989年，广东外来人口逐年增多。1979年为48万人，1986年领取暂住证的共有129万人，1988年为294万人，如果将没有领取暂住证的外来人口估算在内，广东流动人口已有500万人。这些外来人口主要集中在广州、深圳、珠海以及珠江三角洲地区。②

这一历史事件便是著名的"百万民工下珠江（广东）"。由于城市通过

---

① 林望轩：《广东省粮食发展战略研究》，《商业经济文荟》1989年第6期，第16—20期。
② 谷初：《都市"盲流"面面观》，《社会》1990年第1期。

制度安排来展现自身对于外来人口的排斥与疏离，大量的外来人口在城市聚集却无法通过找到工作而在城市生活。彼时，珠三角的决策者们对于外来人口的认识，主要集中在外来人口带来了充足的劳动力、购买力并盘活了劳动力市场；同时他们也认为，外来人口冲击了本地的公共服务体系，造成了就业紧张，给社会治安带来了巨大的压力。这一时期的研究，甚至将外来人口在珠三角扎根定居作为对本地发展的不利因素进行分析。①

> ……要运用广播、电视、报纸等新闻媒介，向群众说明广东目前不向外省招工的真实情况，不轻信"广东到处可以找到工作"的传闻而盲目进入广东……对大量南下在途的民工，有关地区各级人民政府要组织力量，切实采取措施，就地进行劝阻，并及时通报广东省人民政府……切实做好南下民工的劝阻和返程民工的疏运工作。②

"盲流"一词的本义是没有目的进行流动的流动人口，这一词语的意义其实需要深究，为何流动需要有明确的目的？在计划经济背景下，所有的人与物都需要在计划的控制下被调配到需要的地方，这种调配必然是目的性十分明确的，然而，在社会主义市场经济下，生产要素自发流动以获得市场最优分配，劳动力的自发流动与计划经济时代有序调控的思维在行为逻辑预设层面出现碰撞，是这些外来人口被称为盲流的最主要原因。盲流一词并不是改革开放后才出现的，实际上早在20世纪五六十年代，盲目流动就已经进入了人们的视野。③

> ……对滞留在广州等地的无工作的民工，民政和公安部门要负责做好他们的返乡工作……各新闻单位要配合地方政府和铁路、交通部门做好宣传工作，使民工不要偏听一些人的片面宣传和鼓动，盲目外出寻找工作，以利于他们安心在本地搞好生产和工作。④

渴望城市工作却难以找到城市工作的民工，为了生存，无可奈何又充满

---

① 戴逢：《流动人口对广州市经济发展的影响》，《探求》1991年第2期，第5页。
② 国务院办公厅：《国务院办公厅关于劝阻民工盲目去广东的通知》，1991。
③ 《盲目流入城市的农民应该回到乡村去》，《人民日报》1953年4月20日。
④ 国务院办公厅：《国务院办公厅关于严格控制民工盲目外出的紧急通知》，1989。

渴望地流向了城市周边的乡村，珠江三角洲的另一场史诗般的都市化浪潮席卷开来。

（二）社会认识与珠江三角洲的乡村都市化

改革开放前的中国，总体上是一个人口总量极大的农业国，由于小农经济的长期存在，人们形成了农业生产思维，巨大的总人口数使得人们在潜在意识中形成了对于农业劳动力成本的基本认识，即认为城镇人口的劳动力供给是完全刚性的——它是无限的，[1] 并且一度将这一认识复制到城市工业体系中，将其简单化为一般性认识。当然，这种对于现状的简单认识，在改革开放初期大量农村剩余劳动力涌入城市的状态下，确实是非常贴近实际的。以至于经济学家在思考中国改革开放最初的 20 年的过程时，多数都将中国的劳动力供给设定为一个正无穷数——基数大到一定程度时，谈边际变化变得没有意义了。[2] 所以在这个口径上，学者们的思维倒是与中国传统的小农经济思维一致，投入劳动力在这个状态下是可以不计成本的，在经历刘易斯拐点之前的劳动力市场供给一般都被认为是无限的，即劳动力的边际成本为 0。这与过去中国农业长期的内卷化所导致的社会现实一致，[3] 在主观认识上有极大的承继性，即把对乡土社会的认识与组织形式照搬到了工业社会。

这样的一种社会认识，自然导致将外来人口作为城市的负担，因为外来人口作为一个劳动的主体，本身被认为是不存在价值的、完全可替代的。而党的十一届三中全会后的一系列农村改革，使得大量的农村剩余劳动力被解放，这些剩余劳动力在某种意义上可以被理解为失业人口。在这样的状态下，由于城市本身接纳了大量的返城知青，大量的劳动力投入生产中，将会使劳动力的边际收益极大程度地下降，既然劳动力的价值不彰，那么外来人口对城市产生的负面作用自然会成为人们认识的主基调，前述资料中的盲流表述以及控制城市人口的政策，自然也就成为这种认识下很自然的政策理路。

---

[1] 周海春：《劳动力无限供给条件下的中国经济潜在增长率》，《管理世界》1999 年第 3 期，第 24—28 页。
[2] 黎德福、唐雪梅：《劳动无限供给下中国的经济波动》，《经济学》2013 年第 2 期，第 24 页。
[3] 黄宗智：《中国的隐性农业革命（1980—2010）——一个历史和比较的视野》，《开放时代》2016 年第 2 期，第 115 页。

综观这一时期珠三角的外来人口政策,可以发现经济发展与社会发展、城市化与工业化是"二元异步"的,在这样一种将外来人口排除在城市之外的国家顶层设计与地方规则之下,珠江三角洲自然而然走上了自身"乡村都市化"的道路。所以笔者更加倾向于认为珠江三角洲工业化与乡村都市化,是在政策对于外来人口在过去广义的农村地区不进行明确制度安排的情况下,由外来人口与本地农民自发推进的结果。如果没有顶层设计与地方规则对于城市外来人口的严管,就很难出现乡村都市化的最终格局,这些规制意外导致珠江三角洲由此走上了与世界上很多先发地区迥异的城市化与工业化道路。

三 成为一个广东人:作为新居民的外来人口管理

来自五湖四海的"打工仔"和"打工妹",怀揣着发财梦,冲破重重阻力进入珠三角时,发现城市往往拒绝为他们提供更多的机会。他们很多人迅速成为真正意义上的"盲流",在这一游荡中追寻着自己的打工梦。他们或继续在城市寻觅机会,或在城市碰壁后,前往周边乡村中建起的厂房里,通过夜以继日的工作,以吃苦耐劳的精神创造了中国制造的神话。在这一宏大的历史过程中,城市规模迅速扩大,过去的乡村在厂房的建设和大量外来人口的涌入下,迅速成为城市的一部分。居住在这里的外来人口,也面临是否成为城市居民的选择。

(一)"编外市民":暂住证制度的始末

改革开放前的人口流动大多与宏大的社会运动或有计划的区域调动相关,全国性质的人口流动在这一时期主要有"知识青年上山下乡""三线建设""百万干部下放基层"等方式,[①] 总体上是由经济条件较好的城市向条件较为艰苦的城镇与农村流动。在这一迁移过程中,由于城乡二元结构的作用,从福利相对较高的城市地区迁往乡村地区,一般不存在落户当地的困难。然而改革开放后人口有目的地向沿海开放地区的流动,迅速地改

---

① 李飞龙:《改革开放以前中国农村社会的人口流动(1949—1978)——基于国家和社会的视角分析》,《天府新论》2011年第2期,第94~98页。

变了这一状态。乡村人口大量进入城市打工，使得城市公共服务能力遭受了巨大挑战。同时，由于大量从农村自发前往城市的人口并不符合相关的人口管理政策，主要是不具有城市或当地户籍，从管理的角度来说成为难以被统计与管理的部分。客观上来看，由于外来人口众多，即使有极小的比例发生治安事件，其绝对数量依然很大，这使彼时的相关机构产生一种认识：需要将外来人口纳入管理的体系中。

1985年7月公安部印发了《公安部关于城镇暂住人口管理的暂行规定》，其中规定"暂住时间拟超过三个月的十六周岁以上的人，须申领《暂住证》"。这是我国从国家层面上建立起暂住证制度的开始。这意味着对自改革开放以来大量出现的跨户籍流动的外来人口有了一个官方的名词界定：暂住人口。以此作为开始，全国各地逐步制定了相关的配套政策，并相对一致地沿用了公安部关于暂住人口的表述。这一表述从文字叙述的角度，可以很直观地反映出当时的实践与社会认知。

一方面，外来人口在这一时期表现出"候鸟式"或"钟摆式"的流动特征，[①] 这一特征即使到现在也很明显，即周期性的流入与返乡。在这一时期，外来人口很多对城市持有一种"过客"心态，对城市没有归属感。另一方面，这些大多来自外地的流动人口，被城里人称为"外来工""北佬""小工""短工"，新闻报道里称呼他们为"无业游民""盲流"。[②] 这样的社会实践与社会认识，导致暂住人口这一称呼的出现——无论是外来人口还是监管者抑或当地人，都认为外来人口只是暂时住在这座城市里，迟早是要回去的。

从公安部对于暂住人口的行政管理规定发布之后各省的跟进速度来看，广东省的行动是相对迟缓的。迟缓的原因涉及另一个有趣的问题，本文不做讨论。直到1989年6月，广东省发布《广东省城乡暂住人口管理办法》，才跟随公安部的表述，将进入城市的外来人口称为暂住人口，其中规定"《暂住证》有效期一年。期满后需延长期限的，须凭原《暂住证》和暂住地劳动部门发给的允许从事劳务证明，申请延期"。这里可以清晰地看出，最初的暂住证管理方式是以一年作为一个周期的。将一年作为一

[①] 唐斌：《"双重边缘人"：城市农民工自我认同的形成及社会影响》，《中南民族大学学报》（人文社会科学版）2002年第S1期，第3页。

[②] 周大鸣、周建新、刘志军：《"自由"的都市边缘人：中国东南沿海散工研究》，中山大学出版社，2007。

个周期很好理解，每年农历年末，大量外来人口因年节而返乡团聚，很多人就此"转工"，不再回到之前的地方。这种管理方式主要强调的是人口的在地登记，而不将他们作为当地的一部分。比如该办法中还规定"暂住人口须持原户籍地的《节育证》或未婚证明，到当地流动人口管理办公室登记验证后才能办理有关手续。凡无《节育证》者，公安部门只准申报暂住登记，不予办理《暂住证》"。这实际上只是在人口登记上对于这一人群进行管控，导向是在这一群体中落实国家的宏观管理政策，防止出现政策的空白地带。针对上述材料中的规定，有一个形象的艺术作品生动地诠释了这个问题，那就是 1990 年元旦晚会上轰动全国的小品《超生游击队》。

具体到市一级的规定，珠江三角洲内最具有代表性的早期文件，是 1990 年 6 月广州市发布的《广州市区暂住人口管理规定》，其中列明"为适应经济建设发展需要，加强对暂住人口的管理，维护社会治安秩序……特制定本规定"。本文之所以特别关注广州市的这一政策文件，原因在于它第一次将"适应经济建设发展需要"作为规定的出台依据。在此之前的相关法律与管理规定的出台，往往出于政治口号或是直白的管理需求，此规定的出台反映了珠江三角洲外来人口管理政策的转向。这一转向虽然是探索性质的，但后来的实践告诉我们，这些被列为管理规定的地方性法规，正是自此开始由管制社会导向逐步转变为促进发展导向的。这代表了珠江三角洲开始探索人口政策的新思路。

对于暂住这一概念更为精确的界定，或者说对于暂住这一概念的观念转换，在珠三角的政策实践中，始于 1995 年 8 月广东省人民政府公布的《广东省流动人口管理规定》。"本规定所称的流动人口，是指离开常住户口所在地的市（市政府所在地的市区，下同）、县（含县级市，下同）到其他地区暂住的公民。"至此，《广东省流动人口管理规定》精确地将本人所在地与户口所在的县区是否一致作为是不是流动人口的判定标准。

在这一具体界定下，流动人口管理有了一个指导思想，就是以户籍作为导向进行管理，一切以户籍作为准绳，为此这一规定直接明确了"流动人口的日常管理工作由公安部门牵头，劳动、工商、计生、民政、卫生、建委等部门参加"。参加的部门之多，所跨领域之广，清晰地显示出对于流动人口的管理，广州市采取了直接与户籍人口相对的管理方式。实际上相对于拥有户籍的广州市民来说，流动人口被全方位差异化管控。

在条文中，也可以清晰地看出对于外来人口管理的领域之广："依法对流动人口进行宣传教育、治安、消防、居住处所、就业、经营、计划生育、卫生防疫、纠纷调处以及收容遣送等方面的管理工作。"仅仅分析条文可能相对难以理解这一管理的具体效果，下文将以计划生育为例进行说明。

在全方位的管理下，进入城镇的农村流动人口的期望子女数随着时间的推移不断减少，生育数量偏好与城镇户籍人口已无显著差异；理想子女性别偏好观念有所弱化，但仍强于城镇户籍人口。① 在生育率的变化方面，流动迁移对生育率有着非常显著的影响，城市外来人口的生育率不仅显著低于农村本地人口，而且也低于城市本地人口；远期流迁人口的生育率要低于近期流迁人口的生育率。② 这表明外来人口在一系列重点管控的过程中，加速了自身意识向城市居民意识的变化，由于处于被重点管控的现实状态，他们的生育观以及实际的生育行为变得与政策要求更为接近。在这一过程中，这些主要来自乡村地区的人们，客观上习得了城市居民的生活方式，在被围追堵截的管控中，从生活方式与思维意识上逐步完成了城市化与现代化。

在这样一个全方位变化过程中，居住与生活在城市的外来人口，在这一时期却需要通过极为烦琐的程序才有可能成为城市里的合法居民。在不拥有当地户籍与暂住证的情况下，随时有可能面临被罚款与遣送回原籍的风险。外来人口管理政策在这一阶段是暧昧的，它既不是传统上的围追堵截，也并不敞开大门欢迎外来人口，这些居住在城市的外来人口，虽然部分习得了城市与现代的生活方式，在事实上成为市民，但在法律上他们仍然被外来人口管理条例所管控，由于没有户籍，他们是事实上的编外市民。

虽然改革开放后，一系列不断迭代的外来人口管理政策，时紧时松，大方向是向着对外来人口更加友好与人性的方向变化，但直到20世纪末，总的基调仍然没有真正将外来人口当作城市的新居民。总的认识上，仍然认为外来人口只是在本地工作，当本地不需要他们工作的时候，他们需要被送回原籍。这样的社会意识与思路，忽视了外来人口是作为主体而存在，他们对于自己的行为可以进行能动的选择，他们既可以选择留在城

---

① 伍海霞、李树苗、悦中山：《城镇外来农村流动人口的生育观念与行为分析——来自深圳调查的发现》，《人口研究》2006年第1期，第8页。

② 陈卫、吴丽丽：《中国人口迁移与生育率关系研究》，《人口研究》2006年第1期，第8页。

市，也可以选择返回家乡。由于这样的认识局限，21世纪的最初几年，在我国经济发展最快的几个地区，普遍出现了民工荒的现象。这一现象倒逼各级政府开始重新检讨过去对于外来人口的管理政策与制度安排，对于外来人口的政策，也从过去的设置制度性阻碍，变成了通过减少制度性阻碍吸引外来人口。① 这一变化与现实中发生的具体现象互为因果。各地在这一时期开始通过差异化的政策，竞争性地吸引以农民工为主的外来人口。珠三角作为彼时体量最大、缺工最多的地区，民工荒的影响十分重大。

这一问题最早是在国家的政策层面上被反映出来的，解决思路也是从国家层面着手的。2003年1月5日，国务院办公厅发布了2003年的1号文件《关于做好农民进城务工就业管理和服务工作的通知》，提出了"公平对待、合理引导、完善管理、搞好服务"的原则。这是在中央文件中首次明确提出服务农民工的理念。对于外来人口的公平对待，在改革开放后的第25个年头，被写入了中央文件中。这一问题的实质在于，政策的制定者终于意识到，过去将外来人口作为经济建设的工具的思路，已经越发脱离社会现实与时代需要，必须要有所转向。

作为对国办文件的回应，2003年修订的《广东省流动人员管理规定》将流动人口管理原则改为"流动人员管理工作，应当遵循流入地属地管理、谁主管谁负责及管理、教育、服务相结合的原则"。这一文件的重要性体现在强调了属地管理。由于彼时珠三角流入的外来人口很大一部分是省内跨区域流动的，要解决管理问题，首先得确定流动人口的管理主体。属地管理而非户籍地管理，在省一级的政策层面被确定下来。这不能不说是一种重要的制度尝试，它从实际上打破了过去单纯将外来人口作为过客，主要目的是减少其对本地影响的管理思路，转而将外来人口真正视为辖区属地的组成部分，对其进行全方位的管理、教育、服务。虽然这一转向的跟进很快，但是愈演愈烈的缺工潮，明确地告诉社会，这样还不够。

> 2006年春节过后珠三角缺工现象愈演愈烈，整个珠三角缺工300万，其中深圳就缺100万，结果导致农民工工资普遍上调20%左右。原来我们一直把流动人口视为"盲流"，采取围堵和防范的态度，而如

---

① 简新华、张建伟：《从"民工潮"到"民工荒"——农村剩余劳动力有效转移的制度分析》，《人口研究》2005年第2期，第7页。

今怎样招到和留住农民工则成为企业和地方政府所关注的问题之一。①

在愈演愈烈的缺工形势下，2007年劳动与社会保障部发布《就业服务与就业管理规定》，其中规定"农村劳动者进城就业享有与城镇劳动者平等的就业权利，不得对农村劳动者进城就业设置歧视性限制"。从规定文本本身理解，相关部门在调研后认为产生缺工现象的原因是，农村劳动者在进城务工的实践中，没有获得与城镇劳动者同等的就业权利，并且他们在城镇的就业中受到了歧视，这导致了他们不愿意进城做工。因此，这样的缺工实际上是结构性的，也就是俗语说的"有工没人做，有人没工作"。

（二）移籍彼方：户籍迁移与居住证制度

显然结构性缺工的根源是本外二元的户籍制度。户籍制度的本质是一套资源配置与利益分配的社会安排。自然地，没有本地户籍的外来人口在本地的利益分配方面与本地户籍持有者必然存在差异。假设外来人口在城市受到了某些歧视性的对待，如前文提到的——他们受到了更加严密的管控，以及与本地户籍人口享有差异化的子女教育、医疗以及其他社会保障。从经验来看，本地户籍持有者对于外来者必然是带有异样情绪的，因此，获得迁入地户籍是外来人口在迁入城市获得平等的机会与权利，进而获得全方位发展，实现自我价值与阶层流动的保障。是故，那些受歧视感越强的外来人口，越渴望迁移户籍，选择制度性永久迁移。② 是否对以农民工为主要组成部分的外来人口开放户籍限制，这显然在很长一段时间里，是一个十分敏感的问题。1977年《公安部关于处理户口迁移的规定》中就明确了如下原则。

> 从农村迁往市、镇，由农业人口转为非农业人口，从其它市迁往北京、上海、天津三市的，要严加控制。从镇迁往市，从小市迁往大市，从一般农村迁往市郊、镇郊农村或国营农场、蔬菜队、经济作物

---

① 符坚、吴红宇：《流动人口的特征、现存问题和公共政策思考》，《广东经济》2006年第3期，第4页。
② 蔡禾、王进：《"农民工"永久迁移意愿研究》，《社会学研究》2007年第6期，第28页。

区的，应适当控制。①

很显然，改革开放前夜，在国家层面上对于户口迁移的顶层设计，是排斥自农村向大城市的人口流动，而鼓励由大城市向小城市或农村流动的，这无疑是人口平均主义思想指导下产生的政策，目的是避免人口集聚，前文已经讨论过这个问题。在改革开放后的很长一段时间里，针对户籍问题的政策依旧沿用，改革的进展相对于经济的发展而言大为滞后。直到1992年8月公安部发布了《关于实行当地有效城镇居民户口制度的通知》，也就是出台了著名的蓝印户口制度，作为户籍改革的起点，蓝印户口政策的出台本身就注定了其是一个过渡性政策，事实上它的寿命也很短。而在珠江三角洲的核心地区，广州市推出蓝印户口政策时，已是1999年。

> 本规定所称蓝印户口，是指在本市辖区范围内，对具备本规定条件的非本市辖区常住户口人员，经本市公安机关核准登记，在一定期限内有效，并在规定年限内可转办为本市常住城镇居民户口的一种准常住户口户籍管理形式。②

规定中列举了五类人可以在广州申领蓝印户口，即购房人员、兴办企业者、外地驻穗单位雇员、政府企事业单位雇员、出国留学人员，以及这五类人的家属。在实际的操作中，来穗的外来人口，最具操作性的落户方式是购房落户，以至于一般人不知有"蓝印户口"，只知有购房落户。事实上购房落户的数量也占据了落户广州的绝大部分。蓝印户口政策在广州持续的时间较短，在政策推出的1999年起回溯到1996年10月，在指定范围内购买商品房的非本市人口可以办理蓝印户口，直至2004年1月1日起废止蓝印户口政策，7年多的时间里通过购房落户广州的人口成为广州人口机械增长量的主要来源。

随着经济形势与社会认识的不断变化，特别是粮食不再是中国城市化的主要制约因素之后，城市化作为工业化的必然要求，被逐渐提上了日程。但中国需要怎样的城市化与城市发展，又成为一个需要探讨的问题。

---

① 国务院：《国务院批转〈公安部关于处理户口迁移的规定〉的通知》，1977。
② 广东省广州市人民政府：《广州市蓝印户口管理规定》，1999。

就城市发展与外来人口的关系来说，各界普遍认为新生代外来人口，主要是新生代农民工的市民化，将是中国城镇化发展的重要趋势。[1] 而这些新生代的外来人口，面临的首要挑战是如何成为市民。过去围追堵截、禁止与限制农业人口进入城市的政策，以及一系列旨在控制人口流动的举措逐渐退出。在本外二元的人口身份格局下，外来人口对城市的归属状态，终究是悬浮与漂泊的，在中国特有的户籍文化中，没有本地户籍作为真正根基的人们，绝无可能从根本上被整合到当地社会的秩序里。只有解决了市民化这一困扰外来人口始终的问题，才能够将外来人口的福利困境与城市的发展困境从根本上打破。

与户籍改革交织进行的另一项改革是暂住证制度改革。2003年孙志刚事件之后，中央废除了收容遣送制度，使得暂住证制度的强制性大大减弱。[2] 暂住证制度不再符合社会需求，且客观上的效用也大幅减弱，基于此，深圳在珠三角地区率先开始了由暂住证向居住证改革的尝试。

> 为保障居民合法权益，完善居住服务，加强人口管理，促进人口信息化建设，实现人口与经济、社会、环境、资源的协调发展，根据有关法律、法规，结合深圳市实际，制定本办法。[3]

从《深圳市居住证试行办法》的订立目的可以看出，过去在此类外来人口管理规定中密集出现的"管理""控制"等具有强制色彩的词语，均不再使用，代之的词语是"保障""服务"等。这一办法的推出说明珠三角的地方政府已经意识到，过去单纯的管理与所谓"以罚代管"的办法，在新的社会经济形势下已不再适用。形势的变化要求将外来人口作为城市的一部分，为他们提供更具体与多元的公共服务与社会保障，否则他们将会通过自身的实际行动用脚投票，或回到家乡，或去到对自己更加友好的地方。《深圳市居住证试行办法》是在中国经济发展达到新阶段，人口老龄化不断加速的背景下，各大城市之间人口与人才竞争的产物。政策在社

---

[1] 殷江滨、李郇：《中国人口流动与城镇化进程的回顾与展望》，《城市问题》2012年第12期，第7页。
[2] 汪建华、刘文斌：《深圳流动人口治理的历史演变与经验》，《文化纵横》2018年第2期，第48—55页。
[3] 广东省深圳市人民政府：《深圳市居住证试行办法》，2007。

会的需求中不断迭代,是在中国青壮年劳动人口不断减少的背景下,各地为了保障自身的进一步发展所做出的努力。政策的迭代表现出地方管理政策与地方立法的目的,由过去的管制社会导向,转变为服务地方发展的导向;由过去的控制个人行为的导向,转变为服务社会以人为本的导向。居住证制度的推出,旨在最大程度消弭本地户籍人口与外来人口之间的差异,但本外二元差异的根本原因——户籍制度只要仍然存在,户籍就仍然会成为利益分配与资源配置的制度门槛,使得本地人与外地人两个群体始终存在差异。户籍制度改革至今为止迈出的最大一步,是在2014年。

> 建立城乡统一的户口登记制度。取消农业户口与非农业户口性质区分和由此衍生的蓝印户口等户口类型,统一登记为居民户口,体现户籍制度的人口登记管理功能。建立与统一城乡户口登记制度相适应的教育、卫生计生、就业、社保、住房、土地及人口统计制度。①

这一改革将户籍制度的藩篱彻底打破,从此,人为地将乡村与农业、城镇与非农业绑定的二元身份区隔不复存在。自此,我国的城乡二元身份结构彻底消失。条例从为流动人口提供居住地基本公共服务的制度框架出发,进行户籍制度设计,从此城乡之间户籍的主要差异,不再是依附于户籍上的身份差异,取而代之的是户籍所在地提供公共服务的能力与质量差异。具体到本文讨论的珠江三角洲地区的广东省,在此改革的基础上有更进一步的尝试。

> 深化户籍制度改革,将有利于促进城乡居民享受均等的基本公共服务,更好地分享经济社会发展成果……有利于消除制约劳动力自由流动的制度阻碍,提高劳动力资源的配置效率,进一步释放人口红利和改革红利。②

---

① 《国务院关于进一步推进户籍制度改革的意见》,中华人民共和国国务院新闻办公室,2014年7月24日,http://www.scio.gov.cn/m/ztk/xwfb/2014/31332/zcfg31340/Document/1377156/1377156.htm。
② 《关于认真贯彻落实〈广东省人民政府关于进一步推进户籍制度改革的实施意见〉的通知》,广东省公安厅,2015年10月8日,http://gdga.gd.gov.cn/gkmlpt/content/1/1094/mpost_1094968.html#1065。

广东省在管理文件中明确提出了城乡基本公共服务均等化的目标。并在全省的相关户籍改革部署中明确，自2016年1月1日起，取消农业户口与非农业户口的划分，统一登记为城镇户口。这意味着外来人口无论其户籍所在地在农村或是城市，均可以享受基本一致的公共服务。各地的基本公共服务的同质化，使得基本公共服务的跨区供应变得不再是问题——既然是提供一致的公共服务，那么按照常住人口数量下拨相应的资金即可。

实际上，基本公共服务均等化是一个渐进的过程。1998年中央机构改革，在劳动部的基础上组建了劳动和社会保障部，把当时由劳动部管理的城镇职工社会保险、人事部管理的机关事业单位社会保险、民政部管理的农村养老保险、各行业部门统筹的养老保险以及卫生部门管理的公费医疗，统一纳入劳动和社会保障部管理之下，建立起统一的社会保险行政机构。2008年3月31日，在中华人民共和国人事部与中华人民共和国劳动和社会保障部的基础上新组建的中华人民共和国人力资源和社会保障部正式挂牌。过去单纯强调人口是一种劳动力或是人力资源，如今我国在不断的改革中正视了人的地位、人的主体性，将对于人的保障纳入了改革的视野，这是最终实现基本公共服务均等化的认识基础，没有这种社会认识，要实现真正的政策迭代，无疑是困难重重的。

四　结语：社会认识与政策迭代

从珠江三角洲外来人口政策迭代的过程可以看出，在先行先试的地区，有时自身相对均衡的管理模式产生后，往往对于管理政策的完善与迭代存在路径依赖，缺乏进一步改革的基本动力。或是原有管理政策所形成的既有利益结构，使得制度变迁的阻力相对较大，这种状况下，只能够通过更高级别的外力影响突破既有的体制框架；或是自身难以继续安然在过去模式下发展时，才会选择学习其他经验。先行的成功者总是带着成功者既有的包袱，改革便是如此。

法律规定因不同时期的不同社会客观条件而不同，从外来人口政策的经验来看，社会现实的变化——工业化与城市化背景下粮食的需求与供给在城乡间的失衡——使城市和乡村在实现工业化过程中成为对立的二元，建造出了一个不均衡的二元结构。而随着社会环境的变化，不均衡的社会服务体系又将不同的城镇人口区分成不同的等级，占有优势资源地位的巨型城市，拥有了高质量的公共资源，但这一公共资源又是供应不足的，在很长一段时间甚至至今都难以完全满足需求，在可以预见的将来是根本不可能供给需要它的每一个居民。户籍制度因此被确定下来，成为解决资源供给不足问题的无奈之举，但这一无奈之举在漫长岁月的不断演化过程中，逐渐变得深刻与复杂。当一纸户口成为人们出生、入学、工作、养老甚至死亡的重要资源时，它就从一个中性的、非竞争性的制度安排变成了一个界定不同利益人群的区隔方式，不同的户籍代表了先住者与外来人口之间的利益分配，所以不同时期对于这一问题的认识与行动都不免考虑不同的利益群体对于这一问题的利益取向与认识。

改革的本质是利益再分配。人们在不同时期对于外来人口的认识变化导致了政策的变化，而人们在不同时期产生不同认识的原因，实际上是不同时期人们利益取向的变化。在改革开放初期，城市不需要大量劳动力时，外来人口被界定为"盲流"；当需要劳动力来进一步发展经济时，外来人口便被界定为"暂住者"；当发现如果不给予外来人口本地户籍，本地的发展将不可持续时，便实施积分落户政策将人才留在本地；当人们认识到城市并不是只需要高精尖人才，同样需要基础行业的城市服务者与劳动者时，社会服务均等化又被提上了议事日程。这样的认识过程与利益群体在不同时期的利益取向理所当然是一致的。在这一过程中，外来人口与本地居民在不同的社会阶段凝聚出的一个个共识，就体现在不同时期对于外来人口的政策转变中，可以说外来人口政策的迭代，实际上是社会各阶层对于外来人口应该如何在城市生活的阶段共识的不断迭代。在这一过程中，学者的认识也渐渐摆脱城市—农村二元对立的思维，将城市外来人口、农村向城市的移民，作为一种社会发展力量来看待。[①]

党的十九大报告中指出，要"打造共建共治共享的社会治理格局。加强社会治理制度建设，完善党委领导、政府负责、社会协同、公众参与、法治保障的社会治理体制，提高社会治理社会化、法治化、智能化、专业化水平。加强预防和化解社会矛盾机制建设，正确处理人民内部矛盾"[②]。

---

① 周大鸣、杨小柳：《从农民工到城市新移民：一个概念、一种思路》，《中山大学学报》（社会科学版）2014年第5期，第11页。
② 《十九大以来重要文献选编》（上），中央文献出版社，2019，第34页。

过去单纯以经济增长作为目的的单目标激励机制,已经转变为多元的评价体制。其中,提供更多、更好、更均等的公共服务,进而加强对城乡居民社会保护的激励,作为一种考核目标已经成为未来政府行政能力建设的重点之一。[①] 对于外来人口的政策迭代,映射出政府特别是地方政府对刘易斯拐点到来的反应,这一反应的核心是凝聚共识,通过解决不平衡与不充分发展的问题,为中国经济社会全面稳定的发展提供制度保证。

[①] 蔡昉:《刘易斯转折点与公共政策方向的转变——关于中国社会保护的若干特征性事实》,《中国社会科学》2010年第6期,第13页。

珠江三角洲农村改革开放四十年[*]

笔者在改革开放 30 年的时候出版过一本书,该书从土地制度的变革、乡镇企业的兴起、农村体制改革、乡村都市化等全方位地探讨了广东农村的变迁。[①] 一晃又过了十年,就到了改革开放 40 年了。中国的改革是从农村开始的,只有了解了农村的改革开放才可以全面理解 40 年来的发展。广东农村 40 年的发展历史是一个告别乡土社会的过程,告别乡土社会指的是从乡土社会向城市社会的转型,与乡土社会以安土重迁为主要特征的区域社会不同,城市社会是一个以流动性、开放性、异质性为主要特点的移民社会。珠三角作为最早改革开放的地区,最早开启向城市社会的转型历程。目前,它向城市社会的转型已经基本完成,城市发展愈加成熟,形成了规模庞大、经济实力雄厚的珠三角都市圈。广东是我国改革开放的先行者,广东的经验和问题对全国其他地区的发展有榜样和参考的价值。本文将以珠江三角洲为例来看广东农村 40 年来的变迁。

一 改革开放的实验地

广东其实也是一个发展极不平衡的省份,省内不均衡不充分发展的矛盾突出。广东大概可以分为四个区域:珠三角、粤东、粤西和粤北。深圳、东莞、中山这些广东省最发达的地方,处在珠江三角洲地区,可以和全世界最发达的地方相比,而粤北地区相对落后。2017 年,粤东、粤西、

---

[*] 本文原载于《西北民族研究》2019 年第 1 期,第 5—14 页,题为《广东农村改革开放四十年——以珠江三角洲为例》,收入本书时有修改。

[①] 周大鸣:《告别乡土社会:广东农村发展 30 年》,广东人民出版社,2008。

粤北人口占全省的 45.5%，面积占全省 3/4 强，但 GDP 仅占全省的 20.7%，11 个市人均 GDP 均低于全国平均水平。深圳、广州、佛山、东莞四个市的 GDP 占比超过全省的 2/3。2017 年广东省 GDP 最高的城市是深圳，破 2.2 万亿元，GDP 最低的是云浮市，只有 840 亿元，差距巨大。经过 40 年的发展，广东省现在在全国有两个第一，一个是 GDP，一个是人口基数（包括常住人口），根据 2017 年最新统计结果，全国人口最多的是广东省，常住人口 1.0999 亿人。

所以将广东作为改革开放的实验地，是有道理的。1978 年的时候，广东的 GDP 大概在中国是排第五名，按照人均排名会更靠后些。而辽宁长期排在前三名，所以改革开放不会把辽宁作为实验地，因为对于中国来说，这里是最重要的一个工业基地。然而改革开放后，整个东三省相对来说比较滞后，这跟整个中国的发展战略有关系。珠三角的发展，也是从劳动力密集型企业开始，挣到第一桶金。当时整个世界产业在重新布局，很多企业把装配、制造的车间迁到欠发达地区去，而总部留在发达地区。香港的地方太小，这些劳动密集型企业就往台湾以及珠三角搬。所以第一家企业，当时叫作"三来一补"企业，就是来料加工、来样加工、来件装配及补偿贸易，其实就是帮人家加工产品，再出口。

二 农民工的兴起

劳动力密集型企业的规模很大，大到超出我们的想象。笔者 1986 年到广东南海县的一个镇参观一家玩具服装厂，那家厂令人印象深刻，有 3 万多工人。有 3 万多工人的企业，在我们国内是大企业。当时，这样规模的企业在珠三角数量不少。大量的劳动力密集型企业进入珠三角，一方面迅速地解决了本地的劳动力就业问题，同时也吸引了大量珠三角以外的人进入这个地方来打工，"农民工"这个新的名词也就兴起了。

大概在 1985 年前后，珠三角地区已经吸纳完本地的剩余劳动力，开始接受区外、省外的农民工。最早由省政府协调从区外调劳动力，一部分是进企业打工，这部分人就是"农民工"，还有一部分是帮助种地、养殖，被称为"代耕农"。在此期间也有许多外省的农民进入珠三角打工。所以农民工其实从 20 世纪 80 年代初期开始进入广东，随着规模越来越大，最后成为一个很大的群体。在高峰期,珠三角的农民工达到3000万人,许多村外来工是本村人口的十倍,甚至更多。大规模的农民工成为广东发展的强大动力,促进了广东经济快速发展和快速的城镇化。农民工也成为一个新的重要的研究领域。

三 企业转型

改革开放40年来,珠三角的企业经历了几次转型:20世纪80年代的企业,大部分为乡镇企业,其产权归村、镇集体所有;到了20世纪90年代,向"三资企业"转型,大概以外资为主,内资、集体资产为辅;到了21世纪,私营企业占比提高,内资也逐渐超过了外资。随着国内劳动力价格的上涨,大量的劳动力密集型企业或迁移到内地省份,或迁移到越南、菲律宾、印尼等国家。2008年金融危机后,企业结构开始转型,制造业、加工业减少,大量耗能大、污染大的企业倒闭。企业转型,就是在此时开始的,而且这种转型对当地政府来说是有重要意义的。企业不需要那么多工人,而且可以把很多闲置的厂房重新开发。所以现在如果到东莞市、中山市,你会发现很多倒闭企业的厂房,被用于发展服务业。由于企业转型会带来自然的更新和迭代,不少企业破产,同时也有新的企业建立。工人在这个过程中逐渐适应新的工作环境和机制,不会形成尖锐的社会矛盾和社会问题。

实际上,浙江、福建、广东这三个省有比较类似的地方,在经济构成中民营经济占比较高。外资企业的进入,大量农民工的输入,使珠三角这个地方就变得跟别的地方不一样。一个是它迅速地吸纳本地农村劳动力。本地农村的劳动力迅速地吸纳完了,之后就接收外来的劳动力。然而本地人不愿意到工厂里面去打工,也不愿意种地,因此珠三角地区连种地的人都是从外面请来的。所以现在珠三角有60万代耕农,这成为一个社会问题。从外地请了60万农民来帮珠三角种地,但是因为现在土地升值了,土地肯定不会继续给他们耕种了。由于代耕农长时间远离家乡,便无法再回到家乡去,于是他们成为没有土地的农民。笔者到珠三角农村调查发现,本地人一般在外资企业里担任中方厂长,以及担任报关员。每一家厂子安排两个本村的人,如果100家企业,那就安排了至少200个人。很多村都不止100家企业，基本上就将村里的劳动力就吸纳完了。为什么一定要本地人去报关呢？因为出口贸易这一类的企业，它的利润很多都是来自减税或退税。工厂来料、机器等过海关都要收税，如果生产的产品又出口，就要退税或减税。这里面情况比较复杂，本地人报关有很多优势。当地农村的人，还有一部分人开商店，另外大量农村人口就是靠出租房子谋生。

四　梯级城市化

笔者在《中国乡村都市化》一书中论述了五个层次的乡村都市化，这是一种自下而上的城市化，不是自上而下的。珠三角就是从自然村建设成文明小区，从行政村变成集镇，然后从集镇变成一个大的都市。发展速度很快，像虎门镇，过去就是一个集镇，但是它人口最多的时候，差不多达到100万。本地人大概10万，其他的都是外来人口。这里服装生产加工的能力，号称比大连的服装城都还强。全世界最好的时装设计师在虎门，最时髦的服装其实大部分是在虎门生产的。这是以村落为基础的变化，所以实行家庭联产承包责任制第一步就是把土地分给每家每户。实际上，在珠三角这些地方，大部分村集体又把土地收回去，由集体来掌握土地，集体进行分配、集体进行规划。如果从整个进程来看，家庭联产承包责任制在各地好像是一致的，但实际上落实到每一个地方，它是不一致的。这也导致珠三角的土地制度极为复杂。笔者有个朋友就土地制度写了一本厚厚的书，阐明了每一个村对土地的使用、管理、监督都不一样，都有自己的方式。所以笔者刚才讲做研究不容易，它不会是一种方法，而且农民有自己的智慧。笔者觉得每一个超级村庄的那些村主任、书记，就是大的理论家和行动者，他们有自己的一套想法和做法。就说笔者去的深圳的南岭村，本村人口700人，现在总资产是580亿元。皇岗村本村人口大概不到2000人，总资产是800亿元。深圳有很多超级村落，它们有很多的资产。像华为所在的板田村，集体资产也很多。前些日子笔者和李培林说，"你说村落要消失，但是实际上，只要集体资产还在，他们这一群人就不会消失"。因为这个村原有的这些村民，他们享有这一笔庞大的集体资产所产生的利益。我们调查的虎门大宁村也是，每年的集体资产有分红，我们去的那一年刚好分得比较多，本村人大概2000人，每个人分16万元。仅是分红这一块，要是家里有5个人，差不多就是80万元的收入。

对于集体资产，深圳市专门成立了一个集体资产管理办公室，那个办公室主任邀请笔者当顾问。他说，"其实我们没有权力管理这些集体资产，因为农村的土地归集体所有，农村实行集体所有制"。集体所有制所产生的这种集体资产，笔者把它叫作集体主义的遗产。如何管理集体资产的问题全国各地应该普遍存在，只不过在深圳、广州这样的地方，这一问题可能更加突出。在深圳、广州等地，因为土地升值很快，资产也更庞大，但是怎么样来分配、管理这些资产仍是问题。《羊城晚报》和很多媒体还报道，说广州的杨箕村摆了5000桌，把该村的人全部叫回来吃饭。实际上这个村落已经不存在了，它的土地已经没有了，但是这个人群还在，就是因为土地所产生的这些资金还在，这种村落的认同还在。从村落的层面去看，就算有的地方本地人只有2000人，但是还有大量人口进入这个地方，或者通过办厂子，或者通过购买商品房，通过其他方式进入。现在也不叫村了，现在叫社区了。外来人口的户籍被放在居委会进行管理，即使他们生活在不同行政村里；本地人也一样，即使他们住在不同的村子里面，他们的户口也是放在一起的，这是很有意思的现象。你很容易分清楚哪些是本地人，哪些是外地人。因为户口、户籍就是分开管理的。笔者在《山东社会科学》发表的那篇文章[1]，讨论的就是在珠三角地区，本地人跟外地人在居住、收入、消费、心理认同等方面存在的差异，指出该地区存在二元社区结构。

珠江三角洲的城市化可以分为这么几个层次：自然村的社区化、行政村的集镇化、集镇的市镇化、县城或中心城区的国际化。

五　家族、宗族、上市公司

前一阵笔者指导的一个博士后写了一本书，书名是《宗族变公司——广州长㴖村村民组织结构的百年演变》[2]。过去，珠三角村落里宗族是重要

---

[1] 周大鸣、田絮崖：《"二元社区"与都市居住空间》，《山东社会科学》2016年第1期，第90—95页。

[2] 周华编著《宗族变公司——广州长㴖村村民组织结构的百年演变》，当代中国出版社，2014。

的组织，其作用很大。很多村是同姓村，一个村就是一个宗族，采取一种宗族式的管理模式。但是随着社会的发展，宗族共同成立企业，现在有的企业甚至还要上市。通过上市使企业责任主体更加明晰，不知道这条路能不能走得通。我们甚至在想，走这么一条路，就是我们讲的转型。从一种以地缘和血缘上结合的宗族社会，向一个市场化的企业转变，宗族制度能与社会主义市场经济相融合吗？改革开放，过去只讲从计划经济向社会主义市场经济转变，而没有讨论传统的宗族制度怎样与社会主义市场经济相适应。

在这样一个转变过程中，这种家族与传统的东西在我们的企业里面，在我们企业的经营过程中，在我们市场的经营体系里面，发挥着很重要的主体作用，这个反而是我们的经济学家所忽略的。实际上，中国的市场经济跟宗族是有关联的，就是说与过去的那一套以血缘和地缘为基础的组织、传统是相关联的。所以你到浙江去也好，你到广东去也好，到福建也好，有很多专业产品市场，很庞大，所占整个市场的份额，甚至占全世界的份额比重很大。比如说中山古镇的灯具，至少占到全世界灯具市场总产量的70%，但该市场是由千万个小企业构成的。大市场、小家族企业，这是中国市场的一大特色。中国的这套市场体系，是由小的家庭，在血缘和地缘基础来组成的，来构成一个大规模的市场，笔者觉得这是中国特有的。美国有很多企业属于大家族企业，但中国没有类似的大家族企业，中国的企业可以有一个很大的市场占有量，但是它由千万个不同的个体来组成。分析这样的市场，分析这样的企业的时候，你就不能拿西方的那一套市场体系的理论来分析，因为我们融资的方式、社会网络的构成与西方都不一样。在西方，可能是正规的金融机构在这样一个市场体系里面发挥了重要作用，但在中国这种市场中，民营的金融机构其实起着更重要的作用，所以不能照搬西方的理论体系来分析中国的情况。在珠三角这个专业市场上，形成了很多专业的集镇，像刚才说的虎门镇，它是一个专业的做服装的集镇。这里有成千上万家服装企业，有一些有自己的品牌，也有帮助大企业加工的。当然现在它们也在逐渐转型，因为服装生意现在不太好做，所以现在也在开始往网店、电子商务方向转型。我以20世纪90年代后期为分界线进行了划分，20世纪90年代末期开始的城市化，采用的是自上而下的以政府为主导的模式，而之前是一种自下而上的城市化模式。产生这一变化的一个很重要的原因是房地产开发，地价上涨，越是城市中心地价越高，政府开始控制土地资源，所以城市化就变成一种以政府为主导的城市化。

六　人口结构的变化

　　人口结构变化是近几年我一直在讲的，大量的、不同的人开始关注到它。所以我提出一个命题：中国正在从一个地域社会向移民社会转变，从一种地域性文化向多元性文化转变。以村为例，原来一个村只有几百人或几千人，现在有上万人，他们来自不同的地方。你也可以到一个商住楼去看，它的租户或所有者来自不同的背景。不像过去，一个宿舍的人都是一个单位的，如今出现了不知道住在隔壁的人是干什么的情况，他可能也不愿意跟你说。而原来在一个单位，整个楼的人都很熟悉，有什么事大家都来，还是熟人社会。我觉得单位制，就是把农村的那套熟人社会的模式搬到了城市。但实际上，现在因为人口的异质化开始出现，所以我们进入了一个陌生人的社会。20世纪80年代去广州的时候，你听不懂广州话，在这儿生活极不方便。坐公共汽车的人，街边卖小豆子、卖菜的人，以及饭店里的服务员，全讲广东话，我的广州话是那个时候学的。到现在，很少人讲广东话了，大家大多讲的是普通话。同样，上海、长沙这些城市都在发生这种变化，城市的居民过去是以讲某一种方言为主体的人群，如今都讲普通话了。所以另外一个问题就出现了，如果从语言多样性角度来讲，以后方言可能会消失。来自不同地域、不同背景的人，在一个空间里面共同生活，其实给彼此的生活带来许多影响，要想适应这样的变化，可能我们就要从观念上面彻底去改变。我们要有一种全新的理念，来认识今天的社会，来看待跟我们不一样的人群。

七　地域歧视

　　在人口异质性不断增强的同时，国人对于移民的态度却没有随之转变，首先就是我们普遍可以感受到的地域刻板印象。

　　以家庭为例。现在婚姻为什么变得不稳定了？很重要的一点，就是现在的通婚圈越来越大，越来越多的人和来自不同文化的人组成家庭。我将我外甥女（姐姐家女儿）的婚姻经历作为个案，展示不同地域、不同文化的两个个体组成家庭的过程中可能会出现的文化差异以及由此带来的矛盾和问题。我老家在湖南，我姐姐的女儿也是在湖湘文化中成长起来的，外甥女的丈夫是福建人。湖南和福建两个地方的文化差异很大，这种差异首先表现在结婚仪式上，两个地方的做法就不一样。二人婚后，男方的父母亲在深圳为小两口置办了婚房，我的姐姐和姐夫担心女儿在这样的跨文化婚姻中处于劣势，就立刻以在深圳购房的方式声援和支持女儿，由此可见一斑。其次，在生育观念方面，闽台文化似乎更注重子嗣，重男轻女观念较重，而湖湘文化中对于生男孩没有特别看重，这样的观念差异导致当我的外甥女生下一个女孩后，公公婆婆便找借口回到福建，这时我姐姐、姐夫说他们一定要去深圳支持女儿。从这个个案中我们就能看出，虽然很多人把婚姻看成两个人的事，但实际上婚姻绝不是两个人的事，而是两个家庭或两个家族的事。如果夫妻双方有隔阂，那么家庭很容易破裂，因为双方后面都有一群人在支持他（她）。

文化差异所引起的问题，其实在一个家庭里面表现得很明显，在一个社区里面也可以表现出来。比如不同区域跳广场舞的人，对放什么样的歌、跳什么样的舞，都是有选择的。所以说，矛盾在社区、单位、不同地域的人群中都会出现，地域性歧视也会在一个地方、一个单位里面体现出来。

八 结论

经过改革开放40年的发展，珠三角已经有了长足的进步，充分凸显了我国改革开放的成就。珠三角发展有以下几个特点：一是靠对外加工业重新启动传统集镇；二是利用本地优势，吸引华侨、港澳同胞捐资和投资；三是集中土地，统一规划，建立工业区，发展商品农业；四是大量吸收外来人力资源，包括海内外投资者、高学历人员以及农民工；五是各个层级同时发展，个体、村、镇、县、市五个轮子同时转。

珠三角发展的动力包括以下几种。第一，工业化是基本动力。依靠发展劳动力密集型企业起家，建立起外资、集体和个体企业，工业迅速成为经济结构中的主体部分。第二，农业是基础。在发展工业的同时注重农业的发展，农业迅速向商品型、集约型和市场化转向。第三，对外开放政策是加速器。引进外资、技术和信息，充分利用华侨、港澳同胞的社会资源。第四，国家政策是关键。实行家庭联产承包责任制，推动乡镇企业发展。第五，城乡差距和地区差距是内在驱动力。这有利于吸引人才、劳动力资源。第六，交通运输业的发展、旅游业的发展等，加速了珠三角的城市化。

珠三角的发展也具有自身的特点。一是政府主导与地区自发增长相结合，自上而下与自下而上的发展相得益彰。二是敢于制度创新，"农业内部"体制的创新，包括土地、税费、农产品流通、农村管理等制度的创新；"农业外部"的创新，包括户籍制度、就业制度、社会保障制度、财税制度、金融制度等方面的创新。三是工业化与城市化同步，形成了城乡一体化的格局，产品、资本和劳动力在城乡之间快速流动，城区迅速向外扩张，乡村地区广泛城市化，城市的规模和数量不断扩大和增加。

2018年3月7日，习近平总书记在十三届全国人大一次会议期间参加广东代表团审议时提出，希望广东在构建推动经济高质量发展体制机制、建设现代化经济体系、形成全面开放新格局、营造共建共治共享社会治理格局上走在全国前列。[①] 面对新的要求，珠三角除了自身在这四个方面继续保持领先外，更重要的是辐射非珠三角地区，缩小广东北部山区与珠三角地区的差距，带动东西两翼发展。对此，我们充满期待！

---

① 《走在全国前列 创造新的辉煌》，中国经济网，2021年5月25日，http://www.ce.cn/xwzx/gnsz/gdxw/202105/25/t20210525_36585391.shtml。

从乡村到城市：文化转型的视角*

本文从文化转型的视角，以东莞虎门为例，探讨乡村向城市的转型。选择虎门是基于笔者的经验观察和学术研究积累，笔者多次前往虎门，目睹了虎门从乡村到城市的变化。第一次是1979年，当时为太平镇，镇上只有两三条狭窄破烂的街道，与一般的小镇没有什么区别。20世纪90年代初，笔者在虎门进行乡村都市化的课题研究，在虎门镇对南栅、大宁、龙眼等村落进行调查。2000年后，因城市新移民课题、乡村都市化再研究课题等，笔者又多次到过虎门。[1]

一 相关概念的讨论与虎门的巨变

（一）乡村与城市：概念与现实

费孝通认为，从基层来看，中国社会是乡土性的。[2] 他指出，中国基层社会"不流动是从人和空间的关系上说的，从人与人在空间的排列关系上说就是孤立和隔膜的，孤立和隔膜并不是以个人为单位，而是以一处居住的集团为单位"[3]。中国农村具有如下特征：乡土束缚、家族中心、小农经济、自给自足的生产方式、闭塞的空间、循环的地权、灌溉农业、有机

---

* 本文由周大鸣、陈世明撰写，原载于《社会发展研究》2016年第2期，第1—16页，题为《从乡村到城市：文化转型的视角——以广东东莞虎门为例》，收入本书时有修改。
[1] 周大鸣：《中国乡村都市化再研究：珠江三角洲的透视》，社会科学文献出版社，2015；周大鸣等：《中国乡村都市化》，中山大学出版社，1996；周大鸣编著《现代都市人类学》，中山大学出版社，1997。
[2] 费孝通：《乡土中国 生育制度》，北京大学出版社，1998。
[3] 费孝通：《乡土中国 生育制度》，北京大学出版社，1998。

循环、单一经济、复杂的政治结构等。[1] 从传统意义的角度来看，乡村往往具有较为封闭、固定的地理空间，以农业生产为主要生计模式，以亲缘关系为主要社会交往纽带，建立在以家为核心的血缘关系的基础之上。另外，乡村还具有一套国家控制之外的民间整合模式，土地神、庙宇等成为乡村社会整合的重要因素。在珠三角地区，很多村落都有自己的土地神。李翠玲所研究的中山永宁社区，所辖的12个小区（自然村）中共有社坛54座。[2] 徐红用"乡民社会"这个概念来指称古代中国以礼俗和宗法为主要特征的社会形态模式，她认为社会价值观念的一元化与恒定化、社会成员主体意识的极端弱化、社会基层组织的门阀化和帮派化是这种"乡民社会"的主要特点。在全球化和现代化浪潮席卷下，乡村已经不再只是一个封闭式地理单元。[3] "流动"已经成为改革开放以来中国乡村发展的主要特征之一。自20世纪80年代开始出现的农村劳动力迁移，以及随后出现的"打工妹""打工仔""农民工"等称呼，无疑都表明城市与乡村之间的联系日益密切。

笔者认为，与乡村相比，城市则是更加多元、开放的人类聚落，城市作为一个不同于乡村的聚合体，具有经济角色、政治角色、文化角色和流通角色四种职能。[4] 刘易斯·芒福德（Lewis Mumford）从社会与文化的角度系统地阐述了城市的起源和发展，并展望了远景，在他看来，城市最终的任务是促进人们自觉地参加宇宙和历史的进程，通过感情上的交流、理性上的传递和技术的精通熟练，尤其是通过激动人心的表演，从而扩大生活的各个方面的范围，这是历史上城市的最高职责。[5] 城市（都市）作为一个现代概念，与中国古代"城市"不同，中国古代的城是指城墙，而市则是人们进行交易的场所。如果说传统乡村社会内部的团结是一种机械团结，则现代城市社会内部更多是一种有机团结。在我国，城市、城镇等概念所具体指代的内容略有差异，本文并不在此过多地在概念上细分。本文

---

[1] 刘创楚、杨庆堃：《中国社会：从不变到巨变》，香港中文大学出版社，1989。

[2] 李翠玲：《珠三角"村改居"与反城市化现象探析》，《广西民族大学学报》（哲学社会科学版）2011年第2期。

[3] 徐红：《从"乡民社会"走向"公民社会"——对中国社会发展模式的评析》，《上海大学学报》（社会科学版）2004年第2期。

[4] 周大鸣编著《现代都市人类学》，中山大学出版社，1997。

[5] 〔美〕刘易斯·芒福德：《城市发展史——起源、演变和情景》，宋俊岭、倪文彦译，中国建筑工业出版社，2005。

所说的城市与乡村，不仅是一个地理概念或者经济学概念，还是一个更多考虑社会文化因素的概念，包括居民对于城市与乡村的感知与认同。

新中国成立后，国家的重点发展对象发生过几次改变。一是在新中国成立伊始，全国响应中央的号召，支持城市的发展，发展国家的重工业。二是知识青年下乡，城市青年支援农村的建设，但这时仍以城市的建设为中心。三是改革开放后，国家重点发展东部沿海城市，大量的农村劳动力投入东部沿海城市的建设和发展中。四是21世纪初期，国家开始建设新农村，将大量的财力、物力投入乡村扶贫开发中。改革开放30多年来，东部沿海地区的乡村通过工业化等形式快速地获得了发展，"村村点火，户户冒烟"是对其生动形象的描述。珠三角地区以"三来一补"企业最为盛名，通过引进外资，在村内建起了一栋栋厂房，将土地资源、劳动力资源转变为乡村发展的动力机制。

什么是城市化？不同学科对它的定义侧重点不同。地理学侧重的是地理景观、空间结构和城市体系的变化；经济学主要从产业结构的转变研究城市化，认为在城市化过程中，产业结构由农业转变为非农产业；人口学关注的是人口的迁移，认为从农村向城市聚集的过程就是城市化的过程；而人类学对于城市化的理解，更多地关注乡村的生活方式如何转变为都市的生活方式。有人类学者认为，"都市化并非简单地指越来越多的人居住在城市和城镇，而是指城市与非城市之间的往来和联系越来越密切的过程"[1]。在改革开放前，我国的城市化水平较低，发展速度缓慢，甚至曾经处于停滞状态。改革开放后，尤其是在20世纪90年代末期，我国城市化发展迅速，不论是东部沿海城市，还是中西部中小城市，都以惊人的速度进行城市化。

（二）乡村都市化：理解珠三角都市化的理论视角

周大鸣曾在1995年就乡村都市化的研究提出以下观点："从珠江三角洲的乡村都市化实践来看，乡村都市化不是都市化的终结，而是都市化的开始。"[2] 借鉴前人的研究，笔者将城市与乡村相互影响，乡村文化与城市文化接触后产生了一种整合的社会理想，既有农村文明又有城市文明的成分的现象称为"乡村都市化"。随着乡村都市化而来的是城乡差别的缩小，

---

[1] Guldin G. E., *Urbanizing China*, Greenwood Press, 1992.
[2] 周大鸣：《论珠江三角洲的乡村都市化》，《开放时代》1995年第3期，第6页。

农村的生产力结构、生产经营方式、收入水平及结构、生活方式、思维观念等与城市逐渐接近、趋向同一。如果从人口来看，一方面是居住在都市中的人增加，另一方面是采用都市化生活方式的人增加；如果从空间来看，一方面是原有都市的扩展，另一方面是乡村的就地都市化；如果从过程看，需要经历村的集镇化、乡镇的市镇化、县城和小城市的大都市化以及大中城市的国际化这么几个阶段。① 从我国的都市化发展路径来看，都市化主要包括原有城市的扩大、人口向城市集中的都市化和农村在地都市化。乡村都市化是乡村在地都市化，是我国都市化发展的重要路径。在珠三角地区，广大乡村凭借自身毗邻港澳的地理位置，借助国家改革开放的政策，通过多方渠道引进外资，在村内发展工业，创造了乡村都市化一个又一个奇迹。笔者认为，珠三角近年来的都市化可以分为四大类，一是村的集镇化，二是乡镇的市镇化，三是县城和小城市的大都市化，四是大中城市的国际化。村的集镇化和乡镇的市镇化都可以看作乡村都市化的类型。②

（三）虎门镇区巨变：从集镇到都市

虎门位于东莞的西南面，在珠江入海口的东面，南面靠海，并与深圳宝安隔海相望，北接东莞厚街镇，面积约为178.5平方公里。虎门与中国近代历史紧密相关，境内有林则徐硝烟旧址、威远炮台、鸦片战争博物馆等。截至2013年，虎门镇辖30个社区，常住人口为64.42万人，户籍人口为13.06万人，2013年出生人口为5014人，出生率9.59‰。③ 2014年，虎门全镇生产总值416亿元，同比增长7.9%，实际利用外资、合同利用外资分别为1.9亿美元、1.3亿美元。④ 虎门企业和个体工业发达，以2013年为例，全镇新增企业和个体工商户5332户，总量达到50410户，增长11.8%。⑤

今日的虎门镇区，旧时为太平镇所在地。1983年10月，虎门废除人民公社体制，并于1985年合并太平镇，形成现在的虎门镇辖区的大致范围。1978年，随着党的十一届三中全会召开，全国的重心开始转移到经济建设工作上来。而在此之前的数月，全国第一家"三来一补"企业——太

---

① 周大鸣、郭正林：《论中国乡村都市化》，《社会科学战线》1996年第5期，第9页。
② 周大鸣：《论珠江三角洲的乡村都市化》，《开放时代》1995年第3期，第6页。
③ 《虎门年鉴》编纂委员会编《虎门年鉴（2014）》，广东人民出版社，2014。
④ 《虎门年鉴》编纂委员会编《虎门年鉴（2014）》，广东人民出版社，2014。
⑤ 《虎门年鉴》编纂委员会编《虎门年鉴（2014）》，广东人民出版社，2014。

平手袋厂正式投产，该手袋厂位于现在虎门镇区的则徐社区。而在1979年4月，中国第一家农村"三来一补"企业诞生于虎门人民公社管辖的龙眼村，该企业为龙眼村村民张细从香港回乡创办。为了加强对"三来一补"企业的管理和促进虎门经济的发展，虎门公社于1979年设立对外来料加工办公室（目前虎门有些社区居委会仍保留的社区机构——"加工办"），该机构负责引进"三来一补"企业，并且协助外商办理开办"三来一补"企业的各项事务，直到2008年经济危机前，都在虎门经济发展过程中充当重要的角色。自1981年虎门推行家庭联产承包责任制后，各村各生产队分田到户，农村劳动力得到解放，各村的"三来一补"企业、村集体企业等如雨后春笋般出现。[①] 笔者曾于20世纪90年代初期来到虎门，开展乡村都市化的课题研究，走访了虎门多个村落，包括南栅、北栅、大宁等。当时的虎门镇区，已经在向小城市的形态发展，与1979年笔者第一次来虎门时的状况完全不同，那时只有几条破旧的街道，小镇和普通的集镇区别不大。而到了90年代，汽车、商铺、饭馆、旅馆、KTV已经出现在镇上，村落已经具备一般城市生活的基础设施和条件。以虎门大宁村为例，以前需要去虎门镇上购物，现在可以直接在村里的购物超市买东西，村民都不愿意转为镇上的居民户口了。事实上，在改革开放至21世纪初，虎门的都市化发展迅猛，归结起来与"改革""三来一补"企业密切相关。作为全国"三来一补"企业的诞生地，虎门借助"三来一补"企业的发展累积了工业化和都市化发展的原始资本，并在这一过程中通过不断自我改革，创造一个有利于企业发展的社会环境，"开放""服务好"等成为诸多外商选择在虎门投资的重要原因。

都市化发展的道路是曲折的，包括虎门在内的珠三角地区，尤其是东莞市由于过度依赖"三来一补"企业，产生了不少问题，这也使其在金融危机中遭受重创。2008年后，整个珠三角地区开始转型，在"腾笼换鸟"政策下，劳动力成本增加，大量的劳动力密集型企业开始搬向内地城市或者东南亚各国。因此，虎门也面临产业结构的转型。其中，服装、电商、物流产业成为新时期产业转型的关键。服装产业是虎门经济发展的支柱产业，1996年，虎门举办全国首个乡镇级的国际服装交易会，该交易会已经连续举办了20届，每届国际服装交易会都凸显了虎门服装产业的最新发展

---

① 《虎门年鉴》编纂委员会编《虎门年鉴（2014）》，广东人民出版社，2014。

动态。以 2015 年 11 月底举办的第 20 届中国（虎门）国际服装交易会为例，为期 4 天的服装交易会，将时尚融入全过程，成为虎门服装产业转型的亮点。最近几年，借助便捷的交通区位优势，虎门大力发展物流业，各大物流公司、快递公司都在虎门设立分公司、中转站等。以虎门大宁村为例，方圆约 5 平方公里的村域范围内有包括中国邮政、圆通、亚风等在内的物流、快递公司 20 多家。物流、服装行业的发展，推动了虎门电商行业走在全国乡镇的前列。

虎门一方面要进行产业结构转型，另一方面还面临社会转型。与珠三角其他地区一样，如何解决外来人口的管理问题、增强外来人员的城市归属感，成为虎门社会治理创新的重要内容。在此，笔者以新莞人的新型社区为例进行简要说明。自 2007 年起，"新莞人"成为在东莞各地的数量庞大的城市新移民的新称谓。根据对虎门民泰社区副书记的访谈，2009 年，东莞市政府在南城、东城、虎门和樟木头等建有大量商业楼盘的地方试点建立新型社区——新莞人社区，虎门也在同年设立新型社区——民泰社区，负责接收新莞人落户虎门，解决户籍问题。民泰社区目前共有 3300 人左右，以前入户是根据楼盘所属的社区进行管辖。民泰社区是服务性社区，不用交任何管理费用。社区一般由地方管辖，有经济、政治等功能，如收租，而民泰社区由政府资助建立，其办公室都是租的，该社区没有自身的土地和物业。2015 年政府拨款 40 万元给民泰社区，帮助社区 400 多个小孩买医疗保险。另外，社区的所有工作人员都是从政府部门抽调过来的。

与此同时，常年实行的镇一级行政管辖权在一定程度上阻碍了虎门向大都市发展的进程。一直以来，虎门与长安镇都呼吁设立县级市，顺应都市化发展的趋势。2014 年国家发改委发布《国家新型城镇化综合试点方案》，虎门成为撤镇设市设区的试点地区之一。从行政管理权限的角度来看，这为虎门迈向新型城市奠定了基础。总之，虎门从乡村到城市的都市化发展之路，又有了更进一步的延伸和拓展。

二 村落的终结还是农民的终结？

——三个村落的乡村都市化叙事

法国社会学家孟德拉斯以法国农村的现代化道路为背景，分析了欧洲乡村社会在第二次世界大战以后的变迁过程，在他看来，传统意义上的自给自足的农民已经不存在了，传统意义上的农民走向终结，即所谓的小农走向终结。孟德拉斯将农村从事家庭经营、以营利和参与市场交换为生产目的的家庭经营体看作一种"企业"。① 改革开放以来，我国村落的个数锐减。李培林通过对广州的石牌村、冼村等40多个城中村的调查研究，把最具有代表性的特征和故事提炼出来，并形成一个城中村的理想类型——羊城村，分析了村落走向终结过程中的变迁逻辑。②

（一）龙眼：从农村"三来一补"企业诞生地到城市社区

龙眼村是我国第一家农村"三来一补"企业的诞生地。而今，龙眼社区已成为一个具有都市特征的社区。在3平方公里范围内，生活着将近3000人的本地居民和超过3万人的新莞人。2013年，社区和小组总收入过亿元，纯收入超过7000万元。拥有超过500家的企业，其中外资企业不到30家。龙眼村是一个单姓村，以张姓村民为最多数。经过30多年的发展，龙眼村经济总量大幅提升。工农业总产值从1979年的58.8万元提高到1993年的6500万元。1994年，整个龙眼村的纯利润达到4000万元，是1978年利润的1143倍。③

（二）南栅：村庄里的新莞人

在超过8平方公里的南栅村村落范围内，生活着超过5万人的新莞人，他们在这个村里的6个工业区从事制衣、电子、塑胶、五金等行业的工作。虽然在政府层面上，新莞人称号的提出是为了促进他们与本地人的融合，但在田野调查中，笔者发现这些新莞人与本地村民依旧处于隔离状态，该地区形成了新的"二元社区"。笔者曾在10多年前根据对珠三角农民工的调查提出了"二元社区"概念，"二元社区"指的是珠三角外来工与本地居民在城乡二元体制的影响下在职业、收入、居住、地位等方面存在差别，具体来说，即在现有户籍制度下，在同一社区（如一个村落和集镇）中外来人与本地人在分配、就业、地位、居住上形成不同的体系，以致心

---

① 〔法〕H.孟德拉斯：《农民的终结》，李培林译，社会科学文献出版社，2005。
② 李培林：《村落的终结：羊城村的故事》，商务印书馆，2004。
③ 李秀国：《龙眼志：中国新型社区的岭南标本》，上海古籍出版社，2015。

理上互不认同，构成所谓"二元"。①骆腾以东莞增埗村为例，实证分析了改革开放以来伴随着工业化、都市化而产生的"二元社区"的形成过程，他指出外来工与本地人的关系，从开始的隔离逐渐变成了融合，但二元社区没有根本消除，并且在新的历史时期产生了新的问题。②

在新的"二元社区"中，外来人口与本地人口的区别更多地体现在文化认同方面。经过几十年的乡村都市化，南栅本地人通过土地等资源累积了大量的资本，他们日益意识到本土资源和自我认同的重要性，从股权固化到修村史，无不凸显出本地村民的认同强化与文化焦虑。新莞人与农民工概念相比，内涵更多样与丰富。新莞人更具有城市新移民的文化意义，不仅包括体力劳动者，还包括各类投资经营者与智力型移民。另外，从政府和社区的层面来说，大量的公共服务已经开始面向社区所有人群，社区服务中心甚至专门开展针对新莞人及其子女的社工服务。"强制办暂住证"到"免费自愿办理居住证"的转变，意味着政府的职能正从管理逐步向服务转变。在南栅的西头旧村等村落旧址，狭窄、破旧的老房子因为百余元甚至更低的月租价格而满足了大量的新莞人居住需求，这些区域已经形成了来自不同省份的新莞人聚居的社区。在这样的新莞人社区里，将会发生怎样的族群互动与文化触碰？在这一过程中，社区再造何以进行？将会形塑何种新的社区文化？在乡村都市化的推进中，这些社区又将面临怎样的转型？这需要进一步的观察与研究。

（三）大宁：从村落自主到国家主导的都市化

大宁社区位于虎门镇东南方，东临 S358 省道（原 107 国道），西北有广深珠高速公路出入口，占地面积 5.5 平方公里。全村共有 3 个自然村（大宁、博投、江门），包括 6 个居民小组，共有常住人口 2827 人，新莞人 2.5 万人。③大宁社区自 20 世纪 80 年代以来，名称多次发生变化，从大宁大队、大宁管理区、大宁村发展到大宁社区。根据大宁村村史及对其原村支书的访谈，大宁（当时称为大宁大队）在 1979 年引进了虎门第二家

---

① 周大鸣：《外来工与"二元社区"——珠江三角洲的考察》，《中山大学学报》（社会科学版）2000 年第 2 期，第 108—113 页。
② 骆腾：《冲突中的调适：城市二元社区新探——基于东莞市增埗村的实证研究》，《广西民族大学学报》（哲学社会科学版）2009 年第 2 期，第 51—56 页。
③ 《虎门年鉴》编纂委员会编《虎门年鉴（2014）》，广东人民出版社，2014。

农村"三来一补"企业——大宁毛织厂，开启了乡村工业化和乡村都市化的发展之路。在1985年前后，大宁为了解决农村农田劳动力和工厂用工的矛盾，将近2000亩的水稻田中的1000多亩改为香蕉种植地，解放了村内大量劳动力，后来又继续开挖鱼塘，发展养殖业。在90年代初，大宁开始大规模地建设大板地工业区，并将大宁划分成生活区、工业区和农田区等不同区域，大板地工业区主要占用原来村民不愿耕种的、偏远的山坡地。在90年代中期，大宁已经走在虎门镇乡村发展的前列。而在1979年前，大宁还是一个连温饱问题都难以解决的贫困乡村。通过多年的发展，大宁已经稳步走在了虎门乃至整个东莞地区乡村发展的前列。在乡村都市化的过程中，可以比较清楚地看到国家与村落两股不同的力量作用于大宁的都市化发展。1978年前后，大宁的村干部就开始四处动员在香港的大宁人回来投资，村支书趁着组织在香港的大宁人回乡看龙船和吃荔枝活动，积极动员这些乡亲回乡投资。在1979年，大宁毛织厂落户大宁。自改革开放到2005年前后，大宁的乡村都市化处于乡村自主发展阶段，村内所有的规划、决策都与村支书息息相关。当时村干部人数少，村内的道路建设、工业区的建设等，都由村干部组织村民开会决定，在这一过程中，国家在一定程度上缺席了。大宁通过自身的土地资源、社会网络资源等，在村干部的带领下实现了从乡村到城市社区的工业化和都市化转变。2005年，大宁按照上级政府的要求，完成"村改居"工作，大宁村委会也变成大宁社区居委会。目前村内有三套领导班子成员，分别是党工委、社区居委会、经济联社理事会。最近几年，虎门各村基本实现党工委书记与社区居委会主任"一肩挑"，甚至党工委书记、社区居委会主任、经济联社理事长"一肩挑"的格局，国家的主导作用进一步强化。目前，大宁村设有行政办、宣教办、资产交易办、加工办、城建办、城管办、人民调节办、劳动就业服务办、治保会等职能部门，几乎是"虎门镇有什么部门，我们都有部门和他们对应"。以城建部门为例，大宁现在大到道路修建、小到村民建房等，都需要严格按照政府的审批流程进行报批，而大宁城建部门没有最终的决定权，村民建房只有取得政府部门的审批才能开工建设。[①]

---

① 《虎门年鉴》编纂委员会编《虎门年鉴（2014）》，广东人民出版社，2014。

三　动力与机制：虎门乡村都市化

在虎门乡村都市化的过程中，以下几个因素起到了非常重要的作用。

一是全球化背景下的外资。改革开放以来，大量的外资涌入整个珠三角地区，"三来一补"企业成为东莞乃至珠三角地区乡村都市化的资本积累来源。改革开放后，外资的流入改变了政府作为城市化主要推动者的传统模式，外资成为珠三角城市化的新动力，它调动了地方政府发展经济和城镇化的积极性，由此形成了一种新的城市化模式，即"外向型城市化"。[1] 外资在虎门镇区及其各村投资办厂，工厂数量曾超过1400家，对虎门的经济社会发展产生了深远的影响。到1990年，虎门镇共引进资金4.2亿港元，引进先进设备3.2万台（套），新建厂房70万平方米，办起"三来一补"企业435家、"三资"企业75家，发展形成食品、服装、工艺、建材、皮革、家具、五金、通信、纺织毛织、电子电器等十大支柱行业，产品畅销欧洲、美洲、东南亚、中东等地，其中1990年全镇工业品创汇达2606万美元，"来料加工"收入突破1亿港元。[2] 不论是引进全国农村第一家"三来一补"企业的虎门龙眼村，还是现在经济实力很强、集体福利很好的大宁村，都曾依靠外资起步。

二是亲缘与地缘的社会网络。在引进外资的过程中，亲缘与地缘的社会网络关系发挥了重要作用。不少研究已经讨论过中国的企业借助宗族等传统组织和社会网络开拓市场、维持企业的正常运作。在改革开放初期，珠三角乡村干部借助亲缘与地缘的社会网络，动员远在港澳台等地方的乡人回乡投资办厂。翻阅虎门各村的有关历史资料，无不提到了当时村干部是通过这些社会网络获得外资。这些远在香港的大宁籍人士，不仅在投资办厂中发挥关键作用，还在修建祠堂、捐款建寺庙等活动中充当了重要角色。在大宁村的谭氏祠堂，供奉着开基祖帷月公，根据村里老人协会的谭老先生所说，"文化大革命"期间祠堂曾遭到破坏，现在看到的祠堂是20

---

[1] 薛凤旋、杨春：《外资：发展中国家城市化的新动力——珠江三角洲个案研究》，《地理学报》1997年第3期，第193—206页。

[2] 《虎门年鉴》编纂委员会编《虎门年鉴（2014）》，广东人民出版社，2014。

世纪90年代兴建的。当时他远在香港的兄弟回来捐钱修祠堂，祠堂前面的两座狮子，也是他们捐钱购买回来的。又如在20世纪90年代，村里的老人谭润兴发动在香港的亲戚带头捐钱，重修了村里具有几百年历史的关帝庙和医灵宫。

三是村庄精英。作为村庄精英的村干部，在整个乡村都市化过程中的作用不容忽视。自改革开放到2000年这段时期，包括村支书在内的村干部多为同一批核心干部（不少村干部在改革开放初期是30多岁，大约在2000年前后则达到60岁，进入"退休年龄"），虽然村的称谓多次变革，但是村支书一直在发挥核心作用。以虎门某村为例，老书记自20世纪60年代中期成为村干部，在70年代开始做村书记一直到前些年退休（其间，村的管理体制多次变化，如革委会、乡、管理区、村委会等）。

四是传统的发明与资源的动员。虎门镇大部分的村落为单姓村，当然并不是说村中没有其他姓氏，而只是说某个姓氏人口数量为某个村人口的绝大多数。事实上，珠三角地区多为这种类型的单姓村。如大宁谭氏，以南雄珠玑巷为发祥地，随后迁移到珠三角各地，他们强调自己与水上居民的不同来源。因为不断迁移，逐渐形成了珠三角单姓村的历史与现状。在乡村都市化的过程中，村里的老人组织力量修族谱，与其他同祖先的村落共同祭祖，邀请其他分支的人参加村内公共活动，使传统得到延续。大宁村老年联谊会所，是20世纪90年代初期成立的老人民间组织，由一批热心村内事务的老人组成，他们建有自己的会所，负责接待来自不同地方的谭氏宗族的人参观和访问，每年还组织谭氏族人祭拜祖先。他们还与香港的谭氏宗亲会、世界谭氏宗亲会、马来西亚谭氏宗亲会、中国谭氏宗亲会等联系，并发动村民捐款，在南雄珠玑镇动工兴建谭氏祖祠。现任会长谭会长准备将原有每三年一次的祖先大拜与公益活动结合起来，出资聘请专业的文化礼仪公司，将大宁谭氏宗族的历史重新挖掘出来，旨在对当下村集体产生社会和经济效益。

五是后集体主义时代的土地与村落共同体。土地资源是珠三角从乡村转变为城市的重要资本。在虎门，不少村落在20世纪八九十年代通过出售土地获取发展集体经济的资金，一边开发，一边出租或出售土地给前来投资的老板，获取资金后又进一步开发，以推进乡村工业化和都市化。因为土地资源的有限性，这样的发展路径注定是不可持续的，这意味着当发展到一定程度后需要转型。时至今日，虎门26个村改居社区中，拥有未开发土地资源的社区已经很少,甚至有些社区已经没有可开发利用的土地资源。大宁村是虎门所有村落中土地开发利用较好的一个村落。在20世纪90年代,各村都在通过土地换资金,将大片的农田开辟为工业区,而大宁村却将整个村落规划为多个功能区——住宅区、工业区、待开发区等,将难以耕种的坡地开辟为大板地工业区。当时并没有出售大量土地,而是选择出售少量土地换取资金后,由村集体统一建厂房,此后,村集体统一规划和统筹土地使用。村民开始享受村集体统一分红,土地成为后集体化时代将村民凝聚在一个共同体中的关键因素。土地的集中统筹,促进了一个共同体的延续、强化与更新,村落意识也更加强烈。在2013年,大宁村通过拍卖,成功拍出30多亿元。而今,大宁村依旧还有上千亩的可开发利用土地,土地资源的集体统筹规划和开发,让大宁村的乡村都市化道路更加可持续。建立在集体土地资源之上的集体物业出租,如集体厂房、集体宿舍等,让村内各项社会福利开支有了持续的保障,也给大宁带来更加长久的发展。

四 从农村到城市:文化转型

自1978年以来,虎门的地理景观、产业结构和社会结构都发生了巨变,正如刘创楚、杨庆堃所说的中国社会正从不变到巨变。[①] 这与36年前笔者第一次来虎门所看到的景观千差万别,使笔者产生了强烈的"文化震惊"(cultureshock)。虎门经历了从乡村到都市的变迁历程,社会转型的过程中也伴随着文化的转型。早在20世纪90年代末期,费孝通先生就已经谈到中国面临文化转型,他认为:"文化转型是当前人类的共同问题,因为现代工业文明已经走上自身毁灭的绝路,我们对地球上的资源,不惜竭泽而渔地消耗下去,不仅森林已遭难以恢复的破坏,提供能源的煤炭和石油不是已在告急了吗?后工业时期势必发生一个文化大转型,人类能否继续生存下去已经是个现实问题了。"[②] 文化机制作为社会转型现象背后的深

[①] 刘创楚、杨庆堃:《中国社会:从不变到巨变》,香港中文大学出版社,1989。
[②] 费孝通:《反思·对话·文化自觉》,《北京大学学报》(哲学社会科学版)1997年第3期,第15—22页。

83

层次结构性逻辑，深刻影响着社会转型的方式，是社会转型的本质，而文化转型则以社会转型为动因和表征，实践着文明进程意义上的变迁。对于中国大部分地区来说，现阶段是一个从乡村社会向都市社会转变的时期，这个转变的过程也成为从农业文明向都市文明转化的文化转型过程，相较于社会转型，文化转型是一个长期、隐蔽的过程。[①] 赵旭东认为，在文化自觉观念引导下的中国意识的构建，成为当下中国文化转型的一个动力基础，文化转型首先是人对自然界态度的转变，即从对自然无所畏惧的探索和利用，转变到以对自然的敬畏之心去思考人存在于天地之间的价值和意义，因此文化转型必然要在人心或心态上去做文章。[②] 对于文化转型的内涵，他指出，"文化转型对于中国而言，首先意味着一种整体性的世界观念上的转变，即从由于追赶先进而定位于自身为后进的姿态中转换角色，从别人影响我们，开始转变为我们去影响别人；其次，当下中国的文化转型也意味着一种价值观念的转变；最后，是由社会连接方式的转变直接带来的一种主体意识的转变"。

具体来说，可以从生活方式、家庭婚姻、社会网络、多元族群文化共存、社会整合、传统文化与现代公益六个方面来看乡村都市化过程中的文化转型。在生活方式上，包括衣、食、住、行、休闲娱乐等方面，都已经呈现都市的特点，产品的多样化、消费的便捷性、时空的压缩性、文化活动的丰富多彩等，与乡村的生活方式有了很大区别。在家庭婚姻方面，核心家庭已成为多数家庭的形态，特别是受计划生育的影响，一对夫妻生育一个小孩已成为社会常态，自由恋爱已成为多数人的选择，婚姻对象的范围，已不再局限于村落附近或者镇区，跨省婚姻甚至跨国婚姻已经不再新鲜。传统乡村存在三种关系，即血缘关系、亲缘关系和地缘关系，分别衍生出三套制度，即家族制度、亲属制度和民间信仰制度。乡村是一个熟人社会，人与人的网络关系以"差序格局"的逻辑不断从"自我"向外推，从乡村转变到都市，面对的是一个陌生社会，业缘、趣缘等新型社会网络日益重要。在这个转变过程中，原本的村落人群也会出现不适应感。当前全国各地都盛行广场舞，在虎门的各个村里，每到傍晚，村民、新莞人等

---

① 周大鸣：《都市化中的文化转型》，《中山大学学报》（社会科学版）2013年第3期，第6页。
② 赵旭东：《在一起：一种文化转型人类学的新视野》，《云南民族大学学报》（哲学社会科学版）2013年第3期，第12页。

都会在广场、公园结群跳广场舞,广场舞成为当下中国老百姓面对剧烈的社会转型和文化转型做出的自我调适。再如,许多村落日益隆重的修族谱、祭祖活动都是村民在面临社会网络遭遇挑战时所采取的应对策略。另外,多元族群文化共存与共生成为文化转型的一个重要标志。不同地域、国家、民族的人群聚集在都市,人群的流动不仅使社会人口结构发生变化,还带来了都市文化的变迁,多样性、多元性和包容性成为现代都市文化的特质。乡村社会历来有国家与民间两种社会整合机制,国家的整合机制主要是指国家行政体系的管理,民间的整合机制主要包括民间信仰、宗族体系等,这也就是"大传统"与"小传统"。在乡村都市化过程中,国家的力量日益渗透,正如大宁的乡村都市化从村落自主转变为国家主导,村落原有的文化体系在这种张力中复兴与转型,同时也会出现文化断层与文化真空,乡村社区的社会整合可能会出现问题。在这剧烈的社会与文化转型过程中,传统文化并没有完全消解,反而在某种程度呈现复兴、强化的趋势,但并不是完全照搬原样,而是与现代生活、商业与公益紧密相联。

五 走向何方?

——城市转型的人类学视角

回溯虎门30多年的乡村都市化历程,在为此具有中国特色的都市化发展模式感到震惊的同时,也需要思索乡村都市化的未来。在这个转型节点,都市人类学可以从以下几个方面切入。

一是产业升级转型。曾经举足轻重、为虎门乡村都市化作出重要贡献的"三来一补"企业已经退出历史舞台,国内民营企业日益占据经济发展的重要位置。在"腾笼换鸟"和"双转移"的宏观政策下,虎门该如何立足原有产业优势和地理区位因素以及人文环境进行产业结构升级转型,是当前所面临的主要问题。在产业升级转型的同时,要理顺发展历程,要处理好产业转型与社会发展相协调的问题。

二是从"各自为政"到"统筹规划"的转变,处理好传统与现代兼容的城市规划问题。包括虎门在内的珠三角地区,在乡村都市化过程中,以各村为发展主体。当时所有的规划、建设都是各村自行决定与实施,这一方面发挥了乡村的自主性与积极性，另一方面也产生了日益明显的缺少大区域视角的统筹规划问题，这给今后更深层次的都市化建设带来挑战。虽然村庄的内部规划较为完善，但是从整个虎门来看，城市建设规划仍十分迫切与必要。目前要实现镇级层面的统一规划与建设，各村原有的规划与建设路径将会是最大的阻力。

三是城市新移民的社会治理与城市融合发展。《国家新型城镇化规划（2014—2020年）》指出，新型城镇化是人的城市化。对新移民的称谓从流动人口、外来工到农民工，再到新莞人的变化，显示出城市治理理念与都市环境的转变，"城市新移民"的概念与内涵已经日益被政府管理者和社会民众所认可。虎门从乡村到城市的转型，离不开城市新移民的劳动与建设。截至2013年，虎门64万的常住人口中有超过50万的非户籍人口。[①]数量庞大的城市新移民群体，其融入城市必然会对社会秩序以及社会治理产生重要影响。一方面，要认识到城市新移民这一群体的复杂性与多元性，包括投资经营型移民、体力劳动型移民、智力型移民等；另一方面，在宏观制度设计层面上要考量城市新移民的特点与现实需求，在微观层面上要重视都市族群文化的融合。

四是集体主义遗产的延续。20世纪八九十年代，虎门所在的珠三角地区的不少乡村将20世纪80年代初分田到户的土地再集中起来统一规划和开发利用，而村民则依据集体的收入进行分红，这种现象即为新集体化。这种新集体化并不是人民公社集体化的复制，而是融合了全球化、都市化、现代化等因素的新时期的集体化。笔者称之为集体主义遗产，主要指的是土地资源的集体占有与村落共同体的延续。不论是在大宁或者龙眼，村落的土地资源由村、小组集体统筹使用，土地的集中让村落集体拥有持续的经济收入，集体分红等社区福利日益增强村民对村落共同体的认同，并强化"我村"与"他者"的区别与边界。从乡村转变为城市，这种集体主义文化并没有因为个体主义的发展而消失。

五是乡村都市化的文化遗产传统与创新。城市并不只是一个地理单元，还是一个经济、社会和文化中心。虎门都市化的过程还在进行，乡村都市化并不是终点，而是更高水平都市化发展的基石。乡村都市化融合了虎门悠久的历史文化，借鉴了国际化与现代化经验，虎门形成了具有独特

---

① 《虎门年鉴》编纂委员会编《虎门年鉴（2014）》，广东人民出版社，2014。

性的城市文化。回溯乡村都市化发展历程，虎门传统的民间文化、百姓智慧与侨乡社会网络扮演了重要的角色。推进新型城镇化建设，既要有乡村都市化文化遗产的延续，又要结合时代特色，吸纳多元文化，自我提升与创新。

第二编 珠三角的城市移民

农民工"转工"研究[*]

"转工",是农民工对于"跳槽"的一种俗称,在某些情况下也常被表述为"辞工""转厂"等等。频繁转工不仅对企业的生产造成很大影响,要求企业提高待遇、改善环境、承担责任,而且反映了农民工群体正在发生着的群体变迁,因此,关注越来越频繁的"转工潮",是具有重要意义的。本文选择达成文具厂作为田野调查点,重点关注了这些频繁转工以及有转工倾向的青年农民工们作为主体的行为和态度。研究方法是将问卷调查和深入访谈相结合,以了解农民工转工的频度、转工的原因、转工的一般途径以及转工后的生活变化等。本文从行动与实践论的视角来探讨农民工主体的"转工"行动是怎样转化为一种实践的策略的。

一 "转工"农民工主体的行动

达成文具厂面临的关键问题是"人员流动太频繁"。人员流动大致分两类:一类是回流,一类是转工。笔者对员工的转工现象做了大量的调查,因为挂职在人事行政部,因此可以很自然地接触到公司的人事变动。笔者深深感到,达成文具厂的人事工作一方面真的很容易,另一方面又实在很难。每天上午,负责人事的工作人员都做着办理离职和入职手续的工作,几乎没有一天没有人辞工,也几乎每天都有零星的新员工入职。而到了下午,负责培训的工作人员就开始新员工的入职培训。由于没有固定的招聘时间,入职培训也变得不固定,来几个新员工就搞一次培训,一周有

---

[*] 本文由周大鸣、孙箫韵撰写,原载于《思想战线》2010年第1期,第28—34页,题为《农民工"转工"研究——企业农民工流动研究之二》,收入本书时有修改。

三四天的下午都有新员工培训，而每次只培训几个人。

可以看到，一家总人数只有1000多人的工厂，全年竟有4000多人离职。FA圈夹车间目前人数为767人，而全年竟有2199人离职（见表1）。

表1　2007年达成文具厂离职人数总计

单位：人

合水厂离职人数		荷城石离职人数	
部门名称	数量	部门名称	数量
FA圈夹	2199	T-card车间	434
LA配件	94	制造部	59
LA装配	536	拉丝车间	26
工业工程	17	物料部	9
白板车间	7	品质部	47
冷乱车间	47	啤勾部	213
物料部	46	啤乱部	323
品质部	59	会计部	3
粉车间	3	文件控制	1
培训部	15	生产部	2
会计部	7	综合事务部	1
人事行政部	34	厂部	1
生产部	1	零件仓	2
资讯部	2	人事行政部	17
厂部	2		
	3069		1138

资料来源：表中数据由人事行政部提供。

正是如此频繁的人员流动现象让笔者注意到了农民工转工这一问题，员工为什么要走？不走又为什么要留？老一代农民工为什么要回乡？频繁转工给农民工带来了什么？笔者带着这些问题展开了一系列的田野调查。

（一）转工群体及概况

笔者将被调查群体分成三个部分，针对转工问题进行调查。首先，在人力资源部，对要办理离职手续的员工进行简单的访谈和问卷调查，了解其转工原因，其中一些员工在调查中和笔者建立了良好的友谊，笔者通过追踪访谈了解其转工后生活的变化；其次，在培训部，对新入职的员工进行访谈，了解其之前转工的大概情况，来本厂的原因和期望；最后，也面向生产线上的普工发放问卷，了解其是否有转工倾向或经历。

问卷内容包括四个主要部分：其一，基本信息，包括年龄，外出务工年数，曾有的转工次数等；其二，转工的原因，转工的目的需求，转工时最看重的是什么；其三，转工的过程中可能出现的问题，如是否会征求他人意见，会征求谁的意见，是否会遇到制度和规则上的障碍等；其四，对待转工的态度，转工信息的获得途径，以及是否会向他人传递转工信息等。

问卷共派发150份，回收128份，有效问卷112份。至于问卷涉及的后三个部分的内容将在后文结合访谈论述呈现，这里可以先看看转工群体的基本情况。

首先，从年龄上看，6%的被访者年龄在30岁以上，28%的被访者年龄在15—20岁，64%的被访者年龄在21—30岁，2%的被访者没有填写此栏。其次，从外出务工的年限看，30岁以上的农民工外出务工年限均在5年以上。而在30岁及以下的农民工中，21—30岁的农民工，外出务工年限在5—9年的占5%，在2—4年的占85%，在1年及以下的占5%，5%没有填写此栏；15—20岁的农民工，外出务工年限在2—4年的占79%，在1年及以下的占16%，5%没有填写此栏。从总数来看，90%以上的被访者外出务工在1年以上。再次，从转工频率看，30岁以上的农民工选择"2—3次"的占29%，选择"1次"的占71%；21—30岁的农民工选择"4次及以上"的占27%，选择"2—3次"的占62%，选择"1次"的占5%，选择"从未有过"的占1%，5%没有填写此栏；15—20岁的农民工选择"4次及以上"的占2%，选择"2—3次"的占36%，选择"1次"的占37%，选择"从未有过"的占20%，5%没有填写此栏。最后，从对辞工人员的跟踪统计看，笔者跟踪访谈了部分月份的辞工人员情况。以2007年10月为例，全厂共辞工133人，其中年龄在15—20岁的占50.1%，21—30岁的占40.5%，30岁以上的约占9.4%；具有初中文化程度者占77%，具有高中文化程度者占20%，具有大专及以上文化程度者占3%；外出务工时间在1—2年的占28%，2—5年的占66.4%，5—10年的占5.6%；辞工后已经有了明确工作去处的占60%，暂时回家乡的占15%，另有25%仍要再考虑去哪里工作；辞工时距离上次辞工（第一次辞工者按上次离乡务工时间算）时间为1年内的占34%，1—2年的占53%，2—5年的占13%。

从调查中可以看出，在转工人群中，30岁及以下的农民工占绝大多数，且这些转工者多数学历偏低；相当一部分年轻农民工并非第一次转工，而是有了两次及以上的转工经历；从25%的人还没有明确去处的比例来看，仍有相当多的农民工在没有确定未来打算的情况下辞工（而不是转工）。

(二) 转工的原因与目的

农民工转工的原因不仅仅是对工资不满意那么简单，尽管这是非常重要的原因之一，但公平、自由、开放等也成为青年农民工考虑的重要因素。

有过转工经历的被访者在"转工的原因"方面选择"工资待遇问题"的占41%，选择"工作环境问题"的占23%，选择"不公平、管理限制等"的占16%，选择"人际关系问题"的占7%，选择"仅因为有更好选择"的占3%，选择"其他原因"的占6%，另有4%未填写该栏。

笔者将所有访谈中和问卷中所提到的转工原因进行了总结，依据转工原因将农民工转工分为以下三种类型。

其一，基本需求没有得到保障而引发的转工。基本需求没有得到保障通常被农民工表述为"工资待遇低""出粮不准时""工作环境噪声太大，环境不好"等，在30岁及以下的农民工的表述中，这类转工大概仅占到1/4，但是在30岁以上的农民工的表述中，这类转工占绝大多数。无论如何，对工资待遇、工作环境的不满意是农民工转工的原因之一，如果工厂提供给工人的工资待遇和社会福利保障不能够满足工人现有的基本需要或当其他企业提供更优厚的工资待遇时，工人会毅然离去。

农民工同样有交往的需要，希望与他人建立良好的人际关系和感情，因此，如果农民工在职业群体中不能与同事或上级建立良好的人际关系，与他人矛盾重重，迫于这种压力，他们一有机会就会离开。在厂调查期间，由于同事之间的冲突、关系不和睦、对一件事看法不同等辞工的现象时有发生，青年农民工认为，对待矛盾冲突没有"忍"的理由，最好的办法是一走了之。

笔者发现，青年农民工的务工需求不是赚钱养家糊口那么简单，他们要和同时走出家乡务工的伙伴们相比较，哪里的工资高，哪里的环境好，就想方设法去哪里。此外，部分青年农民工转工的原因是厂内工资的差距。如果觉得工厂薪资标准不公平，也会产生离开的想法。

其二，幸福感缺失引发的转工。很多农民工的职业幸福感，除了来源于工资待遇之外，还来源于自我支配自由。许多农民工心中更好的职业或出路，就是"自己做老板"，其原因是"有自由"。他们频繁跳槽的原因之一是对自由生活的渴望，他们表示"在外打工太苦了，原因是'不自由'，处处都被人管着，做不好还要挨骂……"

"自由"的意涵是什么？在很大程度上，农民工是在将一个现代的工业世界的生活方式与他们所熟悉的家乡生活方式进行对比。农民在农业生活和生产中是不会受到"上班时间""工作纪律""操作程序""打卡"等现代工业文明带来的新生事物的限制的，因此，工厂的种种限制严重降低了农民工的职业幸福感，农民工无论是"跳槽"，还是"回流"，都带着对"自由"的一种深深的渴望。

其三，群体性事件引发的转工。在工厂里，"集体蒸发"事件在一年中就发生了几次，因吵架、冲突或是群体性的见解不合而引发的转工屡见不鲜。群体性转工甚至成为农民工抗争的一种行动。为了避免群体性事件太多、规模太大，厂长在招工时一是不集中招收来自同一省份的人，二是尽量不招那些好斗殴生事的人。

（三）转工的一般路径及影响

转工者是如何做出转工行为的呢？从产生想法到付诸实践，大概是一个什么样的过程？转工后，农民工们是否实现了自己期望的目标？转工对农民工的影响究竟有多大？笔者考察了转工的几个阶段中农民工群体的特殊性。

第一，农民工对待"转工"本身的态度可能会影响其行为，既影响到获取转工信息的积极性，也影响到其最终决定。从问卷调查结果可以看出，30岁以上的农民工选择"转工是值得提倡的"和"仅仅是个人的选择"两项的人数比例为0.71%，70.29%选择了"可以理解，但不值得提倡"，29%选择了"是不正确的行为，应该限制或禁止"，没有人选择"没想过"。而21—30岁的农民工选择"转工是值得提倡的"和"仅仅是个人的选择"两项的占58%，选择"可以理解，但不值得提倡"和"是不正确的行为，应该限制或禁止"两项的占36%，选择"没想过"的占5%，1%未填写此栏。15—20岁的选择"转工是值得提倡的"和"仅仅是个人的选择"两项的占64%，选择"可以理解，但不值得提倡"和"是不正确的行为，应该限制或禁止"两项的占26%，选择"没想过"的占9%，1%未填写此栏。

在访谈中，大多数青年农民工认为转工是"很正常"的事，甚至将经常转工的人看作是"有胆识和有想法的"。一位18岁的年轻女农民工表示："转工是为了找到更好的工作，如果我一辈子都待在这家厂，或是一待就是几十年，我觉得太不可思议了，正常人都不会这样的，如果我在这里待很久，只能是因为我还没找到更好的去处而已……"① 青年农民工认为，自己随时准备着去更好的去处，极少人认为自己应该在工厂踏实做很久。当被问到是否因为对这家厂不满意才会转工时，某农民工回答："我想真正让人满意的地方还是少，可能就算我在别家厂，遇到更好的我也会走人。"② 但是在老一代农民工的口中，频繁转工是青年农民工最大的特征，也是极其不好的现象。DXR就告诉笔者："我已经和我女儿反复说了，在一个地方一定要踏踏实实工作一段时间才能学到东西，所以先不要谈钱，也不要朝三暮四的……"③ 某农民工说："以前工人不会那么轻易走人的，因为大家都还是希望稳稳当当在一处做熟，现在的年轻人说走就走，去别的地方就能很好吗？"④

第二，农民工主体获得关于转工的信息。由于青年农民工对转工持认可态度，他们对外界转工信息始终持开放接受态度。在调查中，笔者发现，青年农民工群体日常聊天的主要内容，就是哪里的工作更好、待遇更高，某人去了哪里有了怎样的发展，自己今后有什么打算等等。从问卷调查结果看，在外界信息来源的构成上，25%的农民工认为关于转工的信息来自同乡或亲戚，50%的农民工认为关于转工的信息来自朋友（这里的朋友包括以前的同事），仅有20%左右的农民工认为可以通过招聘广告获得信息，另有5%的农民工表示"没想过这个问题"。他们对于招聘广告的关注也是较少的，也就是说，关于转工的信息基本依靠口口相传，没有正式固定的获取渠道。

第三，思考权衡的阶段，也就是农民工获得了信息到做出决定之间的阶段，在这一阶段中，农民工会考虑什么呢？笔者在调查中请数十位青年农民工对其所重视的因素进行排序，排在前四位的分别是"待遇"、"朋友关系"、"上下级关系"和"工作环境"，而被访者对"是否能学到技术"

---

① 2007年9月5日对ZL的访谈。
② 2007年9月5日对TJ的访谈。
③ 2007年9月5日对DXR的访谈。
④ 2007年9月5日对MTZ的访谈。

"未来发展""专业对口"等选项表示想得不是很清楚或是不理解。在做出决定之前，绝大多数青年农民工会先征求他人的意见，征求意见的对象主要是朋友，但朋友的意见只是作为参考，不一定会成为做出决定的主要推动力量。此外，只有一小部分被访者认为在转工前需要到未来的工作地点考察一下，多数人认为虽然看一下是必要的，但一般不会有这样的机会，也嫌太麻烦了。总的来看，青年农民工做出转工决定多半仍出于感性因素。

第四，正如雷文斯坦、E. S. Lee 的推拉理论所阐述的，农民工同样是由于推力和拉力而做出转工决定的。一方面，被访者表示，目标单位良好的待遇和人际关系、工作环境是最能够促使他们做出转工决定的，也就是说，他们因为更好的待遇和环境而转工；另一方面，也有很多人表示，原工作单位的待遇差或是某些突发情况，也是转工的重要影响因素。同样值得注意的是，有一些偶发事件也会导致农民工转工。在访谈中笔者发现，"与上司不和""与之前想象的不一样""对工作的厌倦"都是转工的推力，部分被访者因"与领班吵了一架""突然被要求扫厕所""和女朋友分手了"等做出转工决定。

第五，农民工频繁转工对达成文具厂的影响和危害是不言而喻的，那么，工厂是否有相关的条例或是规定能够适当限制人员的随意流动呢？人事行政部的负责人表示："根据劳动法，我们签订合同，只能规定员工在厂期间应遵守的规范，除此之外，我们既不能收抵押金，也不能规定他们一定要待多久，他们可以随时走人，唯一一点损失就是他们可能在走的时候拿不到当月的工资，所以到年底辞工的就少一点儿，因为大家想拿到年终的好处再走。"[①] 根据厂里的规定，员工在办理离职手续时需要登记，归还属于公司的工具，以及宿舍的钥匙，并不需要付出任何其他的代价。而且人事行政部对这种情况已经司空见惯，除非辞工的是管理层中重要的人物，否则一般不会进行任何劝说或询问。

第六，青年农民工在转工后真的实现了之前的目标和期望了吗？如果说农民工的外出务工不仅是一次跨地域的流动，而且是职业的流动的话，那么可以说，今天的农民工经历的是不断变更的职业流动，他们并非一次性地流入一个岗位后长久留在该职位上，而是不断寻找更好的去处。多数

---

① 2007 年 10 月 20 日对 FSM 的访谈。

农民工认为自己从家乡流入城市务工是好的选择，也就是说无论是收入还是地位都是上升了的，但对于频繁转工的影响则无法形成统一意见。

70%左右的农民工认为自己转工后比转工前的生活状况略有改善，对转工后更为满意的占到80%。笔者追踪调查了几位农民工转工后的状况，一位到新单位办公室任文员的农民工表示："我觉得转到这个单位以后，总的来说还是好的，至少到了新的环境还是有些新奇，工资和原来差不多，但是跳槽有利于自己见到更多新鲜事物。"[①]

从工资上来看，多数被访者表示，转工带来的工资待遇上的影响是"略微提升"，地位上的影响是"几乎没有"，而满意度上的影响却是"提升很多"。也就是说，青年农民工尽管是带着待遇更好、环境更好的渴望转工的，却不得不承认转工后与之前的预想差距仍然很大。从客观因素方面估量，变化甚微，但是心理上却更加满足，这种满足是和转工之前比较得来的。当有了新的转工机会，这种满足便会消失，由此可见这种满足多是心理上对于"转工"本身的认可，而非对目标单位的认可。因此，对于转工者来说，转工与否、转工的影响多数表现在感性要素上，而客观的可评述的理性因素则很少作为参考。

第七，对于是否会将转工的信息传达给别人，多数青年农民工表示"会"，理由是"既然别人可以把好的机会介绍给我，我也应该把机会介绍给别人，而且朋友们在一起打工更好"。给别人传达的信息会包含哪些内容？排在前四位的是"待遇""人际环境""工作环境""饭堂、住宿等生活条件"。笔者在调查中还发现，和上司关系好的青年农民工更倾向于对工作作出正面评价，且更倾向于将信息传达给他人，因为在访谈中，部分青年农民工反复说出"我的领班人太好了"之类的话语，这类带有感情色彩的评价蕴含了被访者对工作的满意度。

二 "转工"作为主体性实践的策略

农民工转工是正常的现象，因为传统上，农民工的职业稳定性就较城市居民低很多，这主要是由农民工工作的性质以及劳动力市场的不规范决

[①] 2007年6月4日对PXY的访谈。

定的。首先，农民工捧的不是"铁饭碗"，奉行的是劳动力自由雇佣的市场交换原则，农民工通过劳动力的交换而获得财富和其他利益，而雇佣关系随时可以解除；其次，农民工劳动力市场的雇佣模式使很多农民工仅仅作为"临时工"而存在，无法享受"正式工"的福利，甚至工资级别也与正式职工不同，因此双方都缺乏认同感；最后，当前的劳动合同的签订在一定程度上保护了农民工的权益，更赋予了他们极大的自由，一纸合同对农民工的流动没有任何约束作用。在劳动力的市场机制下，人们是用十分简单的辞职、解雇等方法解决单位内部的矛盾的。

为什么近几年农民工转工呈现越来越频繁的态势呢？为什么青年农民工更倾向于频繁转工和非理性转工呢？笔者在调查中发现，一方面是受农民工与职位之间的供求关系影响，农民工有更多的职业选择，因此对固定职位的认同和重视程度严重削弱；另一方面，这很大程度上和青年农民工自我实现的意愿以及对实现目标的策略选择相关，青年农民工对工资待遇和环境的要求更高，对工作的满意度降低了。

前者使青年农民工可以轻易地找到转工的目标去处，使他们并不在意在固定职位上是否能停留很久，即使是老一代农民工也有通过转工上升的想法，但受限于客观环境和条件。在孙九霞1997年做的访谈中就有一些相关的提法，如"我琢磨着换一家工厂，但现在工作不好找，我身上又没什么专门的技术，不太容易……"，"我也想帮她（被访者的妹妹）转过来和我在一起，起码在一个城市，但是现在不太容易找工作，不是我不想，是我能力也有限啊，咱们厂也不是什么时候都招人的"。

而后者说明，因为理想与现实存在差距，因此青年农民工群体要进行主体性的实践，而今天的青年农民工理想远大，这使他们更倾向于通过不断变更工作去寻找自己理想的地方。笔者发现，转工尽管在20世纪90年代就一直存在着，但近几年才形成潮流，而且有加剧的趋势。转工的主体多半是青年农民工，"转工"对他们来说，既是对原工作单位的不满和反抗，也是为了实现更高目标的一种实践，可以说，是他们追寻自我实现的一种"流动策略"。下面就将从几个方面来分析"转工"作为农民工主体性实践的策略性意义。

（一）"转工"作为一种自我保护方式

转工首先是源于一种自我保护意识，前面已经提到，转工原因主要和

"基本需求的保障"、"公平与否"、"是否具有工作幸福感"以及"与他人比较"有关，而这其中"基本需求的保障"更为重要。

为什么近几年转工行为越来越频繁了呢？老员工表示："是因为青年人都不愿意吃苦了，我们当年出来打工的时候，再苦再累，只要是能赚到钱，干什么活儿都行，可是现在的年轻人不一样了，环境差了不行、领班太凶了不行、干活儿累点儿不行，这不行那不行，所以就经常跳槽。"[1] 而部分青年农民工则表示："我们不是怕吃苦，是因为没必要吃这些苦，他们那些老人都太能忍了，几个月不发你工资还坚持干，没必要，该走就得走，我是出来打工的，但是我也是有人权的，不能让老板随便欺负。"[2]

的确，在调查中我们看到，更多青年农民工的转工行为是出于一种自我保护的意识，这种意识使他们面对"不公平""没前途""不自由"等不喜欢的现象时，在瞬间产生转工倾向。而反对转工的老一代农民工则被认为是缺乏这种自我保护意识的，更多的是采用隐忍的方式来解决问题，"只要能赚到钱，什么都忍了"。

在对底层人群作分析时，曾有很多学者使用了"生存伦理"等相关的概念，例如，陈佩华在对致丽玩具厂女工信件分析中提出"生存文化"的概念。[3] 陈佩华指出，外来女工为了帮助家庭摆脱贫困外出打工，结果陷入另一种贫困之中，这种贫困不仅是物质的，也是精神和文化的，她们为了满足最低的生存需求挣扎在希望与失望之间，无可选择也无力摆脱。陈佩华对古典经济学家自由选择理论进行了批评，通过"生存文化"概念指出了在外来女工"自由选择"背后的无奈和无助。黄平等人在对农村人外出的研究中指出，区别于"经济理性"的"生存理性"，即寻求并维持生存而非追求利润的最大化，依然是中国农民在现实中行动的首要策略和动力。[4] 谭深也曾指出，"生存的文化"已经被赋予自我保护的内容，也许我们可以称之为"防御的文化"。不仅如此，对于对工人或针对她们个人的歧视和伤害，女工们虽然没有公开反抗，可是她们内心里有强烈的不满，

---

[1] 2007年9月17日对LXJ的访谈。
[2] 2007年9月17日对DCQ的访谈。
[3] 详见陈佩华《生存的文化——通过私人信件透视外来工人的生活》，载《清华社会学评论》，社会科学文献出版社，2003。
[4] 详见黄平主编《寻求生存——当代中国农村外出人口的社会学研究》，云南人民出版社，1997。

"气得不得了,也不想跟他争辩,都得忍下去"。在与女工们的谈话中发现,她们经常将"忍"挂在嘴边。而"忍"是一个蓄积过程,是一个底线。在忍的一侧,是生存文化加反抗的隐藏文本;超出了这个底线的另一侧,就可能是反抗的公开文本。而反抗者之间的关系,是集体行动的基础,是反抗行动的中介。①

从这个意义上讲,青年农民工"自我保护意识的增强",就是触动"转工"成为一种表达方式的根本推动力,而他们频繁采取"转工"策略,实际上是力图争取对"生存文化"的突破,也是对"生存伦理"的一种"修正"。不过在调查中笔者发现,对于年纪尚轻、理想远大却易冲动的青年农民工来说,这种"修正"在很多情况下,是盲目和过激的,他们只在乎自己是不是能够自由表达自己的意愿,而对于表达的结果则考虑得较少。

(二)"转工"作为一种自我实现方式

青年农民工的频繁转工让企业面临损失,但是青年农民工对此有着极简单的解释:

"我们之所以常常转工,是因为我们始终没有找到让人满意的停留地,人都有这样的想法,有了更好的去处自然就会想要走,谁说要一辈子在一个地方才好呢?"②

"那么转工后的工作就是更好的吗?"③

"这个谁也不能保证,不去试一下怎么知道?"④

"究竟什么样的工作才能够让你满意而减少转工?"⑤

"我现在还说不清楚,想要找的应该是待遇高,能发挥我的特长的,而且环境和人际关系都好的工作吧。"⑥

从这个角度来看,频繁转工是青年农民工实现理想、找到理想去处的一种途径:青年农民工是通过变更工作来实现理想的,而不是通过在一个

---

① 《谭深:搜身事件与萌生的阶级意识》,乌有之乡网刊,2006年8月20日,http://www.wyzxwk.com/Article/shidai/2009/09/7814.html。
② 2007年5月5日对GT的访谈。
③ 2007年5月5日对GS的访谈。
④ 2007年5月5日对ZLN的访谈。
⑤ 2007年5月5日对DJ的访谈。
⑥ 2007年5月5日对WB的访谈。

岗位上奋斗和自我发展（即使是进行着自我学习和发展，也是为了更有条件找到更好的去处），这恰好证明了农民工群体主体性实践方式的转变。

可以说，农民工群体在职业的流动上是绝对自由的，因此他们可以凭借自身力量去找到属于自己的位置，但能不能找到则受到很多因素的影响。笔者在调查中发现，青年农民工尝试像普通的城市青年一样生活和工作，但他们遇到了很多障碍，因此，尽管转工是作为主体性实践的策略而存在，但其真正起到的作用微乎其微，甚至还使青年农民工的选择行为"问题化"。

例如，频繁的转工使农民工缺乏技术的积累，他们本就不具备实用的一技之能，在转工时又不会考虑技术上的承接性，因此常常在不同行业之间流动，不断学习新技术，却没有完全掌握一门技术。频繁转工还使农民工成为厌学者，老一代农民工之所以不愿意带学徒，就是因为大多数学徒学到一半就产生了转工的想法，无法踏实学习一门技术，更谈不上创新，因此成为有理想但不学习的厌学一族。频繁转工使农民工缺乏业绩的积累，也影响了他们的职位晋升和薪酬提升。

总之，尽管转工常常作为一种"自我实现"的策略而存在，但过于频繁的转工反而影响了青年农民工的职业发展。

（三）"转工"作为一种表达方式

为何青年农民工较老一代农民工更容易产生转工想法？调查发现，很多青年农民工将"转工"当成一种"表达方式"。

青年农民工处于青壮年时期，他们和城市青年一样，有着相对较强烈的自我实现意识和突出的个性，他们更倾向于按自己的兴趣、爱好和理想进行主观的认识和选择。在务工过程中，他们不断地追求着自己的理想，他们对于城市人的歧视、工厂主的不公平处理方式特别敏感，往往采取"辞工"的方式表达自身的不满。

因此，"辞工"事实上就是青年农民工表达方式的一种。尽管青年农民工自我实现意识强烈，但这并不意味着青年农民工作为社会弱势群体的地位获得了根本的变化。和很多城市青年人一样，他们往往无法单独承受和面对城市生活、工作中的困境和挫折。尽管青年农民工自我保护意识、权利意识强烈，但他们的地位决定了他们在工厂中仍然处于"失语"状态，因此他们对待权益的争取消极而被动。在这种情况下，"辞工"成为他们维护自身权益时最经常使用的手段。

"辞工"所表达出来的意涵就是不满，不满就要"走人"，这正是典型的"用脚投票"。"用脚投票"一词来源于股市，要理解用脚投票一词得先明白什么是用手投票。在股份公司中，产权是明晰的，投资者以其投入资本的比重，参与公司的利润分配，享有所有者权益；股东通过公司股东代表大会、董事会，参与公司的重要决策，其中包括选择经理层，这就是所谓的"用手投票"。同时，投资者还拥有另一种选择权——卖掉其持有的公司股票，这就是"用脚投票"。因此，"用脚投票"一词现在通常用来比喻对某事的失望或抵触，从而选择离开或者放弃。近几年，"用脚投票"也被用来形容农民工辞工，通常被认为体现了农民工权益意识的增强，"工人开始以行动来拷问企业的'道德'在何方"。也就是说，当农民工的权益受到侵害时，"用脚投票"是他们表达不满的一种方式。

在调查中笔者感受到，尽管今天的农民工群体维权意识增强了，对自尊的需求更强烈了，然而他们仍然处于一种"失语"状态，工厂并未为农民工提供任何的对话平台。同时，农民工似乎也已经习惯了这种话语平台的缺失。2007年8月，笔者在人事行政部负责了"合理化建议奖"的活动，鼓励普通工人为公司提出宝贵的意见和建议，公司会给予他们物质奖励。笔者也借这个机会在工厂尝试开辟了一些申诉渠道，如开通电子信箱、公布投诉电话，还在饭堂、宿舍、车间等地方安装了十几个意见箱。截至2007年12月，近半年的活动持续下来，十几个意见箱里只有一封"意见信"。为什么在座谈会上有那么多意见的农民工竟然不能自由地提交意见信呢？他们有的解释说"只会说，不会写"[1]，有的解释说"写了也没用，根本不能解决实际问题"[2]，还有的说"领导肯定会追查是谁写的意见信，写意见信会影响领导的看法"[3]。无论是青年农民工还是老一代农民工，他们似乎已经习惯了这种失语状态，不相信其他对话方式能解决问题，在这种情况下，"用脚投票"便成了一种最简便的表达方式。

（四）"转工"作为一种行动方法

转工是为了什么？当然绝大多数的人都会回答"为了找到更好的工作

---

[1] 2007年12月19日对GT的访谈。
[2] 2007年12月19日对SYN的访谈。
[3] 2007年12月19日对QG的访谈。

岗位"，同时也包含着另一层含义，即"对上一份工作不满意"，因此，频繁转工成了青年农民工寻求上升的一种方法和途径。在转工的过程中是要花费一定的成本的，如找工作时只有支出没有收入、求人帮忙可能要请人吃饭、在月中走可能拿不到当月的工资等，而且多数农民工都承认，即使转工他们的地位也丝毫没有上升，而且工资待遇的提升非常不显著，也就是说，转工的结果是非常不尽如人意的。

因此，青年农民工将转工作为一种方法和策略，但这种方法和策略的效果的确是不显著的。转工作为一种改善处境的最便捷的方法，其中包含"懒惰、一了百了"的不负责任的态度。转工同时还是一种分散的个人行动，在频繁的转工过程中，每个人都在流动中，身边的同事常换常新，因此转工导致青年农民工缺乏一种集体参与意识，也导致在企业内无法形成企业文化，青年农民工群体内部凝聚力的形成非常困难，甚至在很多情况下，朋友关系成为提供转工信息的工具关系。

尽管转工作为一种方法效果不是很显著，但青年农民工转工的步伐仍然没有停下来，有一些被访者表示，"这样漂下去不知道要到什么时候"[①]，他们在转工的过程中，也会出现迷茫和不舍，只不过这都成为他们对现实的新的感知，认为这是青年人所必须经历的。WXL曾在有转工倾向的时候（后来没有转成）在自己的日记中写道："五年的广东生活，我将逝去的青春、微笑、哭泣……通通打包放在心底，让它只占据心的空间，不去左右我的思想！……每个人都试图挽留，可是每个人都必须离开。这就是成长。"[②]

总之，笔者在调查中发现，频繁转工是一种普遍现象，在这种现象的背后，隐藏的是青年农民工群体对于"成功""好"的界定和追求，以及实现这些目标的策略选择，体现了青年农民工群体在适应城市生活时调适方式上的转变。

---

① 2007年12月19日对XY的访谈。
② 2007年12月19日对WXL的访谈。

从农民工到城市新移民*

一 理解"差异":国外移民研究的经验

人口迁移是世界各国在现代化进程中普遍出现的现象。19世纪初,以英国为代表的欧洲发达国家率先进入现代化转型进程,前后一百年完成城乡劳动力转移。英国地理学家 Ravenstein 曾两次撰文探讨英国国内县域(county)人口迁移,① 以人口得失(gain and loss)判断各地区人口迁移类型——聚集(absorption)和疏散(dispersion),以此描绘全国形势图,从而总结人口迁移规律。1889年,Ravenstein 把这个方法应用在欧美20余国的人口统计上,试图证明"不同国家在相似条件下有着相似的移民运动"②。20世纪上半叶,美国经济大发展,也出现大量的"农民被挤出农村,转向城市寻找非农就业"③。除了城乡迁移,发达国家还是大规模的跨国人口迁移的输入地。随着交通、信息科技的发展,在全球化和时空压缩时代,人口从较不发达地区大量"奔向西方"。根据联合国所提供的数据,

---

* 本文由周大鸣、杨小柳撰写,原载于《中山大学学报》(社会科学版)2014年第5期,第144—154页,题为《从农民工到城市新移民:一个概念、一种思路》,收入本书时有修改。

① E. G. Ravenstein, "The Birthplace of the People and the Laws of Migration," *The Geographical Magazine*, 1876 (3), pp. 173 - 177, 201 - 206, 229 - 233; E. G. Ravenstein, "The Laws of Migration," *Journal of the Statistical Society of London*, 1885, 48 (2), pp. 167 - 235.

② E. G. Ravenstein, "The Laws of Migration," *Journal of the Royal Statistical Society*, 1889, 52 (2), pp. 241 - 305.

③ Blaine E. Mercer, "Rural Migration to Urban Settings: Educational and Welfare Problems," *International Migration Digest*, 1965, 2 (1), pp. 52 - 62.

全球跨国移民数量从1990年的1.54亿人激增至2008年底2.14亿人，创历史新高。

在发展中国家，工业化和城市化的迅速发展也带动了大批农民向城市迁移。如拉丁美洲的一些发展中国家，在第二次世界大战后进入了极为迅速的城市人口增长阶段。这些国家在20世纪20年代时，城市人口比重为22%，不到北美国家的一半，到20世纪40年代只达到31%。但是第二次世界大战以后城市化速度增快，1980年城市人口比重为64%，已经达到北美发达国家20世纪50年代的水平。特别是墨西哥和巴西的城市人口从1950年到1980年的30年间就增长了3倍，智利增长了2倍。在这一过程中大量的农村人口自发性地迁往城市，聚集于少数大城市。Michael P. Todaro认为发展中国家的城乡移民取决于农民"预期的乡城收入差异"（the rural-urban "expected" income differential）以及在城市找到工作的可能性（the probability of finding an urban job）。[1]

可见，不管是发达国家还是发展中国家，在现代化的语境中，人口迁移都是客观存在的社会现象。人口的迁移使许多来自不同背景的人在城市聚集。沃思很早就注意到移民要素在构成都市性中所发挥的重要作用，将这种由社会流动带来的异质性作为都市的重要特征之一。[2] 对这种差异性的关注不但是移民研究领域讨论的热点，更可以作为理解移民研究脉络的一条线索。在基于不同国家和地区个案的众多研究中，学者们关注的"差异"多种多样，城乡差异、职业差异、阶层差异、性别差异、种族差异、族群差异等等。这些"差异"在现实中相互交织，学者们多以其中的某种差异为研究线索，综合其他各类差异，以此来分析"差异"对移民生活及城市社会的重要影响。

其中，种族和族群差异是学者们在研究中难以回避的一类差异。族群差异包括族群在语言、宗教、人种以及文化上的不同，而种族差异首先是一个生物学的概念。种族和族群差异是处于不同社会经济发展阶段的所有国家和地区的共同特征。学者们曾经认为，由于工业化和现代化力量，在族群多样化的社会中种族和族群的重要性将逐渐降低，人们的

---

[1] Michael P. Todaro, "A Model of Labor Migration and Urban Unemployment in Less Developed Countries," *The American Economic Review*, 1969, 59 (1), pp. 138–148.

[2] Louis Wirth, "Urbanism as a Way of Life," *The American Journal of Sociology*, 1938, 44 (1), pp. 1–24.

忠诚和认同将被引向民族国家，而不是内部的种族和族群团体。但现实是，种族和族群往往与特定制度、文化、意识形态等紧密结合，成为社会区隔、等级划分的重要机制，甚至是分隔种族和族群的制度被取消后，种族和族群的差异作为一种信仰体系，内化到人们的日常生活中，长期持续难以被改变。

基于上述认识，国外学者们常把种族和族群的差异作为现代社会的一种社会结构加以研究，族群的分层体系、随之而来的偏见和歧视、文化社会融入等都被纳入研究者的视野。这种思路在有关不同族裔移民聚居区的研究中特别突出。一部分学者在结构化视角下将其置于全球经济和民族国家影响框架之下，认为种族和族群差异导致的移民区隔将带来新的城市社会结构，移民聚居区会成为"被边缘化的"、消极被动的受害者，成为"底层阶级"（underclass）的"隔陀"（ghetto）。另一部分学者在后现代主义与行为主义视角下将其视作具有积极"孵化"作用的功能性场域，强调移民建立的跨越地理、文化与政治边界的"社会场"（social field），移民聚居区被视为促进城市融合的"熔炉"。虽然学者对移民聚居区的社会融合效应观点不一致，但大家都将其作为社会区隔机制的一种产物，讨论居民融入问题。[1]

而对于在我国人口迁移研究中非常关注的城乡移民差别问题，国外学者则更多的是在经济、职业、阶层的层面进行探讨。工业化、城市化在为许许多多农民提供可能和机会争取体面的生活的同时，移民的聚集也有可能导致出现劳动力无限供给的困境。Lipset 和 Bendix 研究工业社会农村移民对城市职业结构的影响，发现城市化的扩张使得同样条件的进城农民和城市居民有着不一样的流动情形：农村移民进城沦为底层，而城市本地底层的居民却有机会实现职业向上流动。[2] Blau 和 Duncan 也有类似观点，农村背景的移民在社会经济地位上处于劣势，通常处于最低的职业层次；而城市居民和城市背景的移民在农村移民占据底层之后，加上城市居民有良

---

[1] 项飚：《传统与新社会空间的生成——一个中国流动人口聚居区的历史》，《战略与管理》1996 年第 6 期，第 13 页。
[2] Lipset, Seymour M., Reinhard Bendix, *Social Mobility in Industrial Society*, University of California Press, 1959, pp. 204–216.

好的教育和培训条件，自然不会获得更差的职业地位。[1]

不过也有很多学者认为从城乡差异的角度来看，农村移民并不比城市居民弱势。Hagen Koo、Calvin Goldscheider 等学者基于发展中国家的研究，认为农村移民具有很强的选择性（selectivity），即农村移民有相当大比例来自农村社会中上层家庭，而不是想象中的低技能和底层群体，他们拥有足够的资源和城市居民竞争较好的职位，所以农村移民并不总是处于城市底层。特别是移民一段时间之后，他们和城市居民之间没有太多的系统差异（systematic differences）。教育和技能才是影响农村移民和城市居民在正式和非正式部门实现职业获得（occupational attainment）的最重要因素。[2]

也有学者认为不同发展中国家的情况有差别。Michael P. Todaro 将发展中国家的整个移民过程分为两个阶段：首先没有太多技能的农村移民到城市找到传统部门的工作，然后经过一段时间（代内或者几代人的时间）的努力和适应再找到稳定的现代部门职位。[3] 半个世纪之后，韩国、日本等东亚后发国家和地区按这个路径成功完成转型，农村居民不仅能在城市找到稳定的工作，而且可以选择回流乡村地区从事非农职业。相反，拉美国家没能走过刘易斯拐点，经济社会发展停滞不前，大量移民聚集在城市传统部门，甚至经过了几代人都没办法实现向上流动。

总的说来，欧美发达国家、东亚国家以及拉美国家在工业化时期显示出了三种城乡差异的变化模式：①欧美国家快速完成城乡移民，短期内城市结构完全复制城乡二元结构，但经济发展很快就消解了这种差异；②东亚后发达国家存在明显的选择性城乡移民，城市结构趋向精英化，农村移民与城市居民并不存在明显的系统差异；③拉美国家城乡移民趋向大众化，城市结构分化严重，而经济发展不能消解日益严重的分化。

围绕"差异"，国外学者们所展现出的多种移民研究范式，一方面体现出移民问题的普遍性、多样性和复杂性，另一方面则有助于我们思考中

---

[1] Blau, Peter M. and Otis Dudley Duncan, *The American Occupational Structure*, Wiley, 1967, p. 269.

[2] Hagen Koo, "Rural-Urban Migration and Social Mobility in Third World Metropolises: A Cross-National Study," *The Sociological Quarterly*, 1978, 19 (2), pp. 292 – 303; Calvin Goldscheider, "Migration and Social Structure: Analytic Issues and Comparative Perspectives in DevelopingNations," *Sociological Forum*, 1987, 2 (4), pp. 674 – 696.

[3] Michael P. Todaro, "A Model of Labor Migration and Urban Unemployment in Less Developed Countries," *The American Economic Review*, 1969, 59 (1), pp. 138 – 148.

国人口迁移问题的普遍性和特殊性。与世界其他国家一样，我国大规模人口迁移的出现是工业化和城市化发展的必然结果，人口迁移也带来了城市高度的异质性和流动性。中国人口迁移个案最特殊之处莫过于城乡二元体制的存在。它使城乡差异成为一种涉及身份、公平和分隔的结构性差异。中国的这种城乡差异虽然特殊，但类似的差异在国外人口迁移中也普遍存在，只不过往往以其他的表现形式出现，并成为国外移民研究讨论的热点。在对中国个案普遍性和特殊性理解的基础上，我们才能回顾我国移民研究的历程，并思考今后的发展方向。

二 城乡差异与农民工研究

我国因工业化和城市化而出现的大规模人口迁移于 20 世纪 80 年代拉开序幕，其中城乡人口迁移是迁移的主流。家庭联产承包责任制的实施解放了大量的农村剩余劳动力，政策的松动使农民的流动成为可能。与此同时，沿海地区工业化的迅猛发展，为这些剩余劳动力的转移提供了方向。"百万民工下珠江（广东）"是当年民工潮的真实写照。我国规模性的农民工群体兴起于 20 世纪 80 年代末，至 20 世纪 90 年代以后急剧扩大。他们主要来自人多地少、经济欠发达的中西部地区，主要流向大中城市和沿海经济发达地区。如此众多的人员涌入城市，既给城市和乡村带来了新的问题，反过来也使农民工面临自身的角色转换和城市适应问题。

自 20 世纪 80 年代开始出现的农村向城市的大规模人口流动，被视为我国社会转型的一个重要特点，这一现象一直是我国学界研究的热点，同时也是亟待各级政府解决的社会问题。对这一领域的研究具有非常显著的对策性和应用性，而致力于通过研究解决农民工流动所带来的一系列社会问题，体现了学术界问题意识和实践意识、社会关怀和人文关怀的统一。学者们一开始关注的重点是所谓"民工潮"的问题，一些论文研究"民工潮"形成的原因、特点、社会作用以及历史过程，或者讨论农村劳动力转移的问题，研究这种转移的动力、路径、组织方式、影响因素及后果等。后来，这些研究扩展开来，涉及与农民工问题相关的诸多方面，如城乡二元体制、工农业比较利益、中国都市化前景、乡村发展、农民工的城市适应和角色转换等等。通过研究，学者们一方面指出农民工群体跨区域流动具有合理性、现实性,并一致认为农民工为城市建设和经济发展、乡村都市化作出了巨大贡献,是应该被肯定的;另一方面,对农民工流动带来的各类社会问题,如农民工的集中分布、城市公共产品供给滞后、以户籍制度为基点的社会保障制度不完善、分配制度的公平与效率问题、农民工的适应和融合问题等做了深入的分析。[1]

与国外移民研究不同,我国学术界和政府都将上述社会问题的出现归结于城乡差异,并认为这种城乡差异是城乡二元制度的产物。因而,在研究和实践中既把城乡二元结构作为移民流动和移民问题的原因所在,同时又把它作为改革的目标和对象。这种研究思路的出现,与我国特殊的制度环境紧密相关。

在研究层面,学者们都认为,计划经济的"重工业优先发展战略"造成城乡严重的隔离,加上改革以后工业化与城市化的错位发展共同造成"半城市化"——农村流动人口无法实现市民化,以至于学术界对外来人口研究基本形成一种"农民工"的表述。"农民工"的表述强调这样一个认识:城乡移民受户籍身份相关的制度限制,在城市社会构成中复制了户籍相关的二元结构。它包含以下几个要点。①外来人口主要是由农村进入城市及城镇的,而又以进入大城市为主,其中农民工集中地区,如珠三角、长三角、京津唐地区的大城市,成为问题出现的主要区域。②户籍制度及政策区隔是外来人口难以实现经济、社会融合的主要原因。户籍制度作为城乡隔离的基本制度,把人分为城市户口和农村户口,限制了人口迁移,制度性地使得农民工不能分享城市公民所享用的服务、权利和资源。③外来人口总体上处于城市社会的底层。这种体制的存在,使得农民工常常成为都市"边缘人",因此农民工工资待遇和劳动环境、农民工社会保障、农民工维权、农民工身份转换、农民工享受城市公共服务等方面的问题,成为学术界的研究重点。

在实践层面,经历了 20 世纪 80 年代开始对"民工潮""盲流"的严格控制阶段后,自 20 世纪 90 年代开始,人口流动政策转向有序化,有关部门先后成立外来人口管理协调机构,发布户籍、就业和社会保障等方面的管理政策,以实现对外来人口的有序化管理。2003 年以来,中央历年一号文件多次肯定农民工作为产业工人在我国现代化建设中的地位、作用,

---

[1] 王传鸶、王永贵、王曼:《转型期社会学若干问题研究》,国家行政学院出版社,1998。

而且表示要"推进大中城市户籍制度改革,放宽农民进城就业和定居的条件",并着手推进作为城乡二元制度基础的户籍制度的改革。国家"十一五"规划纲要指出:"对在城市已有稳定职业和住所的进城务工人员,要创造条件使之逐步转为城市居民。""十五""十一五"期间,北京、上海、广州、深圳、杭州、郑州、武汉和沈阳等大城市纷纷取消暂住证制度,代之以居住证和相应的户口准入政策。同时,国家"鼓励农村人口进入中小城市和小城镇定居,要求特大城市要从调整产业结构的源头入手,形成用经济办法等控制人口过快增长的机制"。党的十八大以后,政府将农民工问题纳入统筹城乡的层面上,通过走城镇化、工业化和农业现代化三化协同的中国特色的城镇化道路,解决包括农民工问题在内的"三农"等深层次社会问题。这种政策演变的过程,充分体现了国家试图通过破除城乡二元结构以解决农民工问题的决心。

在城乡二元结构的视角下,学术界经常讨论:该不该让农村人口进城——就地非农化还是异地非农化;能不能接纳外来人口——小城镇发展战略还是大城市集中式发展;需不需要控制城市人口数量;等等。以至于许多研究通过计量方法计算"城市最大可能容量""可以接受的外来人口数""农民工市民化的社会成本"等,试图消除政府的担心和疑虑。我们发现了一种有意思的现象:每每学术界为改善弱势群体的现状而发出呼吁,即使中央政府都能做出积极回应并发布指导性文件,而地方政府的相应政策却往往具有明显的保守倾向——比如"选择性的城市准入""综合的社会保障"。这其实都与学术界的关怀颇有出入,这些政策以及一些相应的研究主要针对如何改善外来人口在城市的暂住状况,而不是解决常住人口的发展问题。理念和现实的矛盾,时刻提醒着我们进行制度改革的艰难性,也很有可能导致对这一问题学术研究的简单化趋势——将所谓的问题归结为城乡二元结构,从而忽略了迁移过程本身的复杂性和多样性。是不是松动和取消城乡二元结构就是我国人口迁移研究的全部?如果不是,对城乡二元结构我们是否还能形成别的理解?我们应该如何处理移民与城乡二元结构之间的关系?随着时间的推移,各种迁移新动向的出现,给城乡二元结构视野下的农民工研究带来巨大挑战。

三 城市新移民概念的引入

　　农民工其实是外来人口中务工人员的一部分，其最初含义是受聘于城镇国有或集体工业企业（建筑、采矿、机械制造等行业），从事一线体力劳动操作的农村居民，是相对于固定工而言的。从早期"民工潮"的研究开始，在城乡二元结构的研究视角下，渐渐地"农民工"成了每个乡城迁移者的个人身份，研究者也用"农民工"概念泛指进城务工经商的农民，乃至外来人口整体。

　　首先，农民工群体本身非常复杂。特别是随着经济转型和结构调整的深化，农民工群体本身正在经历着急剧扩大和分化的过程，早在1991年，笔者就注意到农民工分化的事实，并对其中城市散工这一亚群体进行调查。在30多年的城乡迁移中，有部分农民工在城市通过自己的努力已经从底层的务工者转变为专业技术型、投资经营型的移民，农民工"已经完全分属于三个不同的社会阶层，即占有相当生产资本并雇用他人的业主、占有少量资本的自我雇用的个体工商业者和完全依赖打工的受薪者"。还有许多农民工不再是暂时居住在城市，而是倾向于长期居住，居住的时间在不断地延长，并且有举家迁移的倾向。更有"新生代的农民工"群体，他们几乎没有务农经历，对城市的认同超过了对农村的认同等分化现实的存在，都表明"农民工"作为泛化的概念，"不能被当作一种本质性的存在，而只是其成员（由户籍身份来标识的）在一种特定的承认与排斥关系下建立起来的暂时的、可变的联系"，这种表述方式在面对今天农民工群体中现实存在的群体差异性和多样性时，存在明显的局限性。

　　也有学者尝试拓展农民工概念的内涵，提出了"农民工市民化"的研究问题，也就是说外来人口因为处于非市民的状态而全部被赋予"农民"属性，进而将其标识为"农民工"。在市民—非市民的视角下，学者们认为中国的城市化过程可分成两个阶段：农民转移到城市成为农民工，即"农民非农化"过程；城市农民工向市民的职业和身份转变，即"农民工市民化"过程。农民工市民化包括四个方面：在职业上，由次属的非正规劳动力市场的农民工转变为首属的正规劳动力市场上的非农产业工人；社会身份上，由农民转变为市民；农民工自身素质的进一步提高和市民化；

农民工意识形态、生活方式和行为方式的城市化。对农民工市民化的研究非常重视"农民工"阶层的分类和分化。其中很多学者对"新生代农民工"或"二代农民工"特别感兴趣，认为新生代农民工更具有城市性，相对容易被市民化，但他们又"回不了农村，融不进城市"，所以是最有市民化意愿又亟须市民化的群体。农民工市民化研究，理论上关注农民如何变为市民的问题，实际上可以看作农民工问题研究思路应对农民工分化等迁移新动向的一种尝试，即通过"市民化"的概念，将农民工之外的外来私营企业主、个体工商户，甚至外来的白领都涵盖到研究的范畴中来。不管这一主题的研究是否达到了研究目的，它的出现也显现出了外来人口研究中"农民工"表述的概念限制。

其次，农民工只是中国各级城市庞大的外来人口群体中的一部分。各发展中国家的经历也表明城乡移民并不是城市化唯一形式，城镇（towns and small cities）向大城市迁移者或者大城市向大都市（metropolis）迁移者也是城市外来人口的重要部分。"外来打工者已经不都是来自乡村，从小城市到大城市、从欠发达地区城市到发达地区城市、从经济不景气城市到经济活跃城市的流动打工者越来越多。"外来人口的分化事实是学界的共识，其中不仅有"经济底层的劳动力"，也有希望向上流动的白领、"类白领"和"挣够钱就回老家"的小业主，还有"已经具有中产阶级及以上的社会经济地位"的移民，在工业企业中，"外来人容易脱颖而出，与本地人形成竞争生存的格局"。有学者指出，中国流动人口研究过度"特例化"——中国特有的户籍制度造成外来人口无法永久性迁移。其实，除开户籍制度或者彻底取消户籍制度之后，影响外来人口的社会地位、与本地人的差别以及社会融入的变量和发生机制仍将存在，笔者认为按来源地（农村/城市）或者身份（农民/市民）来处理外来人口研究议题以及制定外来人口的社会政策的做法是需要完善的。

近年来学术界也注意到城乡二元结构之外的视角，开始尝试突破"农民工"概念的限制，探讨外来人口的分化和多样性特点，尝试将以往农民工研究所忽略的其他类型的移民群体纳入研究视野。陈映芳曾就"流动人口""农民工"等概念的使用提出异议，并尝试将乡城迁移群体表述为"城市新移民"，把他们的权益问题定义为"市民权"问题。[①] 朱力则将流

---

① 陈映芳：《关注城市新移民》，《解放日报》2004 年 8 月 22 日。

动人口统称为城市新移民,并分类为智力流动人口、资本流动人口和体力流动人口,不过他主要关注体力流动人口——农民工的生存状况和社会地位。[①] 文军也把注意力放在体力流动人口之上,并称之为"劳动力新移民",所谓"劳动力新移民"是指"在城市中主要从事以体力劳动为主的简单再生产工作,但已经获得相当稳定工作和固定住所且主观上具有长期定居于所在城市的群体"[②]。张文宏、雷开春将外来人口均看作城市新移民,而他们主要研究其中的白领新移民。[③] 卢卫认为"新移民的定居问题绝不仅限于改善农民工的居住条件,而应延伸到城市聚居和宜居的本质,进而放大到推进中国城市化、工业化和现代化的视角"。[④]

随着工业化的深入,产业开始有序转移,工业发展呈现分散布局的趋势;一线、二线城市寻求产业升级,发展服务经济;再加上新农村建设的开展,我国城市化的形式将日益多元,职业分化也更加明显。与"农民工"表述的形成背景不同,现如今的社会经济环境已发生了巨大的变迁。第一,城市化正加速前进,而且城市化将是未来一段时间经济发展的主要动力;第二,从以往研究结果来看,大城市外来人口不再几乎是乡城迁移者,城镇背景的外来人口所占比例日益扩大;第三,外来人口的人力资本差异很大,从事的职业也非常广泛,从工程师、白领,到私营企业主、个体工商户,再到产业工人、散工等,应有尽有;第四,外来人口的阶层分布和职业分布类似,都比较分散;第五,外来人口在城市的社会流动是事实;第六,户籍制度以及分割性福利保障制度将继续存在;第七,市场化改革很大程度上瓦解了人口流动的制度障碍,而且有助于剥离制度性福利。这些便是我们提出"城市新移民"概念的现实基础。

[①] 朱力:《如何认识农民工阶层》,载朱力、陈如主编《城市新移民——南京市流动人口研究报告》,南京大学出版社,2003,第22页。

[②] 文军:《论我国城市劳动力新移民的系统构成及其行为选择》,《南京社会科学》2005年第1期;文军:《是流动性人口,还是永久性居民?——1980年代以来上海劳动力新移民研究》,载中共上海市委宣传部编《现代意识与城市研究》,上海人民出版社,2006,第32—67页。

[③] 张文宏、雷开春:《城市新移民社会认同的结构模型》,《社会学研究》2009年第4期;张文宏、雷开春:《城市新移民社会融合的结构、现状与影响因素分析》,《社会学研究》2008年第5期。

[④] 卢卫:《居住城市化:人居科学的视角》,高等教育出版社,2005,第140页。

四 一种思路：作为发展方式的移民

新移民概念的出现体现了学术界对我国人口迁移新动向的敏感性。这一概念的提出，不但突破了以往农民工概念可能带来的在研究对象上的局限，关注移民群体本身的复杂性和分化性，更是将移民过程的动态性纳入研究视野，有助于学者们区分并聚焦在输入地城市有定居意向的移民群体，而且在实践层面，这一概念还有助于调整移民政策，将不属于城乡移民范畴的外来人口纳入政策瞄准的范围。不过，虽然这一概念充满张力，但学术界就如何围绕这一概念，调整我国人口迁移的研究思路，仍然没有形成共识，导致许多情况下，学者们仅用这一概念指代人口迁移过程中出现的新问题，却没有用新的研究思路分析解释这些新问题。

笔者认为，在研究思路层面，"城市新移民"概念最大的理论张力在于摆脱城市—农村二元对立的思维，从而使我们的注意力集中在城市社会。以户籍制度为基础的城乡二元体制是我国在特殊发展背景下形成的制度设计，这一体制与宏观层面的国家和区域的社会经济发展以及微观层面的人们的日常生活如此紧密相关，已经内化成了我国社会结构的一种重要事实。基于此种认识，我们再回过头看其他国家的人口迁移过程，不管是内部移民还是国际移民，各种"差异"一直都客观存在，如制度、族群、种族等多种差异交相作用。国外学者多将其作为社会区隔的一种机制，是社会结构的一种体现，研究中的关注点往往不在于如何破除某种区隔机制，而在于分析这类区隔机制如何产生以及迁移如何影响了城市社会多元文化的构成，进而再思考探讨区隔机制的变迁过程。这种研究思路大大突破了以解决"移民问题"为主导的应用研究范畴，进而可将更为广泛的论题纳入讨论中，以展现移民过程的多样性。国外学者的这种研究思路对于我们拓宽我国国内移民的研究很有启发。笔者认为，城乡二元结构的存在具有中国特色，但作为社会的一种构成方式，难以通过某些政策改革就能破除。在人类学的视野里，社会结构有其延续性，很难通过各种人为的干预推倒重来，同时它又是一个实实在在变迁的过程，制度的改革、产业结构的变化、人们的日常生活等要素都是促使社会结构变迁的因素。而涵盖了多种变迁要素的移民过程本身就是一个城乡二元经济社会结构现代化转型的过程。换句话说，移民是一种社会发展方式。"城市新移民"的表述为这种发展方式提供了一种有效的阐释路径：首先，这一过程的起点是城市经济结构的扩展和升级，吸引人口大量向城市流动，在空间意义上促进区域的平衡；继而，城市新移民通过劳动力再生产实现职业的代际流动，在时间意义上实现职业流动；从而使本地结构接纳城市新移民，实现结构意义的社会流动；最终，城市社会得以重构。

当这一宏观过程落实到城市层面时，我们的注意力便聚焦在城市新移民在城市的"社会融合（social incorporation）"上。对"城市新移民"而言，所谓"社会融合"，是指在相同的条件（比如制度环境、经济环境等）下，相同背景（比如教育）的城市新移民与本地居民有同等的机会，获得同一待遇水平的职业、进入同一层次的社会结构。考虑到城市里有两亿外来移民，那么研究外来移民各尽其才的发生机制，研究如何促进这些外来人口融入城市社会，将更具有实际意义。首先，外来人口在城市生活出现长期化、家庭化、定居化的趋势，说明外来人口已经以某种方式、在某种程度上融入城市社会。其次，社会融合是理解城市社会问题的重要思路，也是解决城市社会问题的重要方法；因而社会融合是一个社会过程，也是一个终极目标。再次，社会融合包含经济融合（economic incorporation）和结构融合（structural incorporation）两个过程：经济融合，是指不同人力资本的移民在城市里，与相同背景的本地居民有同等机会获得相应职业，以及实现代内、代际的职业流动，从而获得相应经济地位；结构融合，则是指移民在获得相应经济地位之后，有足够的机会与相近阶层的本地居民产生社会联系（比如通婚）。对于移民群体而言，社会融合使他们跨越移民群体边界，消除与本地居民群体之间的偏见和歧视，这一过程表现为身份认同的接近与文化习俗的相互包容。对于移民个人及其家庭而言，社会融合使移民和本地居民跨越社会空间的分隔，增进在学校、工作场所和邻里空间的交流，这一过程表现为社会距离的缩小与行为习惯的相互尊重。

我们发现国内学者研究城市外来人口的社会融合时，往往把"心理"、"文化"、"身份"和"行为习惯"等与"经济融合"相提并论，并关注"它们之间的依存关系和互动关系"。这些研究认为国外的相关理论和经验强调文化，以及"文化之间的相互交融和渗透"，受其影响把文化融合放在与经济融合并列的位置。且看杨菊华、张文宏两人都提到的 Milton M. Gordon 的移民融合理论，虽然 Gordon 把结构融合（social assimilation）

和文化融合（cultural assimilation）列为融合的两个过程，但他认为"一旦实现结构融合，其它各类的融合都将出现"，在美国，由于复杂的种族关系，整个社会的结构融合并没有出现，而种族内部文化融合却在很大程度发生了。[1] 事实上，国外相关研究的背景与我国有些不同。一方面，国外移民社会融合研究的对象是国际移民（特别是来自发展中国家的移民）以及基于种族的文化差异；而我们研究城市外来人口的社会融合显然没有遇到明显的种族文化差异，而是基于阶层的文化差异。另一方面，国外研究的国际移民发生在发达工业阶段，而我国正处在现代化转型时期。本文正是在现代化转型背景下提出"城市新移民"的表述，并以此推导出符合我国实际情况的社会融合过程——经济融合的发生先于结构融合，并且为结构融合创造条件。在我们的研究中，文化差异，用布迪厄（Pierre Bourdieu）的观点来说，是"不同阶级的成员总是在各自阶级惯习的约束下，带着自己特有的阶级秉性，进入不同品位的场域，并通过选择不同的生活方式来表明自己的阶级身份"的结果，它随着社会融合状况的变化而变化，同时表现在个人及家庭与群体两个层面上。[2]

综上所述，"城市新移民"的表述，不仅加深我们对社会发展方式的理解，并且可以推导城市新移民"社会融合"的视角。这样的理论转向尝试把城市社会构成变化，以及移民与本地居民的结构关系置于研究的核心，为城市新移民问题的研究奠定基础。一般来说，移民作为过程可以分成前、中、后三个阶段；类似地，城市新移民问题也包含三个议题：①城市新移民的基本状况，以及对城市社会构成的影响（比如人口结构、劳动力市场和阶层结构等的变化）——（What has happened?）；②城市的社会融合作为一种终极目标如何定义——（What should happen?）；③城市的社会融合作为一种过程如何发生——（How does it happen?）。移民研究可从宏观、中观和微观上切入上述三个议题，而在实际研究中不仅有宏观的论证，还会有中观、微观等变量的影响，从而使得城市新移民问题的实证研究多姿多彩。

同时，在上述的新移民研究思路中，我们还要特别注意移民社会融合的长期性和持续性。从国外的移民研究经验来看，新一批的移民，置于移

---

[1] Milton M. Gordon, "Assimilation in America: Theory and Reality," *Daedalus*, 1961, 90 (2); Richard Alba and Victor Nee, "Rethinking Assimilation Theory for a New Era of Immigration," *International Migration Review*, 1997, 31 (4).

[2] 转引自刘欣《阶级惯习与品味：布迪厄的阶级理论》，《社会学研究》2003年第6期。

民定居过程来说只能算作第一代（first generation），或者有些可以算作 1.5 代，他们往往是移民融合过程的起点。这是我们开展城市新移民研究的重要背景。新中国成立后，大规模的人口迁移在我国出现不过 30 多年的时间，虽然"新生代移民""二代农民工"已成为学术关注的热点，但我国的情况与国外移民研究讨论的新生代移民（new generation immigration）不完全相同。我国早期农民工大多流而不迁，具有定居意向的新生代移民实际上大部分只能是第一代的移民，城市新移民的社会融合过程才刚刚开始。不过今天在移民群体中表现出的城市定居倾向、移民家庭化趋势的日益明显，移民在城市的代际再生产等，都体现了城市社会融合的良好开端。由此，我们必须在相对较长的时间段内关注城乡二元结构的消解。

五　结语

早有学者提出中国正在进入移民时代，认为应该着手接纳这些城市新移民，让愿意在城市居住和发展的外来人口定居下来，并使其能最终融入城市社会。30 余年的时间对于移民的融合过程来说并不长，目前正是拓展我国移民研究的最好时机。我们一方面要意识到以往户籍的农业/非农业的分类，以及城市中本外二元的分立，对研究思维和分析资料的选择产生深刻影响，比如在城市社会流动研究中往往产生严重的样本选择性偏误。另一方面也要承认农民工、流动人口并不是中国特有的移民现象，因而推动"农民工"表述转向"城市新移民"表述，意味着外来人口研究应重视发展中国家和后发达国家的移民研究经验，也必须借鉴发达国家的移民社会理论，比如移民社会学或者移民人类学的发展。在此基础上，将研究的重点转向 30 多年来所积累的移民问题，尤其是城市社会的融合问题。

本文提出"城市新移民"的研究思路，将移民作为一种社会发展方式，关注移民引发的城市社会重构，而城市社会重构的最终图景便是城乡和谐的社会。这一思路将移民与本地居民的结构关系置于研究的核心，不仅限于单一取向的宏观过程，也可以将这一过程落实到城市层面，还可兼采中观与微观的角度，由社会心理、群体互动追溯到社会结构层次。[1] 从

---

[1] 郑杭生等：《当代中国城市社会结构：现状与趋势》，中国人民大学出版社，2004。

这些取向来探索转型时期我国城市社会的真正特质,有助于了解城市社会融合的真相。

这一研究思路在实践层面也具有一定启发意义。笔者认为处理城市移民问题也需要树立可持续发展的理念,认识到城乡二元结构作为社会结构的发展规律,理解城市融合过程的长期性和持续性,从长远的角度,为具有城市定居意向的城市新移民融入城市制定相关政策,推动"彻底的劳动力流动—彻底的职业流动—彻底的社会流动"这一理想状态的实现。

珠江三角洲经营型移民的社会流动*

改革开放以来，中国社会经济的急速增长引起城乡之间人口流动潮。随着对外开放和城市改革的深入，东部沿海地区经济快速发展，形成了对劳动力旺盛的需求，从而产生了"民工潮"。如今，这些打工者中的一部分，通过进城务工完成资本积累，转而成为个体户或私营企业主。这些到城市经营某种生意的商户、民营企业主等城市新移民群体，笔者称其为"经营型移民"。那么，经营型移民是通过哪些策略实现从"外出打工"到"自己当老板"这个身份转变的？而这种"老板"的身份是否表示其完成了移民过程中的地域与阶层方面的同时流动？本文试图以东莞虎门智升学校为例，从社会关系网络的视角探讨经营型移民社会身份转变过程中伴随的社会流动。

在以往对于城市移民的研究中，以对进城务工特别是在工厂打工或者打散工的农民工群体研究为主。而对于在城市中从事商业活动的外来小商贩、个体户以及私营企业主，以及受过高等教育、因为工作关系而到另一城市生活的群体关注较少。相比农民工群体，这部分移民往往能够更好地适应迁入地的环境而获得相对较高的社会认同。因为他们具有一定的资本或者知识技能，因此有更多的机会获得当地户籍并且更有可能长期定居。因此，在资金人员流动越来越频繁，传统户籍制度受到越来越多质疑的今天，了解并探讨经营型移民在城市的生存现状以及利益诉求，关注他们实现社会阶层纵向流动的过程以及策略，对于研究农村劳动力从农业劳动者向农民工再向个体户或者私营企业主转变的机制无疑具有现实意义。

---

* 本文由周大鸣、田洁撰写，原载于《江西农业大学学报》（社会科学版）2013 年第 1 期，第 4—11 页，题为《经营型移民的社会流动——以东莞虎门智升学校为例》，收入本书时有修改。

一 研究视角和方法

(一)研究视角

所谓社会流动,是指社会成员从一个阶级向另一个阶级,从一个阶层到另一个阶层,从一种职业向另一种职业,从一个地区向另一个地区的位置移动,即个人在社会分层系统中位置的变化。社会流动主要用来解释社会分层系统怎样将人分配到不同社会阶层中。社会流动分为平行流动与垂直流动。这种流动可以是代际的也可以是代内的。急剧的社会经济变迁常常引起社会分层系统的巨大变化。中国改革开放以来剧烈的社会经济变迁便带来了频繁的社会流动,即以"民工潮"为代表的城乡之间的移民运动为内陆地区特别是农村地区的社会成员创造了社会流动的机会。[①]

而社会关系网络则为社会流动的完成提供了全方位的支持。在地域之间或者社会阶层之间的社会流动过程中,社会关系网络都产生了重要的作用。社会关系网络指的是城市某一社会群体(如亲属、社区、社团)之中人与人的联系的类型。社会关系网络一方面又被认为是移民的社会资本,它为新移民提供了关键性的资源,包括工作机会、居住地点等。农民工找工作,在很大程度上要依靠社会关系网络,亲带亲、友帮友、邻居帮邻居是他们找工作的基本模式。由于这样的社会关系网络的作用,他们从事的工作具有类同性。同时,农民工在向上流动,成为个体户或者私营企业主的过程中,也主要通过个人社会关系网络寻求资金、技术方面的支持。大多数打工者在完成社会阶层的纵向流动之后,即成为经营型移民之后,在生意管理、扩大经营等方面仍然依赖于原来的社会关系网络。基此,本文借助社会关系网络视角来研究经营型移民的社会流动。

(二)研究方法

本文的田野调查以东莞虎门规模排名第二的民办学校——智升学校为切入点,通过对学校创办者(学校老板)的访谈了解其移民过程、学校的

[①] 李强:《农民工与中国社会分层》,社会科学文献出版社,2004。

创办过程，以及经营过程中的各种策略，并以滚雪球的方式对与智升学校相联系的经营型移民进行个案访谈，了解其迁移过程、创业经营、日常生活等各个方面。智升学校是2002年8月经东莞市教育局批准创办的一所全日制民办学校。学校位于东莞市虎门镇威远岛，占地面积28000多平方米，建筑面积12000多平方米。学校教学设施按市级学校标准配置，电脑室、语音室、舞蹈室、美术室、理化实验室、图书阅览室、队部室等功能室齐全，篮球场和标准的400米环形塑胶跑道等俱有，多媒体教室全部配有现代化的电教系统。另外，学校拥有34辆接送学生的校车。校区内除教学设施外，还有两间食堂、两间小卖部、一个汽车修理厂。学校一面临近公路，旁边都是经营饮食的小店铺；另一边为新建的几家制衣厂，日夜充斥着密密匝匝的缝纫机声音。学校现有80个教学班，200多名教职工，从幼儿园到初中共4200多名学生。学生全部都是跟随父母到虎门生活的外来工子女，学校老师及行政人员也几乎都是通过公开招聘进入的外地人。学校、工厂以及周围的小店铺形成了一个完全由外来人构成的区域。在这个区域中，普通话是共同的语言，商店提供的各种商品及服务均是面向工厂工人以及学校学生的，在这里几乎看不到本地人的影子。

二 经营型移民社会流动的方式与机制

（一）从"外出打工"到"办学校"

初到虎门，笔者便已经意识到此行的目的地智升学校与以前自己关于"民办外来子女学校"的想象不大相同。而让我产生这种想法的便是行驶于虎门街道的一辆辆黄色校车，上面有红色醒目大字"智升"。不到15分钟的车程，笔者已经见到不少于10辆的校车。而其中一辆车上的"28号"字样，更是让笔者对这所"未谋其面，先见其车"的学校产生了强烈的好奇心。能够拥有几十辆大巴车作为校车的学校会是怎样的呢？

后来才了解到，智升学校包括幼儿园、小学和中学，共有学生4200多人，老师及行政人员200多人。而令我震惊的是，该学校的创办者在东莞万江还创办了幼儿园与小学，学生有2300多人，在塘厦有一所幼儿园，有学生300多人。而学校老板T与老板娘L不过30多岁，到广东也不过十几年时间。那么,他们是怎样从外出打工的年轻人成长为今天五所学校的老板的呢?这个拥有五所学校的企业又是如何创建与发展起来的呢?

我与老公祖籍是湖南和江西。1989年,我中学毕业之后到广州工作,那时,家里的姨丈在广州珠江医院工作,我通过姨丈的关系进入了珠江医院做学徒,三年之后离开。我丈夫T是1988年离开江西到广州的,他父亲在广州白云区开了个诊所,他到广州直接进入父亲的诊所工作。1995年,我离开珠江医院经老乡介绍到丈夫家的诊所工作,认识他,并于1996年结婚。1997年,我们俩认识了因为家里孩子多而常到诊所看病的梅州人A,当时他因开的塑料厂亏本而没有资金,但拥有一块地,动员我们合伙做民办学校。那时,民办学校才刚刚兴起。于是,我们又找了个伙伴共同出资100万办起了一所民办小学"侨隆小学",位于广州白云区,当时我跟丈夫办学校的资金主要是跟两边的家人借的。2000年,因为合作不愉快,我们将手中的股份以招标的方式卖出。然后在天河区买下了原来的村办小学校舍,办起了另一所小学,取名为"浦东小学",这次我们找了丈夫的同学共同出资,当时小学一般由我丈夫的弟弟经营。2001年,开始筹建虎门智升小学。2002年,江西老家招商引资,为了拉我们回家办学校,免费给了500亩地,50年的产权。于是,我丈夫与另外两个同学出资修建了两所中学,都取名为"唐彩"。因为家乡的城镇比较小,已经有了两所中学,所以招生非常困难。再加上后来政策环境发生变化,政府突然提出要对学校征收60万的税,对于学校招生方面的困难也不愿意帮忙解决。于是在2005年我们将学校卖出。2003年,浦东学校也卖给了另外那个合伙人。2004年,我们俩到东莞万江建起了小学,投资80万(60%股份),而原本在浦东小学的弟弟也被叫到了万江的学校。2007年,我在塘厦买了幼儿园,由表妹一家在那边经营。2008年,在虎门智升小学的旁边修建了智升中学,投资1000多万(75%股份),现金500万。①

从学校老板一家的迁移过程以及创办学校的经历来看,亲属关系在其

---

① 2008年10月对学校老板娘L的访谈。

中起到了巨大的作用。首先，在从老家到广州的地域迁移过程中，夫妻俩都是通过家庭的关系到广州。初到广州的 L 并没有像普通流动人口一样进入工厂打工，而是通过亲戚关系进入国营单位珠江医院，她丈夫则是直接进入自己家的诊所，跟随父亲学医。从老家到广州，L 和 T 通过自身的社会关系网络完成了地域上的流动。然而，在他们试图完成社会阶层的纵向流动时，并没有仅仅依靠原本的社会关系网络，还借助了在迁入地建立的新社会关系网络。从"打工者"到"学校创办者"的身份转变，其契机正是来源于那个在广州开诊所时认识的梅州人。另外，在社会身份上，他们由于没有城市户籍，无法享受到当地人的社会福利与保障。也就是说，虽然实现了社会职业上的非农化转变，但是在社会阶层上并没有实现垂直向上的流动，只能看作是平行的流动。

（二）学校经营

从学校现有的规模以及 T 自己的满意度来看，智升学校的经营可以算是成功的。老板娘 L 告诉笔者，她与丈夫并不亲自参与学校的管理。学校通过公开招聘行政以及教学人员进行管理。她说，在选择这些人员时会考虑其籍贯，避免来自同一地区的人太集中。

虽然学校在行政以及教学方面都是通过公开招聘的方式选用人员进行管理，但是学校后勤人员则主要是由 T 和 L 的亲戚或者老乡构成的，仅 T 和 L 两边的亲戚就有 20 人。现在虎门万江以及塘厦所有学校的财务都由他们的亲戚掌管，如万江学校的财务是老板娘 L 妈妈的妹妹，虎门小学的财务是老板 T 表妹的女儿，虎门中学的财务是 T 老表的老婆。万江学校的食堂是 T 兄弟媳妇在管理，而智升学校的食堂则是 T 的老表在管。学校的保安，包括打扫卫生的阿姨，都是湖南以及江西老乡。除了直接进入学校日常工作的亲戚外，还有一些亲戚不直属学校管理，但也是依附于学校的。比如虎门智升小学里的小店给了 L 的妹妹 F 经营，中学里的小店给了 T 的妹妹经营，万江学校中的小店给了 L 的舅舅经营，L 的舅妈 J 免费借用智升的场地开了汽车修理厂，校车由 L 的父亲、舅舅、妹夫以及两位江西同乡老板所有。说到亲戚，L 说，亲戚多很好，帮忙的人多，关键是信得过。

学校后勤部门以及依附于学校系统的小店和校车借助亲戚与老乡来管理和运营，是学校管理中的一种策略，学校作为这个网络中的一部分资源，为其他人从老家到东莞的地域流动和从打工到自己当老板的阶层流动提供一个平台。但值得注意的是，这些通过原本的社会关系网络实现地域流动的移民，依托学校完成了从"打工者"到"老板"的社会身份的转变，但是这种转变具有相对性。因为，他们依附于学校而没有独立的经营渠道，职业身份的维持与发展依赖于学校的发展。

在对与学校相关的经营型移民的访谈中发现，这种依附于社会关系网络的现象也是屡见不鲜。如学校的车老板在通过原来的社会关系网络资源获取资金以及发展机会之后，同样以相同的途径找亲戚以及老乡帮助其经营与管理。其亲戚老乡通过与车老板的关系得到了向上流动的机会，正如学校的小店老板以及车老板通过学校创办者获取经营的机会以及社会身份的转变。但是，通过这种原有的以亲缘和地缘为基础的社会关系网络完成社会纵向流动是具有依附性的，很难通过这种途径实现社会阶层的较大纵向流动。

三　经营型移民社会流动的隔离性

（一）女性经营型移民的闲暇与交往

早上7:00，J起床。早上8:00左右，送儿子去幼儿园。随后到修理厂，查看昨天的账目，修理厂的师傅告诉她今天要买的配件，她一一记下后，打电话给相熟的配件商，让他们送过来。9:30，早餐，吃酸辣粉。早餐后，返回汽车修理厂，仍与师傅们讨论修车配件的问题。中午，到学校食堂打了饭菜回家吃。午休时，躺在床上看韩剧。下午，到F的小卖部帮忙。下午5:00左右，离开小店去幼儿园接儿子。随后又到汽车修理厂，检查一天的账目，了解今天的生意情况。之后，在家吃晚饭。晚饭之后，除了给儿子播动画片，便没什么特别的事情要干。大概晚上10点，儿子睡觉，J接着看韩剧，一直到深夜。[①]

日记中的J是学校老板娘L的舅妈。J在学校拥有四辆校车，并借用学校场地经营一个汽车修理厂。在虎门调查期间，田洁便与J住在一起，据观

---

① 摘自田洁2008年3月26日对J的访谈。

察，这是最平常的一天。当然，学校常常会有活动。在调查期间，J出门几乎都会带上田洁，田洁便跟她一起去吃饭、逛街、打牌……而这些活动的参与者除了调查者这个编外人员，每次都是几个固定的人：J、F、L与学校车老板的家属。平时不工作的时候，F家里是最热闹的，常常有朋友来打麻将。而这些常客也大多是亲戚以及学校的车老板等人。学校老板T的办公室也是一个热闹的场所，只要T在，这里每天都会有一大堆人来聊天，打发时间。在调查期间，每次都会发现学校门口停着各色私家车，而学校老板T的办公室也总是很多人。然而，经过几次聊天发现，来这里的几乎都是江西籍的老板。以智升学校为中心，几乎形成了一个以江西人和湖南人构成的日常交往圈子。在这个圈子里，最核心的是以学校老板夫妻为中心的亲戚和车老板们。

在学校的女性经营型移民的日常生活中，经营生意以及照顾家庭是最重要的部分，她们并没有太多的娱乐活动，看电视、打牌、逛街是最常见的休闲活动。而这些活动也局限在学校中的亲戚与老乡范围之中。她们与外界的交往比较少，生活中很难出现非亲属或老乡特别是本地人的影子。其所需的精神上与物质上的资源都是通过学校内的人际关系网络获取。因为学校提供了这样一个环境，众多的亲属与老乡在同一个范围内工作与居住，分享共同的网络资源与日常生活。不仅如此，学校中众多的外地老师与学生以及学校周围的工厂和店铺共同将这种独立于虎门本地社会的社会群体隔离开来。

（二）男性经营型移民的闲暇与交往

相比学校中的老板娘们，学校中的男性明显有更丰富的闲暇生活与稍大的社会交往范围。在对学校老板、股东、学校车老板以及学校老板的朋友的访谈中发现，作为男性，他们的闲暇时间更多是与生意伙伴、朋友一起度过。资金、技术以及信息方面的需求往往是在与生意伙伴以及朋友的交往中获取的。

学校老板T现在是广东地区江西商会的副会长，朋友特别多，应酬也多，晚上常常很晚才回家。他说，平时一起出去玩的多是生意上的朋友或同学、老乡，休闲活动一般就是吃饭、唱歌。对于T而言，朋友特别重要，他们是经营信息的来源，也常常会给他提供新投资机会，在资金周转不开的时候，也主要是朋友注资入股。在T经营的多所学校中，广州浦东小学与江西唐彩中学都是与同学共同投资兴办的。最初选择到东莞办学校，也是得益于在虎门开服装学校的同学的大力推介和鼓励。

学校另一个股东 H 也表示，空闲的时候如周末会带着妻子去爬山，但平时主要活动是生意上的应酬，如吃饭、唱歌等。他说自己每天都会看新闻，了解国家宏观经济形势与国家政策是很有必要的。他也会到深圳和同学交流经营情况，获得经营信息。

另外，在学校老板办公室，常常可以听到老板们相互交流与当地政府相关部门的关系。在申请办理学校的过程中，他们与当地政府、消防部门、交警等都建立了比较好的关系，而这些关系在学校的运作过程中也起到了很大的作用。

可见，男性经营型移民拥有更广的社会交往范围。他们一般选择同学、朋友、生意伙伴一起度过闲暇时间，或者可以说，闲暇生活也是他们工作的一个组成部分。在这个由同学、生意伙伴等组成的交际网络中，成员进行信息交换，有需要的时候也会从中获取资金和技术的支持。与原有的亲属网络不同的是，这种经济、技术、信息以及人力资源方面的支持更多以合作的方式实现，而不是以单纯的互助方式。

男性经营型移民的社会交往更多倾向于维持经营的外部环境，主要表现在通过与生意伙伴、客户和同学、同乡交往获取资金、信息等。他们在经营生意的过程中，难免会遇到资金、技术、信息等各方面的困难，以及与政府相关的如用地、建房、营业执照等方面的申请困难。这些客观的需要使他们无法将自己局限在原有的社会关系网络中。他们往往通过建立新的社会关系获取经营所需的资源以及实现与当地政府部门的有效沟通，而这一点在老板娘们的社会关系网络中很少出现。新的网络关系除了通过生意伙伴以及客户建立外，还常常通过商会建立，商会往往是以同乡为基础的。如 T 便是广东地区江西商会副会长。所以，不管是在学校内还是学校外的社会交际网络中，学校老板们的社会交际网络仍然以地缘为基础。

四　经营型移民社会流动的相对性

（一）身份认同

王春光指出，农村流动人口进城务工或者经商，在某种程度上表明他们一定程度的向上流动，但是这种流动由于没有相应的社会制度和社会政策的保证，而在提高他们的社会地位上难以产生很好的效应。甚至可以说，大量农村流动人口进城务工经商，在一定程度上仍然是从一个边缘社会进入另一个边缘社会（城市边缘），等于水平流动，把城乡二元社会割据带进了城市社会内部，构建新的二元社会格局。[1] 那么，经营型移民是否已经或者可以完成这种社会身份的转变呢？

> 我老婆是湖南人，2002年我们在广东认识并结婚，现在有两个孩子，大的刚上幼儿园，小的才刚满月。2006年，我父母也从江西老家到虎门，帮忙照顾孩子。现在，我正在着手将自己和孩子的户口迁到虎门，但老婆的户口打算暂时留在湖南农村。持有农村户口还是有好处的。我现在已经习惯了广东的生活，很少吃辣，习惯讲广东话，也在这边买了房子。我都不知道自己是哪里人了，到虎门十年，但户口还在老家，我们这代人还可以说自己是江西人，但是我的孩子，生在虎门，长在虎门，读书在虎门，没回过老家几次，连江西话都不会说，但户口还在江西，如果迁不过来以后还要回去高考，真不知道该算是哪里人！[2]

像W这样，已经习惯了广东的生活方式与经营环境的人并不鲜见。一方面，在事业上，经过在广东多年的打拼，他们建立起了稳定的生产和销售渠道，与本地政府也建立了良好的关系。他们认同广东的投资环境以及政府的办事方式。他们能够熟练地听说广东话，并且在广东成家立业，很多人还买了房子。他们觉得在广东生活比在老家生活更加方便，物质精神生活更加丰富。但另一方面，他们已经在广东生活了十几年，却很少有广东本地的朋友，日常生活中常常接触的除了家人就是同学老乡，他们参加同乡会、商会等以地缘为基础的组织。

在广东，他们是江西人、湖南人，但是说到家乡，他们却也不那么认同。学校老板也说自己不经常回老家，对老家人都感到陌生了，因为没有什么联系。而老家政府官员收入比较低，观念也不如广东的开放，这些长

---

[1] 王春光：《农民工：一个正在崛起的新工人阶层》，《学习与探索》2005年第1期，第6页。
[2] 2009年4月7日对W的访谈，W是学校老板好朋友，经营服装厂。

期在广东生活的人现在已经无法适应家乡的办事风格了。T回家乡办唐彩中学时，政府将他们作为当地"招商引资"的一部分。所以，在家乡，他们又成为"外来的老板"。

而在界定这些老板们的社会身份时，除了他们自我的认同，制度限制也成为老板们无法明确其认同的一个因素。首先则表现在户籍上。对与智升学校相关联的老板们的个案访谈表明，所有的经营型移民户籍仍为原籍，也就是说在制度上，他们并没有完成从流出地到流入地社会身份的转变。即使他们已经在虎门购房并且长期居住，父母子女都已经接到虎门，却仍然无法顺利加入东莞户籍。也就是说，这些经营型移民在制度上并没有被迁入城市所吸纳，这也导致他们在社会保障、子女教育等方面无法进入城市社会体系。这种情况之下，正如W所说，他们都不知道自己到底是哪里人了！

需要特别强调的是，他们的下一代更无法找到地域认同，他们的子女出生在东莞，长在东莞，一句家乡话都不会讲，但是户籍仍在老家，将来也必须回家乡读高中、参加高考。他们是哪里人？这一个问题几乎困扰所有的经营型移民第二代，在田野调查期间，这些孩子最大的在读高中，最小的才刚刚出生，不仅如此，智升学校以及东莞虎门众多民办学校中的学生们又将如何看待自己的身份？

（二）定居意向

城乡之间社会流动以及社会阶层上升的最终实现以"流动人口"成为"本地人"为标志，即移民完成在迁入城市的定居，融入当地社会生活。而这种社会垂直流动的完成需要三个方面的因素共同作用。第一是制度因素，即在户籍上，移民获得迁入地户籍，并且享有与本地居民相同的社会保障与福利。第二是社会认同，即被当地社会群体所承认与接纳。第三是自我认同，移民认同迁入地，认可并融入当地社会文化。

如果说城乡之间的人口迁移，仅仅是完成了地域上的和从农业到非农业的职业身份的转变，并没有实现社会身份的转变与社会阶层的流动，那么，实现城乡与社会阶层的同时流动，具有实质意义的一步便是在迁入地拥有住房。拥有住房表示在迁入地的定居成为可能。所以，在城市新移民中，经营型移民凭借其在经济上的优势较有可能最终成为"本地人"。

我不回江西老家了,他说这边做生意的环境比较好,政府办事效率也比较高。办营业执照只要花一个星期的时间,比起家乡来说要快很多。广东人更讲效率,特别是政府官员。各方面环境也更加公平,只要努力就能得到回报。而家乡政府不同,我现在已经不能适应家乡的办事方式了。在老家,关系非常重要,而在广东,虽然关系也重要,但办事比较讲规矩了。①

以后是否会留在广东,我还没有想好,我愿意也觉得自己有能力在广东生活。但是户口迁不过来,小孩子必须要回原籍地高考,这是国家规定的,没办法改变;而且家里的教育质量比虎门好,教育费用也便宜,现在三个孩子读书一年就要接近两万块钱。虽然我蛮想在这边买房子的,但是户口迁不过来。我觉得自己已经适应了这里的生活,觉得气候好,买东西也方便,钱在这里投资了就会有回报。但是另一方面,我又觉得自己已经开始厌倦城市的生活了,想回老家修个房子,种点菜,种点果树,弄个鱼塘,养鸡养鸭什么的。这才是理想的生活。②

我在虎门中心广场买了房子,住了两年之后现在租出去了,还是住在学校里比较方便。我打算退休之后回江西,老家亲戚多,虽然现在亲戚大多在这边,但以后不工作了也就没有直接的联系了,所以大家都回老家比较好。2008年上半年,我们在江西县城郊区买了200亩地,准备建别墅,卖给现在在广东做生意的江西人。因为今年过年的时候在修建智升中学而没能回老家,所以决定清明节回去,在两边各住两天。③

我们夫妻双方的父母和两个孩子都在江西老家。孩子主要是爷爷奶奶带,我们不打算把孩子接到虎门,家乡的教学质量比较好,暑假的时候会把孩子接过来,寒假过年我们就回老家。等孩子读中学了我们就打算回家,毕竟孩子读书还是需要家长的关心。我们没有也不打算在广东买房子,总有一天是要回的。我不喜欢广东,虽然这边赚钱容易,但是到哪里都可以生活,家里感觉还是要好些,为了孩子读书,

---

① 2008 年 12 月 26 日对经营服装厂的 W 的访谈。
② 2008 年 12 月 26 日对学校老板娘 L 的舅妈 J 的访谈。
③ 2008 年 12 月 26 日对学校老板娘 L 的访谈。

少赚点钱也没什么。①

在智升学校中的经营型移民中,在本地购买房子的现象并不普遍,虽然全部的访谈对象都表示东莞的房价可以接受,可只有其中的两位在本地购买了房子,其他均表示并不打算在东莞虎门购房。原因主要有以下几个方面:首先,根据东莞的户籍制度规定,移民群体无法通过购房的方式获得本地户籍。而国家的高考制度规定学生必须在户籍地参加高考,因此,如学校小店老板F和汽车修理厂老板J都打算在孩子读高中之后就回老家,相比在广东的生意,他们表示孩子的教育更为重要。其次,父母、亲戚等都在老家,传统的家庭观念使他们在城市赚钱后,还是回老家修房子。再次,在移民自我认同方面,虽然他们表示已经适应了迁入地的社会生活,但是几乎没有移民认同自己是"东莞人"。最后,他们在虎门的亲属与社会关系网络是建立在共同的事业基础之上的,而移民的日常生活局限于这个他们自己组建起来的社会空间之内,并没有融入本地社会。一旦退休,维持这种联系的基础也就不复存在,移民便无法在迁入地找到归属感,因此,他们选择退休后返回家乡。

五 结论与讨论

社会经济的发展总是伴随着大规模的社会流动。改革开放以来,中国社会正是处于这样一个社会经济体制转轨与社会结构变迁的状态。沿海与内地、城市与农村之间经济发展不平衡与生活水平差距逐步拉大,使大量的原本从事农业生产的人以及农村剩余劳动力涌入相对发达地区从事非农工作。从"盲流"到"民工潮"到"城市新移民",流动人口的问题与中国社会分层重组密切相关。从个人角度而言,大多数"流动人口"并没有完成从"农民工"到"移民"的身份转变。经营型移民的社会流动,也只是完成了地域上的流动,虽然在职业上也是从农业流动到了非农产业,却是从一个边缘社会流动到另一个边缘社会,只能看作是平行流动。

---

① 2008年12月26日对学校小店老板娘F的访谈。

(一)经营型移民的生存策略与社会流动

在地域流动过程以及从农业劳动者到非农产业劳动者的身份变化过程中,不管是农民工还是经营型移民,大多采用了相同的迁移策略,即通过原有的社会关系网络实现地域上的转移;到达城市之后,往往是首先通过亲戚老乡找到一份工作以及居住的地方。所以,通过原本的人际关系网络实现的城乡之间地域流动是实现个人社会阶层流动的重要基础。[1]

在实现城乡流动之后,流动者获得相对稳定的工作与住处,建立稳定的交际网络。然而,因为信息来源与关注点的局限性,这个稳定的交际网络并不能提供移民继续向上流动的必要支持,相反,将移民封闭于一个与当地社会隔离的区域中,为安于现状提供思想温床,并且阻碍移民了解并接受当地社会文化,增加其融入当地社会的难度。所以,在实现从"体力劳动型移民"到"经营型移民"的身份转变过程中,原本的资本积累(如可以从原来的社会关系网络中获得的资金与人员支持)与原本社会关系网络之外建立的弱关系网络同时发挥作用,使他们完成经济地位的提升。

在拥有自己的生意之后,经营型移民们往往选择将更多亲戚朋友拉入新的经营活动中。较之体力劳动型移民,他们在经营活动中必然会与政府相关部门接触,有固定进货以及销售渠道。因此,在成为经营型移民后,原有的以亲属与老乡为主的社会关系网络被扩大,具体体现在核心人物的社会关系网络中,政府机关工作人员以及生意伙伴成为强关系。经营型移民发展事业一方面离不开在当地社会中建立的新的关系网络,另一方面又通过自身的能力将原有的亲戚老乡等纳入这个网络中,帮助他们实现社会地位的提升。如果个人生意逐步发展,将会带动原来的网络中的人员整体逐步向上流动。这一方面是出自中国传统社会中对于亲戚与老乡的义务,另一方面也是经营型移民对当初寻求信息与资金帮助的网络关系的回馈。

随着更多的亲戚老乡获得新的身份,并且依附于一个或者几个生意成功的移民,原有的身份联系与新的经营行为上的联系将他们更加紧密地组织在一个以亲缘、地缘为基础的小型社群中。在与众多生意人的竞争过程中,经营型移民往往会选择通过"同乡商会"争取更多的资源或与外界联系以及资源共享。对于生意上的关键职位,他们只考虑聘用自己的家人、

---

[1] 陆学艺主编《当代中国社会流动》,社会科学文献出版社,2004。

亲戚或者老乡。这样，与生意内外的亲戚与老乡组成了一个群体，他们共享这相同的经营策略与生活方式、文化观念。虽然他们并非都聚居于一个固定的地域范围内，在日常生活中却联系紧密。

安东尼·吉登斯（Anthony Giddens）认为，个人与社会处于一个相互作用、相互制约、相互创造的动态过程，也就是说互动者在相互依存的情境中运用规则和资源，这些规则和资源就构成了日常生活中的社会结构，与此同时，互动者又再生产出结构的规则和资源；移民也完全是一个能动的社会主体和政治主体，每时每刻都以自己的"实践"来创造新的东西，而不是完全为"结构"所规定的行动者。经营型移民的流动，就是这样一个积累自身资源、进行规则创新、改造原社会关系网络的过程，在这个过程中，他们构建了如笔者所提出的"二元社区"这样一个空间，在这个"空间"里，经营型移民有不同于城市其他社会群体的生存方式、行为规则、关系网络乃至观念形态，而且这些要素在不断地被"再生产"成为一种结构化的东西。这个空间虽然并没有脱离当地的社会生活，却也没有被整合到大的社会中。

（二）经营型移民社会流动的边缘性

马克斯·韦伯将人们的社会地位分为三种：财富地位或者经济地位、权力地位或者政治地位、社会声望地位。以韦伯的标准来看，经营型移民的社会地位如下。首先，在财富地位或者经济地位方面，经营型移民从老家到城市，从打工到自己经营生意这一过程无疑实现了经济地位的上升，从无产者变为拥有一定个人资产的商人。其次，在权力地位与政治地位上，没有本地户籍的经营型移民在城市中并没有选举的资格，无法享受当地居民的社会保障以及社会福利，即使他们已经在城市拥有了自己的住房，但是户籍制度的限制仍然将他们隔离于由户籍以及相关制度所规定的政治权利之外；此外，子女也难以进入本地的公办学校，只能进民办学校，也不能在本地参加高考。最后，在社会声望地位方面，经营型移民面临双重的矛盾的社会地位。在老家，他们是"在外面发财的大老板"，具有较高的社会声望，被视为成功人士；而在迁入地本地居民看来，他们不过是"做生意的外地人"，顶多就是"农民企业家"。

这种在社会声望地位方面的双重性源自以户籍制度为基础的城乡二元结构。在这样一种制度性划分之下，城市与农村、沿海与内陆地区并不处于同一的社会分层标准之下。内陆以及农村地区整体地位低于沿海以及城市地区。因此，才会出现这种经营型移民社会声望地位的双重性。无法获得城市户籍的经营型移民，虽然在城市中拥有自己的住房以及生意，拥有比大多数城市本地人更高的经济地位，却无法与本地人共享当地的制度性资源，他们被排除在社会保障以及福利系统之外，更无法得到建立在制度基础之上的文化观念的认可。不管他们是否适应并且认同城市文化，不管他们的子女是否出生并且成长在城市中，在制度性规定面前，这些拥有经济地位的人并没有自主选择的自由。因此，经营型移民仅仅是实现了经济地位的提升，在社会政治以及社会声望上并没有达成向上的流动。

有学者指出，在中国城乡二元分割的制度背景之下，移民从农村到城市已经实现了社会地位的向上流动，而从打工者到做生意，又实现了社会地位的再次向上流动。但是，在对东莞虎门智升学校的调查中，笔者认为，相比城市农民工，经营型移民虽然获得了更高的经济地位和较好的生活环境，但是在户籍仍在原籍地的情况之下，他们仍然难以真正融入城市，获得与本地人相同的制度保障。

在穗非洲导购中介商的社会网络研究*

一 问题的提出

目前,中国的城市正在经历地域城市向移民城市的转型,跨区域、常态化的流动已经成为中国社会的常态。在北京、上海、广州等一线城市,这种流动不仅涵盖国内人口的跨区域迁移,亦包括大量外籍人士的涌入。2000 年以来,笔者开始对广州的各类移民群体进行调查,其中包括在穗的外国人群体;2008 年以后,重点关注在穗非洲人群体。

目前,对在穗非洲人的总体数量并没有一个统一认识。从 5 万到 20 万,各种表述都有,散见于各种媒体报道和一些非学术文章之中。经过长期深入的调查,笔者发现非洲人群体实际上有着复杂的内部成分。从其来源看,他们来自北非、西非、东非及非洲中南部,包括尼日利亚、喀麦隆、几内亚、利比里亚、刚果、尼日尔、塞内加尔、安哥拉、加纳、索马里、马里、赞比亚、坦桑尼亚等国家和地区。另外,其宗教信仰和语言也具有多样性。在穗非洲人主要有基督教和伊斯兰教两种宗教信仰,使用的语言包括英语、法语、西班牙语、葡萄牙语,以及一些非洲本土语言,如刚果语等。

导购中介商是在穗非洲人中的一个重要群体。中国与非洲的贸易往来历史悠久。非洲工业基础薄弱,进口商品需求大,中国作为制造大国可为其提供大量的出口商品,两国贸易往来具有很强的互补性。进入 21 世纪,

---

* 本文由周大鸣、许多天撰写,原载于《民族研究》2017 年第 3 期,第 41—49 页,题为《结构洞视角下在穗非洲导购中介商社会网络研究》,收入本书时有修改。

全球化发展不仅增大了全球贸易总量，也掀起了国际人口流动热潮。在此背景下，中国不仅成为非洲最大的贸易合作伙伴之一，而且吸引大批非洲商人到中国"淘金"。广州作为我国进出口贸易大省，聚集了大批非洲商人。这些非洲商人多数为临时停留者，少数为长期居住者，但后者人数在不断增长。一些长期停留居住的非籍人士利用熟悉两国语言与文化的优势，成立导购中介服务机构，以中介商的身份为两国商人搭建贸易和文化沟通的桥梁。他们为中非商贸提供订购、运输、报关、出关等一条龙服务；工作之余，带领非洲商人在穗旅游玩乐。许多非洲人进入广州，以及之后一段时期的生存发展，往往要依靠这些人的帮助。本文的田野地点主要集中在广州城区内的宝汉直街街道。宝汉直街临近火车站，在以这条街道为中心的社区中汇聚了从非洲不同国家来到广州的人群以及少量的美洲人和阿拉伯人。宝汉直街人员众多、流动频繁、商贸发达，为社区核心街道。

西方学界有关中介研究的理论，经历了以社会关系为导向的视角向以社会位置为导向的视角的转变。怀特（Harrison C. White）将经济学中传统的市场理论转向交换理论，从而开始关注经济行为中的社会关系问题。怀特认为，市场是在社会网络中发展起来的一套特殊的社会关系，市场就是一种社会网，市场秩序是对生产经营网络中产生的暗示、信任和规则的反映，即是说市场中的社会关系是更为关键性的要素。[1] 美国发展社会学家格兰诺维特（Mark Granovetter）研究了市场中的社会关系类型，其将社会关系分为"强连接"（strong ties）与"弱连接"（weak ties），指出"弱连接"的社会关系有助于传递创新观念与修正旧观点。[2] 两位学者都注意到了经济行为中社会关系的重要性，但未注意到市场中社会关系的层级性。林南（N. Lin）则注意到了这一问题，并进一步深化了社会网络分层体系，认为资源获取方式不仅取决于个体网络关系强弱，也会受到个体所处社会位置的影响。[3] 伯特（Ronald Burt）在上述理论基础上创建了结构洞理论。"所谓结构洞是指两个关系人之间的非重复关系。结构洞是一个缓冲器，相当于电

---

[1] Harrison C. White, "Where Do Marketes Come From?" *The American Journal of Sociology*, 1981, 87 (3).

[2] Mark Granovetter, "The Strength of Weak Ties," *The American Journal of Sociology*, 1973, 78 (6).

[3] 参见贺寨平《国外社会网研究综述》，《国外社会科学》2001年第1期。

线线路中的绝缘器。"①

对于经典的有关企业利润的公式"投入×回报率＝利润",伯特认为,决定利润的两个因素有不同的意义,"投入"涉及生产问题,"回报率"则涉及机会问题。生产问题主要是传统经济学所一直关注的问题,而伯特的结构洞理论针对的则是机会问题。机会问题涉及两个主要方面,一为信息收益,二为控制收益。这两个方面都会涉及社会关系的介入。两种收益获得的一个重要方面就是社会关系中的孔洞,也就是他所谓的结构洞。这种社会关系中的孔洞,一般指关系稠密地带之间的稀疏地段。"结构洞是第三方策略的背景。信息是第三方策略中的关键。准确的、模糊的或者歪曲的信息被第三方操纵着在关系人之间流动。"伯特认为,不重叠的社会联系之间存在结构洞,占据这个结构洞位置的人能够最有效地获得信息和资源,一个人占有的结构洞越多,其竞争力就越强。从这个角度而言,"非重复关系人被隔离开来,简单地说他们彼此之间没有直接联系,或者说,一个人拥有的关系对另一个人而言具有排他性",即是说,从网络整体上看,好像网络结构中出现了"洞穴",而填补结构洞的行为则是一种"搭桥"行为。伯特认为,结构洞是不能被忽视的,社会网络运转动力的关键是个体在网络中所处的位置,并且占据某些特殊的位置,才是个体获得资源的最主要条件。总之,在伯特看来,不同网络中的连接点,对于社会网络运作有着重要的影响。

结构洞理论最主要的贡献在于将社会关系引入经济行为之中,将社会学及其相关的社会科学引入经济研究中来,它提醒经济研究者,社会关系是经济行为的前提。结构洞理论多用来分析同一个社会文化体系下的社会网络。本文主要考察全球化背景下多元文化交往中的社会网络问题,试图进一步扩大结构洞理论的应用范围。基于定点观察、深度访谈和社会网络分析的方法,以结构洞理论为指导,本文对在穗非洲导购中介商社会网络进行专题研究,集中回答下述问题:非洲导购中介商在中非社会网络中处于何种位置?他们具备哪些优势条件以沟通中非社会网络?其连接中非社会网络的机制是如何产生和展开的?

---

① 〔美〕罗纳德·伯特:《结构洞:竞争的社会结构》,任敏、李璐、林虹译,格致出版社、上海人民出版社,2008,第18页。

二 中非贸易中的结构洞

来穗非洲人按其行动目的大致可分为三类：从事商业贸易的商人，进行留学培训的学生，以及劳工。其中，贸易商人占绝大部分。这类商人多是在穗从事货物采购贸易，将中国生产的商品收购后，联系运输服务公司，将其打包运回本国国内，包括低端电子产品、轻纺织品、五金产品和家用电器以及一些建筑材料等。在这类商人中，因签证时间的限制，大多只在广州待上两个星期，之后就会回国或是到其他地方。少数人因有较长的签证时间，在广州停留的时间相对较长。中国商人群体和非洲商人群体背后都有一个庞大的社会网络。这个社会网络不仅包括商品货物的贸易交易网，也包括社会人际关系交往网络，还包括个人价值、生活习俗等文化意义方面的符号网络。中非贸易网络上的价格差异以及文化交往上的价值差异，使在穗中非贸易关系网络形成断裂点，即结构洞。

（一）资源与市场信息洞

广州是各种商品的批发集中地点。比如，轻工业品和辅料、装饰等纺织用品集中在中山大学附近的布匹市场；电子技术类产品集中在海印桥北端的海印电子商贸城；清洁用品或饮食餐具等则主要分布在广州南天国际商贸城；在小北淘金一带，主要是五金产品和玻璃制品等货物的集散地；三元里一带的白马商贸城是皮具、鞋帽等大宗商品的交易中心。以上几个地方是具有代表性的广州市专业批发市场。各国不同肤色的人群往来其间，进行着商品贸易活动。这些区域性专业批发市场大都功能清晰、产品明确、数量充足、门类齐全。除了广州市区外，东莞、佛山、中山等地也有一些比较大型的商品贸易批发市场。例如，佛山长城区的季华路是珠三角地区大型的陶瓷交易中心之一；而盐步镇的南海家具中心可以为各国商人提供他们所订购的红木家具；铝材、钢材等金属产品要到佛山的大沥镇购买，那里的性价比会高很多。这些市场的分布信息都是笔者与在穗非洲中介团体交流后得到的。所有这些市场的分布情况，对于一个刚来广州的非洲人而言，是很难在短时间内掌握的。总之，非洲商人对当地市场及文化的陌生感，决定了中非贸易中存在资源与市场信息洞。

(二)语言与文化洞

中国人与刚刚来穗的非洲人基本上都不会使用对方语言,因此,在交流过程中,双方常常会因此遗失很多重要信息,甚至会产生一些误会。笔者曾问及中国人与刚刚来穗的非洲人在中非贸易中面临的主要困难时,他们都不约而同地表明是语言沟通障碍,由此导致失去很多的贸易合作机会。有鉴于此,不少中国商人老板表示,若要让自己的孩子接手现在的生意,首先要他们掌握的就是英语和法语。林老板的儿子在高中阶段就开始学习法语,为将来从事中非贸易工作奠定基础。

非洲商人与中国商人社会交往存在的另一个断裂点是文化差异。有研究认为,来穗非洲人对中国社会的融入不够。不能融入的结果往往是产生一定的矛盾,这些矛盾和误解背后往往并不涉及实质性的利益冲突,更多的只是文化上的不适应和生活观念习俗上的不认同。比如,需要给非洲客人找零四元,服务员让客人多给一元从而退还给他五元,这一行为却被非洲人看作是索要额外服务费。中国文化中的这种找补零钱的行为方式在非洲文化中是比较少见的。非洲人更习惯于直来直去地计算,若零钱不足时便会用一些糖果和小饰品替代,而不会像中国人那样有找零补整的算账思维。另一个差异表现在情感表达方式上。整体而言,非洲人表达情感很直接,心中想着什么便表达出来,同时也会展现在实际行动中,而缺少中国传统文化的那种委婉和含蓄。非洲人的直率表达在当地社会有时会带来一些误会。

(三)文化亲缘性与结构洞的持续性

结构洞理论认为,社会网络可以带来两方面的收益,即信息收益和控制收益。其中,信息收益包括信息通路、先机和举荐这三方面的内容。控制收益指部分人占有结构洞中的关键性因素,从而使一些竞争者很难进入相关的竞争领域。中非商品交易中的这种控制收益产生的一个重要原因仍旧是文化性的,这可以解释为什么在穗非洲导购中介商都是非洲人,而没有中国人的身影。

其一,广州作为众多物品集散地,拥有充足的货品供应,这就使买方占据主导地位。其二,正如前文已经说明的,非洲群体内部差异明显,涉及非洲的众多国家,有不同文化与宗教背景,但前来中国采购的商人更为熟悉与自己肤色相同的非洲人，他们具有文化上的亲缘性。这种亲缘性使非洲商人更倾向于寻找非洲的中介商（即使有精通语言的中国中介存在）。这种文化亲缘性使非洲中介商获得了控制收益。由于没有中国中介的竞争，对于非洲中介来说，他们占据了结构洞中的优势位置，这也进一步维持了中非贸易中结构洞的存在。从非洲移民过来，在广州长期居住的这些导购中介商人，通过自己的努力，获取了这个结构洞位置的控制权，并在这个位置上不断经营，维系着各种网络关系，促使经济利益在中非两大社会网络之间不断流动。

三 导购中介商：结构洞中的搭桥者

中非商业活动频繁，使非洲导购中介商这样一个群体得以出现。他们衣着整洁，为非洲各地来穗的商人提供咨询、导购和代运等服务，也为中国的供货商们介绍生意，带来客源。他们来穗时间都不算短，基本在两年以上，收入中等，会说一些中文，有的甚至还会说粤语。他们对广州市区及周遭的专业市场分布了如指掌，认识广州许多不同货物的供应商，熟悉各种交通线路及交通工具的使用，对中国文化和人际关系原则也有一定的了解。他们中的不少人被当地中国人认为"比中国人还了解中国人"。他们最大的特点是社会网络资源丰富，在其祖国与广州建立了广泛的朋友圈，他们是各类朋友之间的连接点。用结构洞的理论来分析，就是占据了重要的结构洞位置。中非价值观念和文化语言结构上的差异导致两个社会网络之间存在一些需要沟通和连接的结构洞，而导购中介商恰恰占领了这个连接点的位置，利用两个网络之间的差异，结合自身的能力，赚取利益。

非洲商人背后的文化体系与中国商人背后的文化体系之间存在一定程度的断裂，这样的断裂是不利于双方展开互动和交往的，所以就需要有一个群体来充当桥梁，占领这个位置，使得两个网络体系之间能够顺利地进行物质交换和文化交流。作为结构洞中的"搭桥者"，导购中介商们为中国供货商人带来了新的客户，扩大了他们的市场份额，增加了他们的贸易总量，提高了他们的利润收入，为他们解决了在经营过程中涉及非洲人的一些矛盾和冲突；导购中介商们为非洲购货商提供了更加便捷和有效率的服务，增加了货物的选择面，在很多具体交易方面使他们得到实惠，节省了贸易成本，为他们更好地在广州享受生活提供了便利条件，也帮助他们解除误会和解决矛盾。在日常生活的社会交往网络中，可以看到，中国商人群体和非洲商人群体各自背后也有一个人际交往圈子，而这两个人际交往圈子的重合处，往往都会出现导购中介商的影子。导购中介商为双方介绍更多新的合作伙伴，进而拓宽本地供货商人和非洲购货商人之间的社会交际网络。

（一）商品贸易的桥梁

导购中介商可以使用流利的英语和法语，有的甚至还会使用刚果语等非洲地区性语言；另外，这些非洲导购商的中文说得很棒，有的甚至还会说粤语和潮汕话，由此使双方的信息交流得以顺利进行，这也是他们能占据这个贸易网络连接点的重要原因之一。

此外，导购中介商也十分熟悉专业批发市场的分布、交通出行方式、货物运输方式，这样可以让他们的客户快速地寻找到商品供应商。当一位从非洲过来的购货客户被带到一个大型的专业批发市场时，他也许会为这样大的市场规模感到惊讶。商品专业批发市场中的商铺林林总总，少则数千，多则上万，面对如此多的铺面，如何挑选货物，成为摆在从非洲来的购货商人面前的一个难题。一般而言，这些导购中介商先会带着他们的购货客户在批发市场内随意逛一逛，让其大致了解一下所要选购商品的一般市场行情。在购货客户对此有一定了解之后，导购中介便会领他们到与自己有合作联系的店铺里，让他们和中国供货商面对面直接就某项商品的购买进行洽谈。像这样与导购中介有固定联系的中国供货商，一般都是铺面较大、货源种类较多、在当地有一定经营历史的商家。

价格无疑是商品交换过程中双方最关心的。一般来说，导购中介商会事先与中国的商家敲定价格底线，并且根据价格与交易额付给中介商相应的回扣。导购中介商在比较了几家给他的利润回扣率与商品价格高低之后，便会选择其中的一些供货商。这些供货商一般兼有低廉的价格和较高的回扣率。非洲购货客户一般都不知道导购中介商在事先就与中国供货商定下了一个默契的契约。

签订书面的协议合同是导购中介商很重视的一件事情。他们告诉笔者，之所以很多的中国供货商不愿意直接与非洲购货商做交易，主要是因为非洲购货商人们只是做口头协议，很多都是表面文章，中国供货商容易受骗；而书面协议一般是中英文对照的，由导购中介们提供统一的模板，填上货物名称、数量、合作双方名称和价格后就可以形成一份较为正式的商贸协议。导购中介商使程序变得简单，签订协议就像是做填空题，所以通常这个过程都很快，不用十分钟时间双方就可以交订金了。对于订金的支付，导购中介商也在其中发挥了重要作用。一般中国供货商家都对直接来谈商品贸易的非洲商人们不太信任，不管非洲购货商人说得多么好，最后如果要订货，非洲购货商就要付很多的订金，一般都要付全款的80%到90%。而当地中国人拿货，仅付20%到50%不等的订金，关系好的朋友，甚至都可以赊欠货物。经过导购中介商签订合同，非洲购货商一般只需支付50%的订金，为非洲购货商解决了资金周转问题。

从事物流业务的基本上是中国人，但非洲中介商也在其中发挥了重要作用。在这里，更多的是国际的货物流通，主要流向是非洲和中东各国，所需费用也会因为货物类型、运输线路及其方式而不同。中国物流商并不愿意与非洲购货商直接交易，而选择通过非洲中介商发货。一方面，由于非洲购货商人公司注册地不在中国，如果他们直接跟中国本地供货商达成商品贸易协议，那么他们的商品在出海关时便会支付较高的出口关税。导购中介公司的注册地在中国境内，由导购中介公司与中国供货商人之间签订出口贸易合同之后向非洲出口时，也会缴纳一定的出口关税，但是这个税率要比前者低，而且通常会有退税补贴。较低的税率和退税补贴，合起来是一笔不小的收益。另一方面，每个国家海关准进商品的规定并不相同，许多物流公司并不了解海关的具体规定，这些被禁的商品就会被当地海关没收，导致非洲购货商收不到商品，这时，他们通常会认为是供货商没有发货。对于类似矛盾的处理，导购中介商起了十分重要的作用，导购中介群体使处于两个文化体系中的双方建立了一种信任机制。

（二）人际关系的枢纽

导购中介商都是来自非洲各国的生意人，都会有自己的文化习俗和价值观念，他们在最初来到中国时会有很多的不适应。除了语言交流之外，很多日常生活习俗和价值观念，比如用筷子吃饭、送节庆礼物等，都要他们慢慢去学习。由于在广州停留了较长时间，他们对此都慢慢适应了（不适应这些文化差异的一般会选择离开）。不少人还在中国找到了一起生活的异性伙伴。他们不仅对中国的生活习俗和日常礼仪十分熟悉，而且对中国人如何处理人际关系，如"讲面子""拉关系"等都不陌生，对很多中国商家的人情世故都谙熟于心，对中国较为深层的人际交往技巧能够运用自如。这使他们在非洲商人与中国商人的市场交易中发挥了重要作用。人情关系使枯燥的市场交易变得有人情味儿，更重要的是为双方交易建立了信任基础。在非洲商人和中国商人达成买卖协议后，中介商都会为非洲商人索要一些小礼物，比如，购买显示器时要求配送一个鼠标，购买一台洗衣机时要求多配送一根输水管等。这些要求，体现了市场交换行为中的社会交往性。

这些导购中介商除了带着他们的非洲客户去市场从事商品交易之外，还会带着他们熟悉广州的文化与生活。比如带着他们享受广州美食，参加商务会所活动，帮助他们融入广州的非洲社团。这些活动一方面使非洲购货商们有一个愉快的广州之行，释放因生意和经济活动而产生的烦恼与压力，另一方面使这些导购中介商进一步加强了与客户的合作。

位于越秀区小北路的天秀大厦，可以算是在广州经商的非洲人汇聚、交流的一个重要地点。几乎每一个到广州经商的非洲人都知道"天秀"这个地方。天秀大厦A座七楼名叫"刚果风情"的小餐厅是在广州的刚果商人的集聚地。这是由三室一厅的单元公寓改成的餐厅，经营者是一对来自湖北的夫妻，专做刚果风味菜。不少导购中介都会带他们的非洲购货客户来这里用餐。据非洲客人说，这里的菜肴样式与刚果地区的基本一样。在这里，用餐形式与刚果地区的也一样，都是直接用右手抓着吃。在导购中介商的建议下，非洲商人在餐厅的墙上和餐桌上留下了一些相关商业信息，餐厅老板还在餐厅门口设立了一个留言板。如果有什么急着需要解决的贸易问题，大家可在上面说明，同时留下自己的联系方式。

除了餐馆，酒吧也是重要的交流场合。晚上九点之后，是酒吧生意的高峰期。导购中介商在忙碌了一天之后，常常会邀上几位朋友，点上几碟小吃、半打啤酒，开始聊天。李大哥是小北路上的一个酒吧老板，他有很多做导购中介的朋友，所以这个酒吧也成为中介们交流信息、互通有无的重要聚会场所。实际上，酒吧聚会已经形成具有社团性质的社会交往行为。在穗非洲中介商来自不同国家，与非洲购货商之间也存在一定的文化差异，而由导购中介商形成的"酒吧社团"能够使在穗非洲人形成一个社会群体。有的客户因公司经营状况有变，所需要的货物订多了，要退掉货物，相关手续会极为复杂，还得赔偿一定的违约金。导购中介商可以在"酒吧社团"里代为寻找其他客户，并以一定的折扣价格把这批货物转给他们，帮助原来的客户减少损失。"酒吧社团"使在穗非洲人有了群体归属感。

导购中介商的另一项重要职能是调解人际关系矛盾。他们在处理这些由于误解而产生的矛盾冲突中，不仅使得自己的客户对其依赖性增强，同时也增加了自己在当地居民中的影响力，进而使矛盾双方对导购中介商的信任都会有所增加。在解决某些中国人与非洲人矛盾的问题上，导购中介商往往成为当地居民甚至是街道工作人员的求助对象。

对于非洲购货商而言，其对中介商的信任不仅体现在经济贸易交往活动中，还体现在日常生活中。前面已经描述了非洲商人与中国人由于语言、文化甚至情感表达方面的差异可能产生冲突，这些冲突的化解往往需要中介商。在化解冲突的过程中，中介商巩固和提升了自己的影响力和权威。另外，如前所述，很多导购中介商会有一些与自己很亲密的中国异性朋友，他们之间或许是合作关系，但更多的是一种类似于夫妻的关系。中介商与当地异性之间的亲密关系，在某种意义上讲，也加强了他们与本地居民的联系，使得当地居民和供货商人们对于他们的信任程度有所提高。

中国本地的一些居民，对于非洲购货商的偏见和一些先入为主的看法，也在与导购中介商的交流沟通中得到了修正，原来对非洲商人的疑虑，通过中介商的解释得到一定的消除。从这个意义上说，导购中介商不再仅仅是中介商人了，他们还可以起到减少中非文化摩擦的文化媒介作用。在促进双方交流、减少误会、消减矛盾、达成理解的过程中，中介商扮演着重要角色。个体在人际关系网络中建立自身权威，获得信任与尊重是十分重要的。因为即使一个导购中介商认识很多朋友，即使他有很强的沟通和交流能力，但假如他无法得到对方的信任，他获得的社会资源也不会太多。如果将人际关系比喻成一张交错纵横的网络，那么，它只是一种静态的存在，而信任与权威则是促使资源在这张网络中流动交换的最基本动力。对于从非洲过来的购货客户而言，他们对于导购中介们具有一定的依赖性，他们在广州的贸易交易和吃住出行，包括休闲娱乐都离不开导购中介的帮助，更何况还有很多误解和矛盾或是办事手续需要请求导购中介商协助解决。对于本地商铺老板而言，导购中介商帮他们带来了更多的客户资源，还能解决一些矛盾纠纷，所以商铺老板也希望能尽可能多地结识一些导购中介商。对于导购中介商自己而言，诚信十分重要，这表现在他们为客户服务的日常行动中，所以也就不难理解为什么导购中介商会非常守时，不愿意让客户久等，而且在客户与商铺老板谈价格时，中介商自己大多不愿涉及其中。从上文的描述与分析中，可以认识到，比较成功的导购中介商很善于利用自己的语言优势，建立起自己的权威和彼此信任关系。

四 结构洞与中非贸易中的民众社会交往

在经济全球化的今天，非洲与中国贸易交往日渐频繁。在此过程中，由于语言、文化、市场等各方面的差异，产生了交往过程中的结构洞。在穗非洲导购中介商，起着沟通连接的搭桥作用。这也进一步说明，在社会交往过程中，除了关系强度会对社会交往具有重要影响之外，位置因素，特别是一些处于关键地位的位置因素也会对其产生影响。根据本文的分析，非洲导购中介商就占据了这种特殊的位置，由此决定其在中非贸易和文化交往中发挥着关键作用。这种作用，不仅体现在中非商品贸易之间的交换中，同时也体现在中非文化之间的相互理解与尊重，双方生活习俗和思维习惯的共融方面。总之，从结构洞理论的角度而言，非洲导购中介商具有融合两国交往的正面积极作用。事实上，导购中介商更像是中非两国贸易与文化交流的"润滑剂"。由此出发，还可以对在穗非洲群体的某些行为与社会特征进行更深层次的思考。

在一般的社会交往中，人们往往强调社会交往的深度，努力争取强关系的建立。但在全球化背景下，语言、文化的不同导致人们的社会交往模式往往是以弱关系为主的。实际上，广州的中国商人与在穗非洲商人的交往模式就能够体现这种交往的弱关系性。非洲中介商的中介策略也是在这种弱关系的模式下实施的。非洲导购中介商实际上已经与中国商人建立了一种长期合作的强关系，但是在商品交易过程中，两者却故意表现出他们之间是一种弱关系，而恰恰是这种弱关系的交往模式，产生了上述人际交往中的结构洞。

也就是说，非洲购货商、非洲导购中介商和中国供货商三者之间存在一种双重的交往关系。第一重关系包括非洲导购中介商与非洲购货商，以及非洲导购中介商与中国供货商之间的关系，三者努力构建一种强关系结构。第二重关系则是非洲购货商和中国供货商之间的关系，这两者之间尽量保持一种弱关系。中介商实际上也在维护非洲购货商和中国供货商之间的这种弱关系。正如前文论述的那样，在非洲导购中介商引领非洲购货商寻找客户的过程中，导购中介们几乎不会去讨论商品价格方面的问题。这种弱关系体现在两个方面，一个方面是虚假的弱关系，也就是非洲导购中介商在价格谈判过程中故意表现出一种与供货商和购货商两者间的弱关系（即使中介与两者之间实际上是一种强关系）；另一方面则是中介商尽量要保证其沟通的两者，即非洲购货商和中国供货商之间的弱关系状态。之所以排斥强关系的建立，一方面是由于强关系在价格谈判方面反而起到一种副作用，另一方面是因为购货商与供货商强关系的建立实际上意味着结构洞的消失，而由于结构洞才存在的中介群体在结构洞消失后，他们也就没有存在的必要。

在某种意义上讲，结构洞理论为理解在穗非洲人融入中国社会提供了一种新的理论视角。从该视角出发，在穗非洲人融入程度不高的一个原因也许是结构洞中这些非洲导购中介商群体的存在。非洲导购中介商在中国商人和非洲商人的交往过程中起着十分重要的作用，虽然他们一定程度上促进了中非贸易交流，但是由于要保持自己所处的结构洞优势地位，其搭桥所建立的多是一种不利于交流的弱关系。从这种角度来说，中介群体的存在导致中国商人和非洲商人缺乏直接的互动机会，这自然导致二者很难建立合作的强关系。但是非洲群体的这种不融入性却并非如通常理解的那样，具有负面作用，事实上，这种不融入性使"社团"组织得以出现。

有学者在研究在穗非洲人的社会组织时提出了"过客社团"[①]的概念。来华的非洲人具有成立并加入非洲社团的意愿，这种社团的存在使来华的非洲人更具有迁移性，没有移民中国并成为中国公民的动机。当然，这也与中国的移民政策有关。也正因为如此，有学者倾向于用"过客社团"这一概念来称呼现在的在穗非洲群体，并认为用"移民"一词来表述在穗的所有非洲人既没有尊重非洲人的意见，也没有与中国作为非移民国家的法律环境相适应。也就是说，在全球化背景下，人口的跨国流动并不一定必然以定居于某一国家为主要目的，实际上还存在游走于两国或多国间的群

---

① 刘冬：《"过客社团"：广州非洲人的社会组织》，《社会学研究》2015 年第 2 期，第 124—148、244 页。

体，这一群体更具有全球化的特征，该群体通常以"社团"作为一种群体认同形式。社团组织的存在使以物为流动载体的全球化承载了一定的文化因素。社团类似于一种全球性的社会群体，强调的是一种变换的认同模式，是一种新型的移民模式。这种移民模式不是以最终定居某个国家为特征，而是以同时参与更多的社会经济体系为特征。这种社团社会关系的形成，与前文讨论的弱关系社会网络的存在有着密切的关联。

本文所集中探讨的中介群体是维持在穗非洲人这种"过客社团"的主要力量。"过客社团"的一个突出特点是成员的流动性与不稳定性，而要想维护社团的存在必须有某些长期停留在广州的非洲人的支持。相对于其他非洲人，中介群体更具稳定性。由于中非贸易关系中结构洞的长期存在，中介群体有长期留在中国的意愿。另外，中介工作也需要长期居留中国的非洲人，这样才有利于"搭桥"。中非贸易结构洞中所体现的弱关系性、弱社团性对于理解全球化背景下"过客社团"这种新的移民模式具有重要意义。

第三编　移民、都市化与"二元社区"

移民与珠江三角洲城镇的发展[*]

珠江三角洲，作为当今中国最重要的经济区域之一，其发展和繁荣有着长期的历史积淀。加之其所处的地理位置，自古以来便受到历朝中央政府的重视。在珠三角城镇发展过程中，移民人口是其得以发展的重要因素。大量外来人口的迁入不仅提供了劳动力资源，亦促进了农业、手工业技术的交流与进步，促进了当地商业的兴旺和城镇的发展。关于珠江三角洲当代城市化的研究甚多，而对其明清以及明清以前早期城市化与移民关系的研究并不多见，本文将从移民的视角来看珠江三角洲城镇兴起与发展的过程。

一 内地移民与珠江三角洲城镇的兴起

珠江三角洲在秦以前属越人经济地带。秦朝统一全国后，内地移民开始大规模进入珠江三角洲地区。虽然秦朝迁移内地人口入粤的主要目的是戍守边地，维持秦王朝的统治，但移民的迁入客观上不仅为珠江三角洲地区的开发提供了劳动力资源，也将北方的农业生产技术带到这里，从而促进了珠江三角洲的开发。

在秦朝统一全国的战争中，秦始皇为解决秦军给养运输问题，兴修了岭南历史上第一个水利工程——灵渠，沟通了珠江和长江两大水系，乃使得灵渠成为岭南、岭北经济交流的主要通道。灵渠凿通后，既可用于航运，又利于农田灌溉，对珠江三角洲地区的开发有着重要意义。这时的番

---

[*] 本文原载于《湖北民族学院学报》（哲学社会科学版）2019年第1期，第63—70页，收入本书时有修改。

禺（广州）是秦朝珠三角地方行政中心所在地，也是内地人口迁入地，故番禺逐步成为这一时期珠江三角洲的主要城市。来到南粤的中原人口将铁犁、牛耕技术带入珠江三角洲，加之政府的提倡，该地区农业生产得到发展。与此同时，由于受到中原南迁人口的影响，珠三角地区的手工业技术也获得进步。广州出土的秦汉漆器，工艺水平颇高，有造型新颖、工艺精巧的镶玉三足漆杯；有盖面正中印有秦代小篆体"番禺"二字的椭圆形漆盒。① 此外，出土的与中原手工业品相似的物品不断增多，"除一部分带有地方特色之外，多数器物的器形、纹饰与中原同时期的同器物类型基本一致"②。

中原人口的不断迁入，以及农业、手工业技术的提高，珠三角农产品和手工业产品充裕并丰富起来，其商业亦逐步发展起来。珠江三角洲优越的地理位置，使之在海外贸易中具有重要地位。大量的商人源源不断地进入珠江三角洲地区，使得这里一时间聚集了大量的商业人才。加之当地宽松的贸易环境，番禺地区的商业得到了快速发展。至两汉时期，处于东、西、北三江汇合之处的番禺，已成为海外国家和中原王朝贸易往来的重要港口和商业中心。正如《史记·货殖列传》所云："九疑、苍梧以南至儋耳者，与江南大同俗，而杨越多焉。番禺亦其一都会也，珠玑、犀、玳瑁、果、布之凑。"③《汉书·地理志》亦曰，粤地"处近海，多犀、象、毒冒、珠玑、银、铜、果、布之凑，中国往商贾者多取富焉。番禺，其一都会也"④。显然，在西汉时期番禺商业得到发展，番禺成为汉代国都长安外，最重要的工商业都会之一。

东汉末年，中原动乱，群雄逐鹿中原，百姓流离失所。西晋虽实现了短暂的统一，但"八王之乱"后"五胡乱华"，各种势力争锋割据。魏晋南北朝时期，大量中原人口为躲避战乱而南迁进入珠江三角洲地区，广州出土的晋砖铭文云："永嘉世，九州荒，余广州，平且康。"⑤ 说明永嘉以来，广州安定、富裕的社会条件成为引起内地流民迁入的重要因素。大量内地人口迁移到珠江三角洲后，引发了与当地人口的矛盾，时南朝政府为缓解

---

① 梁国光、麦英豪：《秦始皇统一岭南地区的历史作用》，《考古》1975 年第 4 期。
② 方志钦、蒋祖缘主编《广东通史：古代上册》，广东高等教育出版社，1996。
③ （汉）司马迁：《史记》，中华书局，1982。
④ （汉）班固：《汉书·地理志》卷二八，中华书局，1962。
⑤ 麦英豪、黎金：《广州西郊晋墓清理报导》，《文物参考资料》1955 年第 3 期。

这种矛盾,在珠江三角洲地区专门设置侨治郡县,以安置这些南迁的人口。

这一时期,珠江三角洲地区由于普遍使用铁器,农业生产力得到了很大的提高,手工业和采矿业、冶铁业亦有了迅猛的发展。据黄佐《广东通志》载:"太康二年(281),禁广州铁毋与夷俚市,设西江督护巡察之。"[1]政府禁止广州与其他地区进行铁器贸易,并且政府介入管理此项工作,说明当时珠江三角洲冶铁技术和产量提升较快,冶铁业成为当时广州经济发展的重要支柱。

自孙吴至南朝,均重视岭南地区的海上贸易。东汉以来,广州逐渐取代徐闻、合浦,成为对外贸易的主要港口。口岸的上移,一是由于广州的地理条件更为优越,不仅内河港适于避风,而且北有陆路可通中原,又居三江汇合之处,便于南出大海,水陆交通便利;二是由于海上航路的改变。公元3世纪后,林邑国(今越南中部)日渐强盛,交趾、日南地区受到冲击,此时船舶制造技术提高,因此出海时不必像汉代那样近岸行驶,因而从海南岛东岸而达广州的海上路线替代了之前的北部湾航线。去天竺求法的中国僧人法显,东晋末回程时自狮子国(今斯里兰卡)途径耶婆提国(今爪哇岛),转乘一艘载200多人的大船,"东北行,趋广州",走的便是这条航线。南朝航路的改变使得广州的对外交往日渐频繁。西晋初,"大秦国奉献琛,来经于州,众宝既丽,火布尤奇"[2];东晋末,狮子国使臣至广州,其所献玉佛像在建康供奉了近百年。南朝时抵广州的船舶数量大增,进港贸易的海舶,每年少则三四艘,多则十几艘。南朝政府设立专门负责海舶的机构,由南海郡和广州刺史兼管。广州的城市地位因此得以提升,也对其城市发展产生了积极影响,并奠定了珠江三角洲城市群形成的基础。[3]

二 人口持续补充与珠江三角洲城镇群的形成

隋唐时期,经济繁荣,社会发展稳定,农业、手工业和商业都取得了

---

[1] 《广东通志》卷三二《政事五》,载广东省地方志办公室辑《广东历代方志集成(省部·三)》,岭南美术出版社,2006,第801页。

[2] (唐)欧阳询:《艺文类聚》卷八五《布帛部》,汪绍楹校,上海古籍出版社,1965,第1463页。

[3] 方志钦、蒋祖缘主编《广东通史:古代上册》,广东高等教育出版社,1996。

很大发展。在岭南，唐朝延续隋朝的政策，在广州设置广州总管府，统辖整个岭南地区。到贞观元年（627），初步形成岭南五府格局。高宗永徽（650—655）后，又进行一次行政区划的大调整，由广州刺史充任广州都督和岭南五府经略使。玄宗时期，在岭南道设置岭南五府经略使，"绥静夷獠，统经略、清海二军，桂管、容管、安南、邕管四经略使"①，并由广州刺史府统领，后由岭南道节度使代替而统辖整个岭南地区。至元和十五年（820），广州已"领南海、增城、东莞、新会、义宁、番禺、四会、化蒙、怀集、浈安、清远、洊洭、浈阳"② 十三县地；到了咸通三年（862），岭南道分东西两道，其中，东道节度使便驻于广州，辖广州、安南两地都督府。可见，这一时期珠江三角洲地区的地位日益提升，并越来越为中央政府所重视。

唐朝前期，"贞观之治"和"开元盛世"等局面为唐朝经济的发展提供了良好的保障。周边诸国纷纷前来朝贡，与唐朝建立贸易关系。而珠江三角洲是唐朝对外贸易的重要门户，越来越多的蕃商开始来到广州进行贸易，广州遂逐渐成为阿拉伯、波斯及南海诸国蕃商的重要集聚之地，并且，"来华的阿拉伯人、波斯人既以经商为主，中国遂专门与之交易买卖"③。其中一部分蕃商在口岸开设店铺、销售货物，逐渐定居下来。对外贸易的兴盛使得广州城市得到迅速发展，在全国的地位不断上升。王洸《中国航业》云："唐代的航海及互市，以南海方面最有意义，盛况空前……往来南海的商船，由波斯湾发航，经印度、锡兰、马来半岛、苏门答腊、海南岛，而至中国各港口，如交州、广州、明州、扬州、密州等处，而以交州、广州、扬州为最繁荣，番商胡贾麕（麇）集。"④ 说明此时的广州作为重要港口十分引人注目。

广州作为唐朝珠江三角洲地区对外贸易的交通枢纽，对岭南地区的交通发展起着非常重要的作用，"据《元和郡县志》所述岭南道各州县的'八到'情况，每一州县大都四通八达，形成了紧凑的交通路线网，如把网上的路线四至延伸，则北通长安、洛阳，南至海南岛，西接南诏，东达

---

① （后晋）刘昫等：《旧唐书》卷三八《地理志》，中华书局，1975，第1389页。
② （唐）李吉甫：《元和郡县图志》卷三四《岭南道一》，贺次君点校，中华书局，1983，第886—887页。
③ 邱树森主编《中国回族史》，宁夏人民出版社，2012，第17页。
④ 王洸：《中国航业》，商务印书馆，1929，第17页。

闽浙。另外,《新唐书·地理志》记载了七条国际路线,其中一条就以广州为起点"①。唐朝珠江三角洲地区交通事业的发展,加强了该地区在政治上与中原的联系,中原的文化和商品传入珠三角,从而促进该地区商品经济的发展,这也是唐朝珠江三角洲得到进一步开发的重要因素之一。

安史之乱后,唐朝政局动乱,大批人口南下迁移至珠江三角洲,广州作为首府,政治经济地位也得到了进一步的提升。随着中原移民的南下,珠江三角洲地区的人口在不断增长,"《元和志》载广州开元户62250,元和户更高达74009户,呈直线上升趋势"②。这就为经济的发展提供了充足的劳动力。北方先进的农业和手工业技术也随之传入此地,农业的多种经营和商品化生产较之前得到了很大的发展。手工业方面主要表现为生产门类、技术和商品化的程度得到丰富和提升,矿业、纺织、陶瓷和造船业都在全国占据了一定的地位。

随着人口的增长,草市逐步发展起来。这些市场是根据当地贸易发展的需求而自发形成的,因此草市多数时候反而成为商人云集、交易频繁之地。唐朝杜牧在《上李太尉论江贼书》中对江淮草市进行了描述——"富室大户,多居其间",亦即这种市场的便利性吸引了很多富商大户在这里列肆经商,并在当地居住下来。但是隋唐时期珠三角地区的草市还只是处于初期的发展阶段,并没有形成很大的规模。

另外,唐朝珠江三角洲兴盛的对外贸易,也带动了一系列与出口贸易相关的手工业和沿岸的交通运输业和商业的发展。《旧唐书·路嗣恭传》载:"大历八年(773),岭南将哥舒晃杀节度使吕崇贲反,五岭骚扰,诏加嗣恭兼岭南节度观察使……斩晃及诛其同恶万余人……及平广州,商舶之徒,多因晃事诛之,嗣恭前后没其家财宝数百万贯,尽入私室。"③ 而当时唐朝一年的财政总收入(包括田租、实物税以及工商业税种等各类收入)只有1200万贯,可见广府船商拥有的财富之多。另外,与外贸有关的造船业在这一时期也发展起来。当时珠江三角洲地区多台风等自然灾害,致使"波涛溢岸,淹没人庐舍,荡失苗稼,沈溺舟船"④,由此可见广州船舶之多。

---

① 陈伟明:《唐五代岭南道交通路线述略》,《学术研究》1987年第1期。
② 冻国栋:《中国人口史》第二卷,复旦大学出版社,2002,第281页。
③ (后晋)刘昫等:《旧唐书》卷一二二《礼仪二》,中华书局,1975,第3500页。
④ (唐)刘恂:《岭表录异》,鲁迅校勘,广东人民出版社,1983,第4页。

唐后期，珠江三角洲与东南沿海各地的海上交流在不断加强，《旧唐书》载陈磻石上奏懿宗时说："自福建装船，不一月至广州。得船数十艘，便可致三万石至广府矣。"后"以磻石为盐铁巡官，往扬子院专督海运。于是康承训之军不阙供"。[1] 造船业的繁荣在一定程度上也推动了珠三角地区城镇的发展。在唐朝海上贸易不断发展的情况下，船舶与人们的生活越来越密切相关，在为人们生活提供方便的同时，也成为广州城繁华的标志。这一时期，除了造船业的发展之外，广州的西村，南海县的奇石，陶瓷烧制趋于兴盛。

五代十国时期，珠江三角洲地区处于南汉政权的统治之下，南汉国是岭南地区继秦朝南越国之后的又一割据政权。南汉王朝统治期间，珠三角的农业、手工业和商业发展迅速，城市规模进一步扩大。这一时期，许多北方人南迁到珠三角地区，促进了该地区的人口增长，同时也带来北方成熟的农业和手工业技术，极大地推动了珠三角土地的开发和利用。此外，珠三角丰富的矿产资源也得到开发。南汉时期，珠三角土产以香药、银、金为主，尤以银矿的开采最为重要，甚至在广州的清远、怀集、东莞等地区出现了银场。这些银矿的开采促进了珠三角专业化城镇不断地兴起。

银矿之外，珠三角地区的铁、铅、锡、铜等矿产资源也相当丰富。根据相关考古发现，在南汉中宗时所建乾和殿，12根柱子均以铁铸，每根周长十尺五寸，高一丈二尺。中宗晚期和后主在位期间，均崇信佛教，铸造了大批铜钟、铜像和铁塔。广州法性寺的东西铁塔和敬州修慧寺千佛塔，均为我国现存最古老和最重的铁塔。而铸造于南汉乾和十六年（958）的铜钟，总重达500斤。[2] 如此大的铁器和铜器，足可反映出当时南汉时期铜矿和铁矿产量的巨大。珠三角此时农业、手工业、矿冶业的发展，使商业和对外贸易也得到极大的发展。唐天祐元年（904），"隐是年以佛哲国、诃陵国、罗越国所贡香药进于唐"[3]。后梁开平四年（910），"秋七月，贡犀玉，复献舶上蔷薇水"[4]。这些记载表明了五代时期珠三角地区对外贸易的繁盛。商贸的繁盛与农业、手工业的发展，促进了珠三角城市群的成熟与发展。

---

[1] （后晋）刘昫等：《旧唐书》卷十九《懿宗本纪》，中华书局，1975，第652—653页。
[2] 陈欣：《南汉国史》，博士学位论文，暨南大学，2009，第273—274页。
[3] （清）吴任臣：《十国春秋》卷五八《南汉一》，中华书局，1983，第836页。
[4] （宋）王钦若等编纂《册府元龟》卷一九七《闰位部·纳贡献》，周勋初等校订，凤凰出版社，2006，第2214页。

三 规模化移民与珠江三角洲城镇的发展

在以手工生产为主的时代,人口数量的增加是区域开发的基本动力。宋元时期珠江三角洲地区大规模移民的注入,是这一地区得到迅速开发的主要因素。虽然宋朝没有完成全国性的统一,但在当时经济文化方面取得了较大的进步,珠三角地区在这一时期的经济文化发展也体现了其成就。

由于特殊的地理位置,珠江三角洲自古以来便是中原人口躲避战乱和朝廷贬谪官员和流放罪犯之地。唐末"天下已乱,中朝人士以岭外最远,可以避地,多游焉。唐世名臣谪死南方者往往有子孙,或当时仕宦遭乱不得还者,皆客岭表"[1]。北宋时期,社会安定,珠三角人口不断增长。靖康之变后,宋室南渡,大量的中原人口南迁,部分人口迁居到珠三角各地。这些迁到珠三角的避难者中,既有北方士大夫和其家属,也有一些被流放的罪人。"陈猷,其先汴梁人,仕宋。金陷汴,播迁南雄珠玑里。"[2] 这些南宋时期迁入广东的人口主要分布在珠江三角洲各县,比如广州的南海、番禺、新会、东莞、香山等。后元灭南宋,开始驻兵于珠江三角洲,与当地的人口共同参与到当地的开发之中。

自珠玑巷迁入珠三角各地的家族,落户当地后逐步繁衍,且其宗族势力也日益壮大。《(香山)前山徐氏宗谱》卷首《原序》载:"吾族奉延祚公为始祖。公长子广达公遭世乱,离自河南开封府陈留县,避官拨迁。初至粤之南雄,又至番禺,终止于香山之雍陌长埔,见前山山明水秀,可为子孙计长久,因徙居之。数年,弟广德公访兄至前山,亦家焉。同占县籍,购得朱友仁田二百九十四亩,为二场第一甲灶户,则洪武二十四年及永乐元年先后登之版籍者也。"[3] 又《香山翠微韦氏族谱》卷一《世传》载:"里正慕皋公,旧谱叙公讳方寿,幼聘翠微梁氏,既长,家于梁,遂

---

[1] (宋)欧阳修撰、徐无党注《新五代史》卷六五《南汉世家第五》,中华书局,1974,第810页。
[2] 陈代光:《广州城市发展史》,暨南大学出版社,1996。
[3] 徐润立:《(香山)前山徐氏宗谱》卷首,上海图书馆藏,清光绪十年刊本,第6b—7a页。

居翠微，置产业二顷余，明洪武［十］四年，初造黄册，随田立灶籍也。"① 这些大的宗族移民落居珠三角，对当地的城镇开发和社会发展起到了积极的推动作用。

  珠三角地区农业在北宋时期得到了很大发展，加上北宋赋税制度的改革、农业技术的提高，农民生活有了很大的改善。占城稻的引进和双季稻的推广，豆类、花卉等农副产品的品种和产量的增加，使北宋时期珠江三角洲人口大量增长，其土地开发面积也在不断扩大。到了南宋，珠江三角洲因大量移民的进入，农业技术也在不断地提升。宋朝地方政府曾修建了大量的水利工程，以保障农业的发展，其形式以修筑堤围为主。据统计，南宋在"今珠江三角洲的南海、博罗、东莞、高要、顺德、番禺、中山、珠海、三水等境内，所修筑堤围共16条，总长度12000余丈"②。这在一定程度上保证了南宋时期珠江三角洲农业较好地发展。珠江三角洲地区的手工业技术在宋元时期得到了很大的发展，其主要表现在陶瓷业、造船业、矿冶业和制盐业的发展上。另外，采矿业和采盐业也于此时在原来的基础上进一步发展起来。岭南地区具有丰富的矿产资源，《新唐书·地理志》记载，唐代广东已有金、银、铜、铁、锡等矿冶，主要的产区有广州等14处，但大规模的开发则是在宋朝时期，广州、惠州等在这一时期逐渐形成了规模化生产。

  宋代中央政府为了增加财政收入，不断地鼓励商业贸易，因此，珠三角不论是国内商业还是对外贸易都比较兴盛。随着商品交易日益频繁，珠三角地区的许多圩市交易时间也由不定期开始转变为定期，而且这定期的交易市场时间的间隔也在逐渐缩短。南汉时期在县治所以外的地方，已形成若干店肆的商业市镇和货物的集散场地，到了宋朝时，这种交易的市镇开始逐渐增多，其中最著名的商业市镇便是番禺镇和扶胥镇。前者形成较早，位于广州城东八十里今黄埔港新港之下的不远处，该镇人民与"海中蕃夷、四方之商贾杂居，商业及其兴盛"③。

---

① 韦绍康：《香山翠微韦氏族谱》卷一《世传》，广东省中山图书馆藏，清宣统元年刊本，第88b页。
② 佛山地区革命委员会：《珠江三角洲农业志》（初稿二）《珠江三角洲堤围和围垦发展史》，1976，第10—11页。
③ （清）戴肇辰、苏佩训修，史澄、李光廷纂《中国地方志集成·广东府县志·光绪广州府志》（二）卷一〇〇《金石略四》，上海书店出版社，2003，第654页。

商业发展的同时也促进了珠三角周边农村圩市的兴起，它们中的一些圩市后来发展为专业的城镇，更加方便了各类物品的交换，同时也促进了该地区农产品的商品化。至道三年（997）七月二十八日，"上封者言：岭南村圩聚落间日会集裨贩，谓之虚市。请降条约令于城邑交易，冀增市算。帝曰：徒扰民而，可仍其旧"①。"开禧元年（1205），广州、肇庆府、惠州圩税八十三场"，因为"皆系乡村圩市，苛征虐取，甚至米粟亦且收钱，甚为民害"②，这些圩市的税务征收机构也逐步被撤销。

除了这些商业市镇之外，宋代还有各种"场"，这是农村圩市交易市场之外的又一交易频繁的商业场所。这种场所多集中在盛产矿和盐之地，这些专业的场所在珠江三角洲城镇群体的形成过程中起到了非常大的作用。

对外贸易在宋元时期也进入了一个繁盛的时期。在北宋，由于中央政府采取对外开放的贸易政策和西北陆上丝路贸易道路的受阻等，广州港的地位得到了很大的提高。开宝四年（971），南汉灭亡后，北宋政府便开始在全国重要的沿海港口设立市舶司来管理对外贸易，市舶司主要"掌蕃货海舶征榷贸易之事，以来远人，通远物"③，并兼管部分国内海船的沿海贸易。广州港由于其贸易量大和地理位置优越，在北宋时期所有的外贸港口中居于重要的地位。

当时来广州贸易的外商以大食人为主，这些蕃客多数居住在政府为之设立的蕃坊之中。至南宋和元朝时期，广州的市舶贸易地位逐渐被泉州所取代，然而这并不影响珠江三角洲地区对外贸易的发展，在元朝时期，广州的贸易范围较宋代还有所扩大。《大德南海志》卷七《舶货》载，当时与广州有直接海外贸易的地区和国家共145个，可见坐落于珠三角的广州港在宋元时期对外贸易中的重要性。宋元时期珠三角对外贸易的进出口商品种类丰富，由北宋时期的80多种增加到了330多种，以香药、珍珠、犀角、象牙等最为主要，出口商品以手工业品为主，有金银、络钱、铅锡、杂色帛、瓷器。④出口贸易的繁盛对广州城建设和珠江三角洲城镇群的发展起到了推动作用。

---

① （清）徐松辑《宋会要辑稿·食货六七》，上海古籍出版社，2014，第7941页。
② （清）徐松辑《宋会要辑稿·食货一八》，上海古籍出版社，2014，第6385页。
③ （元）脱脱等：《宋史》卷一六七《职官六》，中华书局，1977，第3971页。
④ 郎国华：《宋代广东经济的发展研究》，博士学位论文，暨南大学，2004，第99页。

四 珠江三角洲海内外移民与城镇社会繁荣

明清时期，随着珠三角地区人口的不断涌入，其城镇体系逐渐发展成熟并开始走向繁荣。这时珠三角城镇的繁荣主要表现为人口的增长、城镇数量的增加和城市规模的不断扩大。此外，在国内手工业技术提高和产量增加等一系列因素的刺激和作用下，珠三角城镇得以发展繁荣。

明朝初年，政府对珠三角地区进行了大力整治，在实行卫所屯田制的同时，交通环境有了很大的改善，这有利于中原人口的迁移和商业人口的流动。加之珠三角地区位于海外贸易的前沿，在此便利条件下，地区内城镇便有了进一步发展的空间和优势。如"佛山、广州和一些其他处于水运交通要冲的重要城镇、商埠都设有码头以供舟船停靠、装卸货物和行人上落"[①]。此外，交通道路等相关设施的完善便利了外来人口的流动。随着珠三角流动人口的不断增加、工商业的不断兴起以及文教场所的增加，原有的城市规模已经不能够满足人口居住和交流的需要，一些旧有的城镇乃在原来的基础上不断地加以扩展。

在原有基础规模上扩大的珠江三角洲城镇群主要为府城广州及其下辖的一些城镇。广州城自古以来是珠三角最重要的城市之一，因此，在经历了历朝历代的建设后，已经形成了一定的规模。明朝初年，中央政府为加强海疆防御，将大量内地人口迁往珠三角地区，为该地区注入了大量的人口资源。随着广州城市人口的不断增长，其城市规模亦在不断地扩大，广州城外的珠江南岸成为"民廛稠聚，海船鳞凑，富商异货，咸萃于斯"[②]的新商业市镇。同时，广州历代都是珠江三角洲重要的港口城市，在不断扩建之后，面积也在不断扩大。时人称赞广州城繁荣景象曰："广州人家大小俱有生意，人柔和，物价平，不但土产如铜锡俱去江外，制为器，若吴中非倍利不鬻者，广城人的一二分息成市矣。以故商贾聚集，兼有夷市，货物堆积，行人肩相击，虽小巷亦喧填，因不减吴阊门、杭清河坊一

---

① 方志钦、蒋祖缘主编《广东通史：古代下册》，广东高等教育出版社，1996年，第469页。
② （清）戴肇辰、苏佩训修，史澄、李光廷纂《中国地方志集成·广东府县志·光绪广州府志》（二）卷一〇〇《金石略四》，上海书店出版社，2003，第83页。

带也。"① 由此可以看出当时广州城市商业的繁荣。明代广州最繁华的商业区域集中在城南和城西,城外是交通繁忙的码头区域,当时珠江三角洲农业经济作物的种植已经相当普遍,这就为广州市场提供了可靠的商品来源,加上广州对外贸易的兴盛,大量的国内和海外的商品聚集于此,广州城因此获得很大的发展。

至嘉靖年间(1522—1566),广东地区因粮饷不足而时常发生兵变,这些哗变的士兵起初只是抢掠粮食以满足生存的需要,后来则发展为盗寇进行掠夺。广东政府因此进一步扩建广州城,将原来城外的居民区、商铺纳入外城的范围,遂使原城内成为内城或旧城。时人李义壮在《广州新筑子城记》里说,外城建筑"雇义于官,而不以劳民之力,经费于官,而不以伤民之财"。城成,"重堙叠雉,映带山海,骈崎夹辅,屹成巨防"②。在增筑外城之后,万历二十七年(1599),内城又扩建一门,从此广州内城变为八门。这时广州旧城的改造和外城建设使得广州城扩展到后倚越秀,南临珠江,并设有直通江边大道。此后至清朝,广州城基本再没有大的扩展。与此同时,珠三角其他一些城镇也在开始不断兴起和扩建,如惠州城亦曾因人口发展和商贸繁荣先后两次扩建;肇庆城也在明代中后期不断进行修葺和扩建,后因"平瑶"的需要,肇庆又成为两广总督驻地,城市建设又有新的发展。

随着珠三角城镇规模的不断扩大,城市居民住所、工商店铺和文化教育机构等场所亦在不断增加,珠江三角洲地区商品经济和城市文化随之不断发展。各府州城成为本辖区的经济、文化中心,其实力和地位也在不断地加强和提升,重要的是广州作为当时的省城,更是当时沿海地区的一大都会,成为珠三角地区城镇繁荣的一大重要标志。

明清时期,珠三角商业的不断发展,促使农业、手工业等诸多生产领域逐步开始商业化,加上水陆交通状况的改善,为珠江三角洲商品的加速流通提供了便利的条件。于是,大量人、货和资金源源不断地进入这里的市场,市场规模因此扩大,新兴市场组织得以孕育,广州、佛山等城镇利用自己天然有利的条件,成为新的商品集散地。与此同时,珠三角地区农

---

① (明)叶权、王临亨、李中复:《贤博编 粤剑编 原李耳载》,凌毅点校,中华书局,1987,第43—44页。

② 冼剑民、陈鸿钧编《广州碑刻集》,广东高等教育出版社,2006,第1093页。

村数量众多的圩市也不断地兴起，构建起了城乡农村基层的市场网络组织。而且其商业化程度和圩市的专业性也在不断地提升和加强，如南海和顺德县的养蚕业较为发达，因此在这里出现了较为专门化的丝市；东莞在当时以种香闻名，于是便产生了专门化的香市。这些圩市的发展在明朝后期出现了一个新的发展高峰期，到嘉靖年间，珠江三角洲地区的圩市数量发展较为迅猛，尤以广州府和肇庆府发展最为迅速，而发展较快的县则有番禺、新会等，这些府县圩市数量的增加也反映了这一时期珠三角城镇商品化的加速发展。

至清朝建立，顺德、番禺、东莞和新会等县圩市数量和规模仍在不断增加、扩大。番禺的黄陂墟，在嘉靖十九年（1540）"建铺四百余"，而该县的新造墟则鳞次栉比，密集排列，可见其新兴圩市数量众多；东莞县石龙镇广惠通衢，百货密集，商贾辐辏。这些随着商业化不断发展而兴起的新兴专业圩市，与后来逐渐兴起的市镇有着密切的联系，它们是在农业和手工业商业化的基础上逐步兴起的，因此多设立在商品化程度较高的专业性农业区域。如顺德、番禺的桑基鱼塘，宣统《番禺县续志》载："依期常开者，谓之墟。如新造之'牛墟'，黄陂之'猪仔墟'，市桥、蔡边之'布墟'是也；届时开者为之市也。如大塘之'果市'，南村之'乌榄市'，钟村、南村之'花生市'，是也。"① 以顺德为例，明万历年间有圩市44个，清乾隆年间为49个，到清咸丰年间猛增到87个。正是在这些专业圩市发展基础上，商业市镇开始稳步形成，市镇之内各种商品交易市场开始定期有序开展。可以说，正是大量圩市的繁荣发展推动了珠三角城镇的扩大和繁盛。

移民的不断增加也促进了珠三角一批新市镇的兴起，其中最具代表性的是佛山。佛山是西江及北江通往广州的必经之路，加之佛山处于珠江三角洲的腹地，地势平坦，土地肥沃，自唐宋以来便成为南下移民的聚居地，人口稠密。明朝初年在佛山设立有佛山堡，后随着佛山居民的不断增加，商铺作坊迅速扩张，城镇面积也在不断地扩大，佛山市镇也随之开始崛起。

冶铁业和棉纺织业的发展是佛山兴起的一个非常重要的因素。明代佛山的冶铁业发展非常迅猛，支撑着整个佛山镇的城市经济，佛山成为著名

---

① 番禺市地方志编纂委员会办公室主持整理《番禺县续志》，人民出版社，2000，第289页。

的南国铁都。由于当时商品经济的不断发展和对外贸易的繁荣，佛山的冶铁业在全国居于重要的地位，"富国强兵之术以盐铁为首务，两广铁货所都，七省需焉。每岁浙、直、湖湘客人，腰缠过梅岭者数十万，皆置铁货而北"[1]。到了明末清初，军事上的征派致使佛山的冶铁业发展走向滞缓，至清朝复界之后逐渐又趋于兴盛。此外，佛山的丝织业在明清时期取得了很大进步。嘉靖、万历年间，佛山便已经生产出了花式多样的丝织品，清朝时期佛山的丝织品更是种类齐全，远销海外。在此过程中，移民提供了佛山丝织业和冶铁业等工商业发展所需要的劳动力和技术，并且在一定程度上促进了佛山城镇的兴盛。

五　结论

经济史专家在讨论珠三角经济繁荣时也关注到人口增长的因素，如罗一星《论广佛周期与岭南的城市化》一文，但大多没有进一步分析人口增长与移民的关联。而本文从人口的迁移来看城市化，正是弥补了这方面的不足。

综上所述，移民进入岭南对珠江三角洲的经济发展、城镇发展有着重要的意义。秦始皇征服岭南，以广州（番禺）为统治中心，促成了广州成为这一区域政治、经济、文化、商贸中心，亦促使城镇群的兴起。中原移民与岭南人的交往融合，也促进了文化的融合，最终孕育了具有地方特色的岭南文化。[2]

隋唐五代时期是珠江三角洲城市群发展的重要时期。移民的南下带来了先进的农业和手工业技术，政府的开放政策促进了对外贸易的发达，贸易的发达又使海外商人云集广州。在一系列因素的作用下，专业化城镇和农村的草市逐步兴起，而珠三角城市群也开始不断扩大和发展。宋元时期，中原战乱频繁，广大人口为了生存南迁进入珠三角后，将北方先进的生产技术带到南方，促使珠江三角洲得以不断开发，对珠江三角洲城镇群的形成与发展产生了重要影响。明清时期，外来移民不断增长，工商业的

---

[1] （明）霍与瑕：《霍勉斋集》卷十二，广西师范大学出版社，2014，第747页。
[2] 李权时主编《岭南文化》，广东人民出版社，1993。

发展，沙田的开发，使珠江三角洲城镇体系发展成熟并走向繁荣。广州继续保持商贸重镇地位，佛山也成为全国四大名镇之一。晚清民初，广东沿海居民为寻找新的生存之路，大量迁移到国外谋生，珠三角地区随之也产生了大量的侨乡。至民国，在这些华侨的推动下，珠三角城镇又获得繁荣发展。在海外华侨投资和商品输入的作用下，香山、江门、广州等珠三角城镇迅速发展起来。来自华侨的投资覆盖了金融业、商业、制造业、房地产业、交通运输业等各个城市建设领域。广州华侨投资企业主要集中在轻工业，当时较为著名的侨办纺织企业有赵胜南布厂和针六联，而加拿大华侨在广州创办的新时代肥皂厂，① 也是华南地区较大的轻工企业。此外，房地产行业和交通运输业也是这时华侨投资的重要领域，香山、江门等城镇在华侨资金的不断投入中发展兴盛起来。

晚清民初，修建广九、粤汉等铁路，20世纪20年代全省大规模公路修筑，初步形成了以广州为中心的交通系统。新的交通体系的形成对原有的商业地理格局造成了很大冲击，一些传统的商业重镇逐渐衰落。原先依靠水运的城镇逐渐衰落，如石龙镇，处于粤东腹地和粤中区，在与港澳之间的传统联系中有着无可替代的地位，是当时广东的四大商业重镇之一。但随着广九铁路和公路的修筑，表面看石龙镇的交通更为发达，更方便于货物往来，实际上往来的货物已不再像水运时代必须在石龙镇中转或者停留，而是"过而不留"，该镇的商业地位随之下降。另一典型城镇佛山，民国时传统交通线改变后，商业迅速衰落，外地商人在佛山开设的分店纷纷迁出。但这些因交通条件改变而衰落的市镇却在一定程度上巩固了广州在珠江三角洲地区的商业中心地位，以致江门、中山等商业市镇亦在经济上对广州产生了较强的依赖性。

移民的进入，促进了珠江三角洲城镇的兴起和繁荣，同时，移民结构性差异也使城镇社会特征得以形成。

---

① 广州市地方志编纂委员会编《广州市志》卷十八《华侨志 穗港澳关系志》，广州出版社，1996，第164—165页。

珠江三角洲移民结构与城镇社会特征[*]

珠江三角洲是我国改革开放的先行区，其成就引起世界关注。笔者关注珠三角研究超过30年，过去几年组织团队就珠江三角洲移民与城市化开展研究。为了更好地理解这一主题，特意梳理了这一地区的移民的历史和城镇化的历史，在此基础上探讨移民结构与城市社会特征。

一 军事移民与珠江三角洲的筑城运动

珠江三角洲处于中国大陆南部沿海地段，又是我国对外贸易的重要门户，历代王朝均重视这一区域的布防，且常派有重兵驻守戍卫。明朝之前，历代中央政府都有在珠江三角洲派驻军队加强统辖的举动，但大规模的调兵驻防和修护城池却始自明代。

历史上珠三角的城市规模形成，主要在汉代南越国和五代南汉国时期。南越国时，任嚣城在原基础上不断被扩建，但汉武帝灭南越国后，原旧城便遭到毁弃，另在今广州市番禺区桥北一带重新设置新的番禺县。原因是这时广州与南海诸国海上交通逐步开通，南海一些国家经常前来中国进行朝贡贸易，番禺作为当时岭南交通枢纽，遂逐步成为珠三角重要的对外贸易港口。直到三国时期，吴国分交州为广州和交州，广州始以独立的行政区域日益凸显出其区域中心的地位。

五代时，岭南地区为南汉政权所统辖，广州作为南汉政权的都城，在这一时期得到了极大的发展。早在唐末天祐年间（904—907），身任

---

[*] 本文由周大鸣、马磊磊撰写，原载于《湖北民族学院学报》（哲学社会科学版）2018年第1期，第5—10页，收入本书时有修改。

清海军节度使的刘隐即筑造平禺山,扩建广州城。至南汉建国,城中土地尽为官宦居所占有,城中一般百姓迁居城中东、南、西三地,乃使得城区面积不断扩展。刘岩(889—942)在位时,最大的工程便是扩建兴王府城南区。南城建设始于唐天祐三年(906),黄巢起义军进入广州后遭到破坏,后刘岩着手建设新南城。"此次扩城,主要是把城南番、禺二山凿平,在城东西开辟东、西二濠,将城市扩展到珠江边,成为广州的商业活动区,时尚无城墙围护,刘岩时始筑城,称新南城。南面有门、名鱼藻门。"①

宋朝统一中原后,实行新的军事制度,时兵源主要来自当地户籍和招募的士兵。随着时间的推移,受募者职业化成为地方上长期脱离生产的募兵制士兵。宋徽宗时,募兵制在珠江三角洲推行,当地士卒在维护地方安宁的同时,也参与到珠江三角洲城镇的兴建中。北宋时期,广东各州县治所仍然只是残破不堪的"子城"。熙宁元年(1068),政府将原赵佗古城和当时广州城合为一城,并于当年十二月完工。熙宁四年(1071),政府又对广州城进行修缮,并进一步扩建了西城。经过此次扩建,广州城市已经形成规模,"全城面积20平方公里。其范围东至今越秀路,西至今人民路,南至今大德路,北至今东风路"②。至南宋时,广州城仍然保持原广州城的规模,没有大的扩建。

元朝前期,广州城又进行了修建,这是因为时广州城由于宋元易代,破坏严重,大一统后,元朝政府乃对其展开修缮工作。郭棐《广东通志》称:"至元十五年(1278)正月,诏夷广州城隍。三十年(1293)复修之。"③ 经过此次修复,广州城在原基础上又得到了进一步扩建。

明朝中央政府为了防范北方民族南下入侵和维护地方社会秩序,在通常行政建置体系之外,又实行卫所军事统辖体系。明代卫所制度是明统治者以唐朝府兵制为基础创建的一种独特军事制度。"卫""所"是明代重要的军事单位,随着卫所的设置,围绕卫所指挥中枢,择地筑城,屯军驻兵,形成了一套完整的管理体制。明朝中央政府为维护珠江三角洲的社会稳定,在这里设置了严密的卫所体系,由于当时广州是广东省会所在地,

---

① 陈代光:《广州城市发展史》,暨南大学出版社,1996。
② 陈代光:《广州城市发展史》,暨南大学出版社,1996。
③ 《广东通志》卷一五《郡县志二》,载广东省地方史志办公室辑《广东历代方志集成(省部·五)》,岭南美术出版社,2006,第374页。

因此中央政府先后在广州设立了广州左卫、右卫、前卫和后卫,同时在其他沿海地区设立了南海卫、惠州卫和肇庆卫,并于东莞、香山、四会和从化等地设立千户所,派驻大量的兵力屯守于此,一时间珠三角许多城镇因卫、所军事人口的移入而逐步兴起。①

广州是历代珠江三角洲的首府所在地,明朝以前广州城已经颇具规模,番禺和南海亦已分境而治,共有三座旧城。在洪武年间修建卫、所城池的过程中,广州城在原有基础上进一步获得规模性扩展。"明洪武十三年(1380),永嘉侯朱亮祖以旧城低隘,请连三城为一,辟东北山麓以广之。粤王台山包入十之九,今称内城,谓之旧城,又谓之老城,周二十一里三十二步,高二丈八尺。上广二尺,下广三丈五尺。为门七,曰正北,稍东曰小北;曰正东,曰正西,曰正南,稍东曰定海,西曰归德。城楼敌楼七,警铺九十七,城东西之外,因旧浚池。惟北一面枕粤秀山,乃于正北门外筑瓮城以蔽之。于东北城下置小水关,防以石柱,以疏城渠之水,复于山左建五层楼,名曰镇海。"② 明朝后期又增筑南城、定海门月城等重要城楼,广州城规模得以继续扩大。

卫所军城的体系较为复杂,县镇所设立的卫、所同样也修建有新的城池,以维护当地的社会秩序。例如,东莞"洪武十四年(1381)开设南海卫。明洪武十七年(1384),指挥使常懿始筑新城。包钵、孟道二山于内,外砌以石,城周围一千二百九十九丈,高二丈五尺,上广二丈,下广三丈五尺。门四,东曰和阳门,西曰迎恩,南曰崇德,北曰镇海。城门楼四,敌楼四,警铺四十,水关二,水门一,雉堞二千零三十一,吊桥三,石桥一,濠一千三百五十丈,涧三丈,深三丈五尺"③;"惠州府城在省城东南三百里,明洪武三年(1370)知府万迪始建,同守御千户朱永率军民分筑,二十二年,既立卫,乃扩今城为门七,东曰惠阳,西曰西湖,南曰横冈,北曰朝京,小东门曰合江,小西门曰东升,水门曰会源。门上为敌楼,旁列窝铺二十八"④。除了府城修建外,在各地卫、所城镇还建有卫

---

① 何一民、吴朝彦:《明代卫所军城的修筑、空间分布与意义》,《福建论坛》(人文社会科学版)2015年第1期,第9页。
② 光绪《广州府志》卷六四,(台北)成文出版社,1996,第83页。
③ 《广东通志》卷一五《郡县志二》,载广东省地方史志办公室辑《广东历代方志集成(省部·五)》岭南美术出版社,2006,第374页。
④ 《惠州府志》卷六《建置·城池》,(台北)成文出版社,1966,第111页。

署、教场和监狱等国家机器以便城镇的管理，例如，"兵署惠州卫与府同城而署，在府署之东南，即五通庙地。洪武二十二年（1389），指挥使朱福始建，正统九年（1444），指挥使张纲，同知张英、李福，佥事陈聚重修。嘉靖十五年（1536）重建，中为堂，左翼为经历司，右翼为知事厅。有后堂，有宅，二十四年毁，有军器局，有吏舍，有旗纛庙，在知事厅后。嘉靖三十年（1551），指挥同知吴树建城南一里为教场"①。

明朝修建卫、所城镇的主要目的在于加强军事力量，震慑地方和维护社会秩序，与之相随而实行的是军事屯田制度。进入岭南的军官士卒大都携家带口隶籍于卫所，他们"三分守城，七分屯田"。因此，军事卫所城镇同时伴有农业和手工业生产场所。起初卫所生产的农产品和手工业品并不参与市场交易，但随着其生产规模的扩大、生产技术的成熟、工匠数量的增加，在地方社会中产生了一定影响。特别是随着明代中后期的赋役制度改革和户籍制度松绑，卫、所军城开始出现转型，遂亦为民间手工业和商业贸易的发展创造了一定的条件。随着历史的变迁、人口构成的复杂化和经济社会的发展，卫所军城体系的军事功能在不断弱化，部分城市叠加了行政、文化和经济等新的职能，从而演变为新的综合性城镇，珠江三角洲的城镇体系因此得以发展、完善。②

二 商业性移民对珠江三角洲经济的推进

经济贸易是城市发展的重要因素之一，珠江三角洲自古以来凭借优越的海外贸易地位，其经济获得不断发展。与此同时，中原地区商业移民的南下也对其城镇发展产生影响。在中国移民史上，珠江三角洲历来是中原移民南下的重要迁入地，他们中不乏有许多商人移民。中国传统社会实行重农抑商的政策，古代阶层划分为士、农、工、商，商人处于最底层。但珠江三角洲是古代中国对外交往的重要门户，也是历代王朝税收的重要来

---

① 《惠州府志》卷六《建置·城池》，（台北）成文出版社，1966；何一民、吴朝彦：《明代卫所军城的修筑、空间分布与意义》，《福建论坛》（人文社会科学版）2015年第1期，第9期。
② 何一民、吴朝彦：《明代卫所军城的修筑、空间分布与意义》，《福建论坛》（人文社会科学版）2015年第1期，第9页。

源地之一，自秦汉始，快速发展的商业和贸易交流吸引着大量的内外商人来此交易，商业移民的进入为珠三角经济的快速发展注入了新的活力。

特殊的地理优势，使珠三角地区的商业文明自古就较农业文明发达，而交通道路的开辟、大批中原移民的南下，促进了珠三角农业和手工业的发展，并形成了这一地区最早的一批商业化城镇，番禺在汉代已是当时全国八大商业都会之一。秦汉时期的中原商人，社会地位低下，早在秦朝征伐岭南之时，由于兵源紧张和财政困难，商人遂逐渐成为秦朝征兵的重要对象，秦始皇三十三年（前214），曾"发诸尝逋亡人、赘婿、贾人略取陆梁地，……以适遣戍"[1]。至汉朝，珠江三角洲地区的商业贸易更加频繁。当时中原地区的商人由于受到政府的排挤，其从商环境比较压抑，相反，珠江三角洲却有着自由宽松的商业环境，因此，大量的商业人才进入珠江三角洲地区，推动了珠江三角洲的经济开发。同时吸引中原地区商人南下的还有珠江三角洲丰富的土特产和海舶品，《汉书·地理志》载，因其"处近海，多犀、象、毒冒、珠玑、银、铜、果、布之凑，中国往商贾者多取富焉"[2]。南下商人加强了中原地区和珠江三角洲之间的贸易联系，促进了珠三角地区的商业繁荣。

海外商人也是进入珠江三角洲的商业移民中的一个重要组成部分，他们是促进珠江三角洲地区商业繁荣的重要群体。唐代以前，外商由海上进入广州贸易者数量有限。唐宋时期，政府开明的政策和开放的社会风尚，吸引了大量的外商来到广州开展商业贸易，时广州已成为外商最主要的聚居地之一。唐朝始通大舶，蛮人云集，商贾辐辏；入宋以后，"岭以南，广为一都会。大贾自占城、真腊、三佛齐、阇婆，涉海而至，岁数十柁。凡西南群夷之珍，犀象、朱香、流离之属，禹不能名，卨不能计"[3]。以广州为中心的珠三角地区，乃在中外及南北商业贸易交流中逐步成为十分活跃的地带。

唐代以来，多称来华经商的外国商人为"蕃商"，虽未具体指何种民族和国家，但多指自南海而来的海商，后多指波斯、阿拉伯商旅。

广州是当时重要的对外通商口岸，也是这些外商云集荟萃之地。这些

---

[1] （汉）司马迁：《史记·南越列传》卷一一三，中华书局，1982，第2967页。
[2] （汉）班固：《汉书·地理志》卷二八，中华书局，1962。
[3] （宋）洪适：《盘洲文集》，载四川大学古籍整理研究所编《宋集珍本丛刊》第45册，线装书局，2004，第236页。

蕃商在华经营的方式多种多样，他们中有的与中国商人直接进行大宗的商品交易，还有的在广州定居，自己开设店铺开展商品交易。王虔休《进岭南王馆市舶使院图表》称，"诸藩君长，远慕望风，宝舶荐臻，倍于恒数。臣奉宣皇化，临而存之，除供进备物之外，并任蕃商，列肆而市，交通夷下，富庶于人，公私之间，一无所缺"[①]。鉴真和尚在广州时，见到"江中有婆罗门、波斯、昆仑等舶，不知其数；并载香药、珍宝，积载如山。其舶深六七丈。师子国、大石国、骨唐国、白蛮、赤蛮等往来居（住），种类极多"[②]。众多的蕃商聚集在广州，为尊重其生活习惯和风俗信仰，唐政府于广州城内专门设一蕃坊，用于外商定居。蕃坊由蕃长管理，蕃长"由蕃官为之"，对内"管勾蕃坊公事"，集商业、宗教及司法权于一身，对外则"专切招邀蕃商入贡"。这些蕃商定居在广州后，和当地人杂居、婚娶相通，影响了广州及其周边城镇人口的增加。据阿拉伯文献《中国印度见闻录》称，黄巢攻陷广州，寄居城中经商的伊斯兰教徒、犹太教徒、基督教徒、拜火教徒，就有12万人被杀。[③] 虽然这一数字不免夸大，但足见这时居广州的外商不少。

宋朝时，来广州贸易的外商数量远远超过唐朝，此时广州的蕃商主体是阿拉伯商人。由于宋朝中央政府的限制，不允许这些外商进城和市民杂居相处，因此他们不得不迁往其他地区另寻住处，后逐渐形成了蕃商和市民分居的格局。宋时的广州城中有一玳瑁巷，玳瑁为蕃商来华贩易的主要商品，以此为街巷之名，显然与蕃商有关，或为蕃商于此交易玳瑁，或为贩易玳瑁的蕃商居住于此。后来随着宋朝中央政府政策上的放宽，这些外商在当地贸易的同时，有些人也与当地人进行了通婚，如"元祐间，广州蕃坊刘姓人娶宗女，官至左班殿直。刘死，宗女无子，其家争分财产，遣人挝登闻鼓院。朝廷方悟宗女嫁夷部，因禁止"[④]。另外，宋神宗时期的蕃商辛押陀罗以大食勿巡国进奉使的名义来华朝贡，后任广州蕃坊的蕃长，并资钱粮"进助修广州城"。他在广州居住时，"开导种落，岁致梯航"，因

[①] 周绍良主编《全唐文新编》第3部第1册，吉林文史出版社，2000，第6024页。
[②] 真人元开：《唐大和上东征传》，中华书局，2000。
[③] 《中国印度见闻录》，穆根来、汶江、黄倬汉译，中华书局，1983。
[④] 朱彧：《萍洲可谈》，中华书局，2007。

在发展宋与阿拉伯之间的海上贸易中多有贡献,而被封为"归德将军"①。

宋朝时珠江三角洲发达的商业贸易,也同样吸引着中原内地的商人不断迁移到这里。南宋时期前来珠三角经商的东南沿海海商亦有从事走私贸易的,淳熙年间(1174—1189),宝安县大奚山(今香港大濠岛)"多有兴化、漳、泉等州逋逃之人,聚集其上"②,从事走私食盐的活动。到宋末元初,大奚山的居民已达到数百家,这些外来的走私商贩定居于此,对当地的开发作出了贡献。

明清时期是外地商人进入珠三角经商的重要时期,这时活跃在这里的外省商人主要来自福建、浙江、安徽、江西等地。崇祯七年(1634)《兵部尚书张凤翼等为广东深受澳夷之患等事题行稿》云,闽商"聚食于粤,以澳为利者,已不下万人。凡私物通夷,勾引作歹,皆此辈为之祟"。这些闽商中还不乏参与走私者,因此广东官府称:"大蠹则在闽商。"③ 另据明人张瀚曰:"南宁、太平控遏两江,苍梧开府,雄镇一方,多珠玑、犀齿、毒瑁、金翠,皆自诸夷,航海而至,故聚于粤之东。"④ 南昌商人"无论秦、蜀、齐、楚、闽、粤,视若比邻,浮海居夷,流连忘返者十常四五"⑤。正德、嘉靖年间,歙县人许秩"南迄闽、广,北抵兖冀……积十余年,已殷盛"⑥。嘉靖年间,时政府以广州、徽州等地商人为客人经商的纲纪,经营广州和澳门之间官方垄断的对外贸易,显示出安徽商人在广东贸易中坚实而牢固的地位。这些来到珠江三角洲经商的外省商人,一部分留居当地,成为珠江三角洲商业城镇发展的重要推动者。

清政府实行海上一口通商政策,以广州十三行来专门处理外商贸易,而十三行中有不少非广州的商人。清时佛山成为广州之外外省商人活跃的城市,他们多从事与内地之间的贸易。康熙二十五年(1686)佛山设置金丝行,乃取得岭南内贸批发中心的商业地位。佛山借此吸引了大批的外省商人,山西、陕西、江苏、浙江、徽州、福建、江西、湖广、广西等地的

---

① (宋)李焘:《续资治通鉴长编·神宗》,中华书局,1995;(宋)苏轼:《苏轼全集·辛押陀罗归德将军》卷一〇七,上海古籍出版社,2000。
② (清)徐松辑《宋会辑稿·刑法二》,中华书局,上海古籍出版社,2014,第8349页。
③ 中国第一历史档案馆、澳门基金会、暨南大学古籍所合编《明清时期澳门问题档案文献汇编》(一),人民出版社,1999。
④ (明)张瀚:《松窗梦语》卷四,中华书局,1986。
⑤ (明)范涞修,章潢纂《新修南昌府志》,书目文献出版社,1985。
⑥ 张海鹏、王廷元主编《明清徽商资料选编》,黄山出版社,1985。

商人皆汇聚于此。这些商人对加强珠三角与内地的商业联系多有贡献，也增添了珠三角区域内城镇的商业氛围，珠三角地区也因此成为外省商人聚集的重要区域之一，特别是当地在海外贸易中的地位，使得其货币经济的发展已经远超其他地区。

近代以来，珠三角成为中国重要的对外通商口岸之一，仍然吸引着中外商人来此贸易。这时西方先进的工业和技术开始渐次传入珠江三角洲，促进了珠江三角洲城镇经济向近代化的发展。民国时，因中原地区战争频仍和社会动荡，许多商人逐渐南下，在广州及其周边城镇形成许多商业团体。这些商业团体对这一时期珠三角区域商业城镇的发展产生了一定的影响。

三 民族性移民与珠江三角洲异质文化的传入

中国自古以来是一个多民族国家。先秦时期，广东省内居住有南越、西瓯、骆越等民族群体。自秦统一后，随着历史的发展，以及历代对岭南的开发和经营，民族间融合和同化频繁，广东乃形成以汉族为主体，并拥有瑶族、壮族、回族和满族等民族的人口格局。珠江三角洲原居民以越人为主，秦汉以来中原民族大量南下，在中央政治统治及其强大的文化影响下，当地越族逐步融合于外来的汉族之中，但那些居于山林，或偏远地区的越人，则仍然保持着传统的生活习惯，之后被称为"俚""夷僚""俚僚"，并逐步成为汉民族的一分子。[①]

在珠江三角洲地区的历史发展中，汉族之外，有瑶、壮、回、满等民族人口的迁入。瑶族迁入广东，约在五代或宋朝时期，仁宗庆历（1041—1048）前后，粤北部分州县已有瑶族活动。《宋史·蛮夷列传一》云："庆历三年（1043），桂阳监蛮瑶内寇，诏发兵捕击之。蛮瑶者，居山谷间，其山自衡州常宁县属于桂阳。郴、连、贺、韶四州，环纡千余里，蛮居其中，不事赋役，谓之瑶人。"[②] 其后，历南宋、元、明、清，陆续有瑶族迁入。从一些瑶族族谱和进入广东的瑶族来源地来看，他们大多数来自湖

---

① 练铭志等：《广东民族关系史》，广东人民出版社，2014。
② （元）脱脱等：《宋史·蛮夷列传一》卷四九三，中华书局，1977。

南，也有少数人由广西、福建迁来。明清时期，尚有不少汉族人徙居广东瑶区，并融入瑶族中。《明世宗实录》云，"广东新宁（今台山县）、新会、新兴、恩平之间，皆高山丛箐，径道险仄，奸民亡命者辄窜入诸瑶中，吏不得问"[1]。道光《东安县志·外纪》亦载，东安县（今云浮市云安县）"往往有奸民窜入瑶中，紊乱旧章"[2]。屈大均于《广东新语·人语》中谓，罗旁（在今罗定县南）瑶，"以盘古为始祖，盘瓠为大宗。其非盘姓者，初本汉人，以避赋役潜窜其中，习与性成，遂为真瑶"[3]。

瑶族文化内涵丰富，其古老的神话、种类繁多的民间文学、歌谣、谚语保留了不少本民族历史内容。《过山榜》是瑶族人民用汉文记录本民族历史的文献，它记载着瑶族族源、迁徙，以及远古时代的经济、文化、婚姻和习俗等。瑶人生活区域多在山区，其以种植杂粮和山稻为主，农闲时节集体狩猎，与外界联系较少。但瑶人所织衣料"其纹极细。其法以木板二片，镂成细花，用以夹布，而熔蜡灌于镂中，而后乃释板取布，投诸蓝中。布既受蓝，则煮布以去其蜡，故能受成极细斑花，炳然可观"[4]。通过这一制作工艺生产的布料经久耐用，质量上乘，远近闻名。汉瑶之间因此有了商品往来，山区瑶族人也与珠江三角洲市镇有了密切联系。

壮族的迁入主要是在宋元时期，至明朝，广州府之清远、增城、从化和连州及其属县阳山、连山，肇庆府之德庆、封川、开建、广宁、阳春、阳江，高州府之茂名、信宜、化州、电白，罗定直隶州之东安、西宁和广西梧州府之怀集县四府一直隶州十九州岛县，珠江三角洲地区分布了大量的壮族。除了这些主要的少数民族之外，还有畲族、苗族等少数民族迁往了珠江三角洲地区。[5]

壮族是岭南古老的民族之一，壮族的先民属于古代百越族群，与西瓯、骆越有血缘递承关系。历史上对壮族有过不同的他称，如僮、獞，或俚、乌浒、峒民、僚、俍等。明代广东壮族分布较广，广州府之清远、增城、从化，肇庆府之德庆、封川、开建、广宁及阳春、阳江等地均有壮族

---

[1] 《明实录·明世宗实录》，台湾"中央研究院"历史语言研究所，1965。
[2] 汪兆柯纂修《东安县志》，（台北）成文出版社，1974。
[3] 广东省地方史志编纂委员会编《广东省志·少数民族志》，广东人民出版社，2001，第59—60页。
[4] （宋）周去非：《岭外代答校注》卷六，杨武泉校注，中华书局，1999，第224页。
[5] 练铭志等：《广东民族关系史》，广东人民出版社，2014。

人。顾炎武于明清之际云："（僮）亦习中国衣冠、言语。"① 入清之后，随着珠三角城镇规模的扩大及汉族主流社会的延展，珠三角壮族人逐步融入汉族人中。至清末，除粤西北的连山厅和怀集县，其他地方已很少见到壮族人。②

迁入珠三角的回族主要分布在广州、肇庆和佛山。其来源主要有二：一是唐宋期间入粤贸易的信仰伊斯兰教的波斯和大食番客的后裔；二是明清时期由中国北方迁来的穆斯林官兵后裔、落籍于此的商人和宗教职业者等。明代回族主要留居广州和肇庆，清朝部分回族亦居于佛山，但他们中的大部分人于民国时期再迁移至广州。明清时期的广州回族主要生活于怀圣光塔寺、濠畔寺、东营寺和南胜寺周边，肇庆回族则以其所建清真东寺、西寺为社区。他们善经商，与珠三角城镇商业联系紧密，是这里城镇经济中的活跃分子。③

珠三角满族迁入于清朝，当时清政府为了维护岭南的稳定和社会秩序，于乾隆二十一年（1756）到三十二年（1767）的12年间，令京、津满洲八旗的1500名官兵，分别携带各自家眷迁往珠江三角洲进行驻防。这些人定居当地繁衍生息，发展成为今天珠三角地区的满族，族人称其为"落广祖"。这些驻粤八旗子弟，多生活在广州"旗民区"，驻地于广州府的南海县（今越秀区光塔路、惠福路一带）。民国建立后散居在越秀区境内。④

以上少数民族迁入珠江三角洲，为当地的社会发展注入了新的活力。民族迁移相伴随的是文化的传播，这些少数民族进入珠三角的同时，也将他们民族特有的文化带到这里，其各自所具有的异质性，亦促成了珠江三角洲不同文化间的交流，推动了城镇社会的发展，从而为珠三角多元文化的生成奠定了基础。

---

① （清）顾炎武：《天下郡国利病书》，上海古籍出版社，2012。
② 广东省民族研究学会、广东省民族研究所编《广东民族研究论丛》（第十辑），广东人民出版社，2000。
③ 邱树森主编《中国回族史》，宁夏人民出版社，1996。
④ （清）戴肇辰、苏佩训修，史澄、李光廷纂《中国地方志集成·广东府县志辑·光绪广州府志》（一）卷十五《舆地略七》，上海书店出版社，2003；汪宗猷主编《广东满族史》，中国戏剧出版社，2006。

四 移民对岭南文化形成之影响

大规模的移民运动历来均伴随着农业、手工业的一系列技术交流和文化的传播。历史上北方地区不间断地移民融入，自然也促进了岭南文化多元化格局的形成。进入岭南的移民中，有世家望族、底层流民、戍边军士、流放罪犯、商业移民和贬谪官员等，他们将中原地区的思想文化、生产技术和生活习俗带入当地，为岭南地区注入了新的活力，使北方文化与当地文化杂糅、交融，使得岭南文化丰富多样，颇具地域特色。

秦汉时期是岭南地区开发的重要阶段，这时迁往岭南的移民多为因南征而遣戍并占籍岭南的军人。这些南迁的中原人将北方农业方式和手工业技术带入岭南，尤其是铁制农具和牛耕的传入对岭南农业进步起到了较大的推动作用。而移民中的商人、官吏等，则将中原的礼乐文化传到岭南，促进了中原文化和南越文化的融合和交流，使得岭南社会在生活习俗、语言、文化等方面开始受到中原地区影响。

汉武帝时实行"罢黜百家，独尊儒术"的思想统治策略，儒家文化成为整个汉帝国社会文化的核心。中央政府在全国设立学校，以教习儒家学说。时迁往岭南地区的中原官民也在当地设立教育机构，将儒家文化传入该地，从而加强了岭南与中原的联系，儒家文化逐步植入岭南地区伦理道德中。"一些地方史籍中就有所谓岭南'巨孝'的记载，如有寒夜温席，让父母安睡的；事亲理家，以至于退让产业的；更多的是双亲亡故，守墓三年的忠孝行为等等。"[①] 这些都反映了儒家文化于岭南的影响。

魏晋南北朝时期，迁居岭南地区的中原移民多为世家望族和一些流民。这时东晋与南朝为加强对岭南移民的管理，在当地设置了侨置郡县以安置北方移民。新设侨置郡县内，推行中原礼教文化。地方官吏修牌坊、建宗祠，使以孝悌和烈女为核心的伦理道德观念逐渐成为岭南人的生活准则，"其流风遗韵，衣冠习气，熏陶渐染，故习渐变，而俗庶几中州"[②]。

---

① 李权时主编《岭南文化》，广东人民出版社，2010，第59页。
② （清）戴肇辰、苏佩训修，史澄、李光廷纂《中国地方志集成·广东府县志·光绪广州府志》（一）卷十五《舆地略七》，上海书店出版社，2003，第263页。

与此同时，北方丧葬风俗也对岭南产生影响。

唐宋时期，随着以儒家思想文化为圭臬的科举考试的推行，儒家文化在岭南的影响进一步加深。此前，岭南文化教育的发展较为滞后，唐朝中央政府为加大对岭南地区的开发，重视岭南地区的文治教育，在当地各州县大力设置官办学校，营造文教风气。官方对文教的重视，也促使岭南私人教育蓬勃兴起。两宋时，岭南移民人口不断增长，他们中有不少儒学家和官绅，移居岭南后便大力创办学校和书院，使岭南文化发展进入一个繁盛时期。[①]按道光《广东通志》、光绪《广州府志》等文献记载，南宋时，岭南各州均开办有州学，大部分县亦都有县学，官学数量达到68所，所建书院亦已有41所。其中较著名者如南雄孔林书院、潮州韩山书院、海南东坡书院等。这些州学、县学、书院培养了大批士人，使岭南儒学文化得到很大的发展。[②]据《广东通志·选举表》，这一时期广东高中进士者，唐代有38人，宋代则已达573人，他们中涌现出不少儒学家，如刘轲、吴武陵、赵德、王大宝等，亦不乏因科举而显身者，王大宝即在宋高宗时考中进士，后历官至礼部尚书。明朝中央政府于岭南遍设卫所，派遣大量北方军士南下驻防。这些官兵在岭南长期的戍防中，也将自己的传统思想、行为方式传播到当地社会。[③]至明末清初，清兵入关，明皇室后裔及遗臣进入岭南，在忠君观念和民族意识影响下，岭南各地掀起了声势浩大的反抗清军的斗争。清朝建立，岭南社会经济逐步得到恢复，文化教育事业也获得很大发展。各地府、州、县学体系逐步完备，社学、书院如雨后春笋般遍布城乡各地，民间社学发展尤其迅速。雍正《广东通志》载，时广州府社学数达306所，数量最多；肇庆府位居第二，有75所。此外，惠州府58所，潮州府47所，韶州府44所，高州府32所，廉州府30所，琼州府27所，雷州府17所，南雄府16所，连州9所，罗定州6所。清代岭南社学的发展反映了这时乡村文化教育的普及和发展。[④]

[①] 徐奇堂：《唐宋时期岭南文化的发展及其原因》，《广州大学学报》（社会科学版）2002年第1期，第5页。
[②] 光绪《广州府志》卷六四，（台北）成文出版社，1996。
[③] 何一民、吴朝彦：《明代卫所军城的修筑、空间分布与意义》，《福建论坛》（人文社会科学版）2015年第1期，第9页。
[④] 广东省地方史志办公室辑《广东历代方志集成（省部·五）》，岭南美术出版社，2006；阮元：《广东通志》，商务印书馆，1934。

清代岭南经学也取得了很大发展，产生了许多经学家。惠士奇、全祖望、钱大昕等名儒不仅在研究经学方面成就卓著，而且在推动岭南经学发展中也作出了贡献。对粤派经学发展影响较大的阮元创办学海堂，开创了广东朴学风气，为粤派经学发展培养了大批人才。①

　　总之，在珠三角历史发展进程中，北方移民人口及其文化对当地文化的形成、发展起到了举足轻重的作用。尽管岭南独具地域特色的文化受到多方、多重因素的影响，但历代中原移民及中央王朝的政治统辖在岭南文化形成中无疑起主导作用。

---

① 李权时主编《岭南文化》，广东人民出版社，1993。

从"二元社区"到社区融合*

2017年,中国农民工数量达2.86亿人。① 在全国各省(自治区、直辖市)中,广东省是重要的人口输入大省。2016年,东莞的年末常住人口在广东省仅次于广州、深圳两个城市,达826.14万人,但其中户籍人口仅200.94万人②,在人口结构上形成了本地人与外地人严重倒挂的现象。

关于外来工和输入地居民、政府之间的关系,学界曾提出"二元社区""二元结构""二重社会""三元社会"等理论构想,或倾向认为双方虽有一定的经济联系,但彼此关系主要是"两个社区的叠加",或认为外来工与当地居民形成了一种"利益一体化"关系。其中,"二元社区"这一概念最早是由笔者基于珠三角村镇的长期研究以及乡村都市化、工业化背景下提出来的,并将其定义为:在现有户籍制度下,在同一社区(如一个村落和集镇)外来人与本地人在分配、就业、地位、居住上形成不同的体系,以致心理上互不认同,构成所谓的"二元"。③

之后,学界关于"二元社区"的讨论日益增多,相关研究也拓展了"二元社区"的应用范围。如马西恒等基于上海某社区的城市新移民研究,

---

* 本文系2018年度教育部人文社会科学重点研究基地重大项目"从地域社会到移民社会的转变——中国城市转型研究"(项目编号:18JJD84002)的阶段性成果,由周大鸣、郑梦娜撰写,原载于《青年探索》2019年第5期,第48—60页,题为《从"二元社区"到社区融合——以东莞虎门太平村为例》,收入本书时有修改。

① 国家统计局:《2017年农民工监测调查报告》,国家统计局网站,2018年4月27日,http://www.stats.gov.cn/tjsj/zxfb/201804/t20180427_1596389.html。

② 东莞市统计局、国家统计局东莞调查队:《2016年东莞市国民经济和社会发展统计公报》,中国东莞政府门户网站,2018年12月21日,1http://www.dg.gov.cn/zjdz/dzgk/shjj/content/mpost_360309.html。

③ 周大鸣:《外来工与"二元社区"——珠江三角洲的考察》,《中山大学学报》(社会科学版)2000年第2期,第107—112页。

提出新移民的社会融合要经历"二元社区"、"敦睦他者"和"同质认同"三个阶段。① 韦仁忠运用这一阶段划分理论对三江源的生态移民与当地居民间的社会融合进行分析，提出新移民与当地居民都在尝试建立一种更为恰当的互动关系，并转向一种理性、兼容和合作的"新二元关系"。② 而华羽雯等借用"二元社区"的概念，对上海郊区农村的外来农民与本地居民间的关系进行了阐述，从资本、关系、冲突、结构等方面分析了二元社区边界的形成原因。③

骆腾以东莞增埗村为例，对改革开放后逐渐工业化、都市化的增埗村"二元社区"形成与变化进行了实证分析，认为由于外来工对当地经济的巨大贡献，外来工与本地人的关系从开始的隔离渐变成为融合，但也应清醒认识到"二元社区"并未根除，反而在新的历史时期产生了新的问题等。④ 笔者曾从社区的空间构成、住房类型、房屋权属、定居意愿等四个方面对都市化过程中二元居住空间的形成及变迁进行了分析，提出房屋与土地权属的复杂化、社区经济结构的复杂化，与传统的亲缘、地缘关系是"二元社区"长时间存在以及内在人际关系冲突发生的成因。⑤

综上所述，以往的研究对"二元社区"的定义、成因、转变等方面关注较多，但研究"二元社区"本身并非是我们研究的最终目的，我们透视"二元社区"的目的是要探讨"二元社区"如何能走向融合以及在融合中可能出现的新问题。

相对"二元社区"，有关"社会融合"的研究则多得多，悦中山等人对国外相关理论进行了较为完整的概括⑥，在此不多论。国内多数学者认为，"社会融合是个体和个体之间、不同群体之间、不同文化之间互相配

---

① 马西恒、童星：《敦睦他者：城市新移民的社会融合之路——对上海市 Y 社区的个案考察》，《学海》2008 年第 2 期，第 15—22 页。
② 韦仁忠：《"二元社区"到"敦睦他者"——三江源生态移民的社会融合解读》，《西藏大学学报》（社会科学版）2012 年第 6 期，第 20—25 页。
③ 华羽雯、熊万胜：《城郊"二元社区"的边界冲突与秩序整合——以沪郊南村为个案的调查与思考》，《上海城市管理》2013 年第 3 期，第 49—55 页。
④ 骆腾：《冲突中的调适：城市二元社区新探——基于东莞市增埗村的实证研究》，《广西民族大学学报》（哲学社会科学版）2009 年第 2 期，第 45—50 页。
⑤ 周大鸣、田絮崖：《"二元社区"与都市居住空间》，《山东社会科学》2016 年第 1 期，第 90—95 页。
⑥ 悦中山等：《当代西方社会融合研究的概念、理论及应用》，《公共管理学报》2009 年第 2 期，第 114—121、128 页。

合、互相适应的过程"①。而社区融合应该是与社会融合既相关又有区别的概念。社会融合更多的是指一个社会中不同的群体的互动交往，尤其是涉及弱势族群与主体族群之间的关系，关于社会融合的理论有"同化论"和"文化多元论"。社区融合，主要是指社区居民平等地、全面地参与社区生活，增进外来移民与本地居民的交往与互动，消除社区隔离等，关于社区融合的理论包括"社会排斥论"。也有学者认为，社会融合与社区融合是不同层面的话题。在当前社区治理的现实压力下，仅仅从社会融合去强调外来人口的融合是远远不够的，而应从关注社会融合转变为关注社区融合。从社会融合到社区融合的设想是为了更聚焦外来人口本土化，从行政管理角度和微观服务层次上做好制度设计和安排，尤其是在创新社会治理加强基层建设的背景下，重新考虑通过重心下移、资源下沉和权力下放构筑新型的社区治理关系，在街道、社区层面做好"最后一公里"管理服务工作。② 促进社区融合是社工在社区建设中的重要任务。

本文将以东莞虎门太平村为例，描述其"二元社区"形成过程，并分析它从社会排斥到社区融合的发展趋势以及在新的历史时期所面临的融合阻碍。

一　从农业村到工业村的变化

太平社区位于珠江口东岸，东莞市西南部，虎门镇南部。东邻长安镇的上角社区，西接虎门镇的新湾社区，北接东风、金洲社区，西南为沙角社区，正南为宴岗社区，东南为路东社区。社区东西直线距离约 4.48 公里，南北直线距离约 2.28 公里，总面积 8.18 平方公里。距离虎门镇政府驻地约 4 公里，距东莞市政府所在地莞城约 29 公里。1949 年至今，太平的行政区划经历了乡—生产大队—乡—管理区—村—社区等六个阶段。2005 年虎门镇试行村改居，太平村改成太平社区，设太平居民委员会，下辖西头、冲元、元头、南冲口、三蒋、八行坊、平岗、新村等 8 个居民小

---

① 任远、邬民乐：《城市流动人口的社会融合：文献述评》，《人口研究》2006 年第 3 期，第 87—94 页。
② 杨秀菊、刘中起：《生活、关系、空间：城市社区融合共建的三维逻辑——基于上海市 D 社区的案例研究》，《城市观察》2018 年第 1 期，第 145—156 页。

组，标志着太平完成了行政上的城市化转变。①

（一）农业村的发展历程

改革开放之初，太平是一个典型的沿海农业村。1978年，太平大队总户数963户，总人口数3726人，有18个生产队，可支配收入仅1万余元，人均收入不足200元。大队企业只有一个农机服务站、两台拖拉机、一个瓜菜收购站、一个林场和锯木场、两台农用运输车、数个小食品站和代销店。除农田和林地外，全队的集体固定资产不足10万元。

1949年至1978年，太平受到国家政策的影响较多，集体并未掌握自主经营权力。在此期间，太平的经济发展分为三个阶段。第一阶段是新中国成立初期，太平乡实行土地改革，经济得以恢复。第二阶段是1956年至1966年，太平乡在"大跃进"运动中为了炼钢，组织农民砍伐三台山、象山等山上林木，一些老树、大树也被砍伐，当地的农业生产遭受挫折，1959年下半年粮食日益短缺，出现了严重的困难。20世纪60年代初，虎门出现新中国成立后最大规模的偷渡香港风潮。从50年代到70年代，太平近海常年有人偷渡香港，至1961年出现了多达数百人的偷渡高潮。据1965年的统计显示，太平大队近50%的农户有境外汇款收入，每月全大队平均每户收到汇款5000多元。1962年后，太平通过贯彻国家方针，经济逐渐得以恢复。太平大队各生产队交完国家征购粮和集体提留粮后，平均每人每月口粮约35斤稻谷（折合25斤米），每户平均年收入472元，每人平均年收入137元。第三阶段是1966年至1978年，受十年"文化大革命"影响，这一阶段的太平经济严重受挫，不少人千方百计偷渡去香港，年轻人常在渔港附近练习游泳，为偷渡做准备。太平乡在农业学大寨运动中贯彻国家的经济计划，一年种三造，包括两造水稻、一造冬季作物（冬小麦），笔者在居民小组偶遇60岁的警叔，他提起当地也曾像北方一样种植过小麦。1973年，太平大队团结生产队共53户，除1户五保户、4户劳动力较弱、5户靠港汇款外，其余43户都有搞"私捞"的自留人，全队114个劳动力，出勤率只有50%。

（二）工业村的发展历程

改革开放后，太平工业快速发展，这一过程可以分为三个阶段。一是

---

① 《东莞市虎门镇志》，广东人民出版社，2010。

工业起步阶段。20世纪80年代，太平大力引进外资发展"三来一补"企业，工业化进程明显加速，如在1980年1月1日引进港资开办了太平藤厂，开启了工业化道路。在西头村的翠溪祠堂中，同年还引进了五金厂、铸造厂和锡线厂各1家。然而，受基础设施不完善和厂房场地的制约，至1985年管理区只引进7家工厂。为了解决基础设施和厂房建设资金问题，太平乡在1984年建立农村投资站，收集村民手中资金来建设工业区，1987年建成第一个工业区并引进7家企业，包括当时规模最大的国际文具厂。在此阶段，太平经济结构发生根本变化，工业成为太平管理区的支柱产业，如1979年当地农业收入为117.68万元，工业收入仅8.37万元，但至1991年当地农业收入仅997.6万元，工业收入高达3339.44万元。在此阶段，工厂中的工人仍以本地村民为主。据社区经贸办王主任介绍，他在上小学时，班上女同学大量减少，大多去工厂做工了。随着收入增加，村民们在田地上盖起新房并搬出旧村，很多50岁左右的村民仍清晰记得最初引进的藤厂、锁厂的位置，这些地方如今已变成高楼大厦和广场。这一时期，只有少数外来人口住进村民闲置的老房中，其职业以建筑工为主。

二是工业的快速发展阶段。这一时期奠定了太平工业发展的产业格局和空间格局。20世纪90年代，太平管理区建立经济联合社，在村民小组建立经济合作社，发展合作经济并实行政经分开。太平在90年代初兴起了"办厂热"，先后投资建立了六个工业区，管理区的三资企业有30多家，"三来一补"企业有150多家，这些外向型企业分属于制衣、塑胶、五金、电子、文具等十多个行业（见表1）。

表1　太平工业区概况

单位：平方米

工业区名称	创建年份	面积	涉及行业	企业
第一工业区	1985	266287.97	五金、文具、塑胶、制衣	外资10家，私营20家
第二工业区	1987	185221.69	制衣、五金、塑胶	外资2家，私营63家
第三工业区	1989	193114.15	制衣、五金、塑胶	外资5家，私营62家
第四工业区	1992	596101.43	电镀、印花纽扣、电子线路板	外资22家，私营150家
第五工业区	1994	733806.94	塑胶、玩具制品、制衣	外资22家，私营81家
第六工业区	1996	405046.96	塑胶、五金、制衣、食品	外资13家，私营37家

资料来源：太平社区居委会。

管理区在此期间大力发展集体企业，先后兴建太平酒店、太平造纸厂，但这些企业后期多因经营不善而破产。各村也开始集资办厂，如八行坊村在1995年共办来料加工企业15家。至1999年，太平集体纯收入达6537万元，工业企业及个体工商户达836家（户），其中个体工商户630户、外资型企业200家、集体企业仅6家，形成了以服装、塑胶、电子电器、五金、电镀、文具、玩具等行业为支柱产业的工业体系。太平工业的快速发展导致大量外来工进入，但由于早期厂房宿舍条件简陋且床位有限，外来工的租房需求日益增长，太平村的出租房经济开始发展，各种社会治安问题也开始出现。

三是工业的波折发展阶段。2000年后，太平投入大量资金进行基础设施建设，为工业发展提供保障，太平经济保持平稳增长。社区的基础设施如学校、医院、公园等得以快速完善，社会福利体系日益完善，先后提供了养老金、奖学金和助学金、困难户医疗补助、免费供给粮食等一系列福利。

2008年，受国际金融危机的影响，社区内普遍存在的"三高一低"（高收入、高消耗、高排放、低效益）工厂企业以及缺乏技术、自主创新能力的中小型企业遭受重创，数量逐渐减少，社区经济出现下滑。社区开始实行"三旧改造"，对原有厂房进行改造。由于太平的工业企业多是"三来一补"加工贸易型企业，社区主要收入来源于厂房租赁，加上本身缺乏独立经营的工业企业和规模性的实体经济，太平经济结构的问题在金融危机中暴露出来。2008年后，太平的外来工数量也逐年减少，大量工人在产业向内地转移的背景下返乡务农，如今当地出租屋经济已呈现供大于求的状况，如笔者在调查时所居住的出租楼一半房间是常年空置的。

太平在这一阶段完成了行政都市化的转变。2005年，太平在保留集体经济的前提下完成"村改居"，实现了由农村到社区的转变。同年，太平实行"生不改，死不减"的股份制改革，每年每位太平居民领到分红在6000元左右。分红由社区和居民小组的福利共同组成，社区会给全体居民购买社会保险、养老保险等，居民小组在传统节日会分发礼品或现金，如2018年中秋节前一天，八行坊居民小组给每位居民发放200元的节日津贴。

（三）发展中的人口结构变化

根据外来人口和户籍人口的比例结构，可以将太平的发展分为三个阶段。

1. 1978—1990 年

在改革开放初期，在工厂中打工的多是本村村民，外地人很少，据村民回忆："记得当时，去学校读书的时候，班上的女同学少了好多，不少都去工厂做工了。"到了 20 世纪 80 年代末，开始有外来工进入太平务工，以建筑散工为主。这一阶段进厂务工的外来人口多是有组织性的迁移，并且多是来自广东省范围内，来自外省的外来工并不多。

2. 1990—2000 年

到 1990 年，太平户籍人口有 3842 人，外来人口有 5510 人，外来人口开始超过本地户籍人口。伴随 90 年代的办厂热，大量的外来人口涌入太平。外来人口在 1995 年有 1.8 万人，到 2000 年前后最多时达到 8 万人。在这一阶段，外来人口的数量突飞猛进，其中大量人口来自四川、湖南、广西、江西、河南等省份。

3. 2000 年至今

2000 年，太平户籍人口有 4509 人，外来人口 5.7 万人。目前太平的户籍人口中男性 2553 人、女性 2687 人，其中人数最多的是王氏，有 833 户 2608 人，其他大姓有陈氏、麦氏、梁氏、蒋氏、吴氏、谭氏，此外还有张氏、黄氏、李氏、卢氏、潘氏、邓氏、何氏、封氏、刘氏等人数较多的姓氏。户籍人口的数量上从改革开放至今呈现缓慢增长的趋势。

2000 年后，本地人口与外来人口的比例基本维持在 1∶10。在调查中，笔者发现这些外来打工者多来自四川（达州）、湖南、江西、广西及河南（南阳、驻马店、信阳）等地，广东省内则多是来自阳江、肇庆、河源等地，很多外来人口于 20 世纪 90 年代就已经来到了太平。

二 "二元社区"的形成

从人口结构来看，太平早已从一个以本地户籍人口为主的乡土社会变成了一个以外来人口为主的移民社会。20 世纪 90 年代开始，随着外来人口的进入，以契约和利益为准的市场规则逐渐渗透到以血缘和地缘关系为基础的熟人社会，而对外来人口而言，这是一个充满着"陌生人"的熟人社会，这在日常生活中得以体现。例如，从语言上看，太平话已不是唯一在社区中被使用的语言，普通话在菜市场、学校、居委会、饭馆普遍被使用，还有四川话、湖南话、河南话等不同方言，本地人一讲普通话还要附带上"我们普通话讲不好"；从饮食上看，太平有四川菜馆、湖南木桶饭、重庆烤鱼、潮州猪脚饭、河南烩面馆等各色地方菜馆和地方美食，其中四川菜馆最多，食物随着人们的迁移而扎根，甚至本地不少小孩也能吃辣。

（一）外来工身份与历史记忆

太平的外来人口多是依赖工厂而存在的，他们多集中在德源国际文具厂、康源电子厂等大厂中，外来工以青壮年为主。除了外来工，在太平做生意的人（便利店、饭馆、小厂）也多是外地人，居住在村中和工业区的外来人口各占一半。外来人口从地域上可分省内（河源、阳江、肇庆等非珠三角地区）和省外（四川、湖南、江西、广西、河南，其中四川人最多）两类。值得一提的是，外来人口的家庭式移民较普遍，老人、小孩也成为移民人群，但并未在统计数据中体现。

20世纪80年代初，进城的农民被定义为"流动人口"。越来越多的农民涌入城镇，给当地卫生、治安、教育等带来了较大压力。虽然他们在经济上作出了贡献，但常被地方政府当作社会问题的源头，因此产生了类似治安队的地方组织。那时，流动人口必须无条件配合治安队，除了要办理暂住证外，还需上报个人职业、来源地、停留时间等信息。如未办理暂住证，他们不能进厂打工，如果被查到则会被遣返。

出租屋的变化。20世纪90年代是出租屋市场快速发展的时期。早期的出租屋多是村民不住的旧房（70年代前的"亚房"和80年代的石米房），村民一般通过"整栋出租"的方式来处理闲置房屋。那时正是村中宅基地扩张，农田变成新村的时期。除现成房屋外，有的村民还在空地上临时搭建铁棚房用来满足巨大的市场需求。"那时候一个房间用几条布隔开就能住几户，现在一个老房子才住几个人。"

90年代末，由于出租房有利可图，村民开始建设专业出租楼，一楼用于自己居住，上面几层用于出租，出租房多是单人间并带独立厕所和厨房，业主在房子一边开个侧门供租户进出。这类房屋在2000年后快速兴起，是村中最常见的出租房形式。由于大量外来人口的涌入，出租屋成为社会治安问题频发地。流动性大、异质性强的流动人口被当作社会治安问题的根源而受到严格监控，相关管理条例也应运而生。下文以村出租屋管理制度为例进行说明。

1. 出租屋主有责任管好住户，要了解他（她）们的地址、身份证号码及职业，才能出租；

2. 出租屋主要对住户负治安责任，谁家出事谁家负责；

3. 每间出租屋都要有一名得力人员负责管好房租。平时要注意人员的来往。要督促住户每月办好"暂住证"，缴纳治安管理和卫生费；

4. 凡住在我村的夫妇要持有"结婚证""计生证"，否则作非法同居及违反计划生育论处；

5. 凡住在我村的民工，必须持有"暂住证"、保留每月的治安管理费及卫生费的发票收据，否则作"三无人员"处理；

6. 住在村内的民工，在晚上十一点过后，不要大吵大闹，影响别人的作息。晚上十二时后，非住本村人员不准进入村内，违反送至治保会处理；

7. 住户的亲友探访时间：上午十一点至一点，下午五点至晚上八点，违反罚款50—100元；

8. 居住在我村的人员，需在每个月1—3日前缴纳卫生费，临时住入的要在当天补交，违反罚款30—50元；

9. 住户要做好环境卫生保洁工作，多人居住在一起容易发生传染病，每间出租屋都要安排人员轮值搞卫生，不准随地乱倒垃圾，违反每次罚款20元；

10. 严禁在出租屋内赌博、吸毒等违法行为，一经查获，交公安部门处理。

以上制度，屋主与住户要共同遵守。

村委会和当地宗族的联系密切，他们在监控流动人口方面起到了重要作用。村委会如管理区一样，通过收费和办证来管理流动人口。村集体试图利用"屋主"和"住户"的绑定关系来保障村庄的安全，如住户违反规定，屋主也需承担连带责任。村集体通过管理制度对这些来自外地的"陌生人"实施管控，如不得晚归、非本村住户不得进入等。

在分配上，本地人享受着村集体的股份分红和其他福利，外来人只有通过务工或小生意来获得收入；在就业上，本地人受到单位制社区的庇护，如管理区安排了很多有文化或有关系的村民去工厂担任厂长、出纳、会计等。外来人口进入工厂后接替了本地人原来作为普通工人的工作，掌握技术和资金的村民纷纷开办小厂或作坊进行生产。太平市场在改革开放前就已经存在，20世纪90年代初市场中仍多是本地人在卖菜，据村民介绍："当时外地人想要在市场立足是很难的，多在本地人的摊位打工后再单独做，因为村民不会去外地人那里买菜，怕缺斤少两被骗。"

在居住上，原本工业区的建立就已将外来人口的大部分生活时间都隔离在工业区范围内，尤其是住在工厂的外来工更是与本地人没有交集。即便是工厂以外的出租屋，要么整栋出租，要么几层出租。前者房东不在场，后者一个侧门将本地人与外来工的生活区隔开，他们在居住上呈现出相互隔离的状态，在生活方式和经济地位上也表现出明显的边界。

外来人口间的地域性分割。其实从外来人口自身来看，地域仍是划分彼此的重要标准，这是以往"二元社区"研究中缺乏关注的。在近30年的人口流动历史中，在有些地区，地缘与行业相结合，形成社会劳动分工。在太平的旧村中，地缘主义与邻里关系相结合，形成了广西人、四川人、河南人小型聚居区，他们虽然原本并不相识，后来住在一起后才发觉这片都是老乡，这种以新的地缘和血缘为基础的邻里，使他们在文化上更加排斥外人，形成生活上的互助圈。

（二）本地人的认同与区隔

太平的本地居民包括社区居委会成员、服务站成员、社工站成员、村小组长及妇女委员、护村队和一般居民。在职业上，居委会、社工站、公园管理处、水厂、村民车间等"集体单位"为村民提供了工作机会，工资在2000元至3000元；在居住格局上，太平的每个自然村基本都靠山而建，新村的居住空间也是在旧村基础上向外扩张，如八行坊村的多数居民仍住在旧村附近，他们的居住格局并未发生太大变化，作为传统中心市场的太平市场在其日常生活中仍发挥重要作用。

在心理认同上，外来人口与本地人存在明显的边界和区隔。一方面，称谓体现着对对方身份的态度和心理，20世纪90年代时，"北佬""laomei"是太平本地人对外地人带有歧视性的称呼。另一方面，本地人对外地人的歧视和不满，还体现在治安方面，如本地人常将犯罪与外来人口联系在一起，形成刻板印象和社会歧视。在本地人看来，外地人不是村里人，偷东西抢东西不受道德的制约。村民认为，"本地人不会做这种事，要不然没法在村里继续待下去"。而媒体对犯罪行为的报道中常常有户籍信息，这也起着推波助澜的作用。

案例1　社工活动中心的按摩椅的故事

有一天，我上班忘记带办公室钥匙，就去老年人活动室坐会儿，刚好碰到一个护工推着轮椅进来，轮椅上坐着一位老人，进来后护工就坐在按摩椅上，陈婆看到后就去赶她走，说："这是给本地人坐的。"陈婆在旁边还跟我讲："谁知道她有没有什么病？坐了后传染给我们怎么办？"①

通婚是维系两个族群之间关系的重要方式。本地人娶外地媳妇的情况很少，在当地家公家婆的眼中，娶外地媳妇是一件很丢人的事情。在一个传统血缘、地缘关系还没有被打破的村庄中，面子仍旧是极其重要的。在社会关系上，外来的媳妇嫁给本地人后，便会有很多来自外地的亲戚来找她和她的老公帮忙找工作，在没找到工作前，甚至会住在本地人家里，给本地人带来了很多麻烦。

案例2　一个外地媳妇的遭遇

刘××，1991年从广西玉林来太平打工，和老公一见钟情，1993年结婚。老公有一个弟弟，两个姐姐，家公家婆一开始就反对他们结婚，老公以不回家反抗。结婚后一个月，就与公婆分开吃饭了，她在太平市场开了一家香火铺，卖拜神用品，和一个卖报纸和六合彩的河南人共用一个店铺，平时她只有早上开店。她说现在也挺后悔的，本地人看不起外地人，和家婆关系一直不好，这边没有亲戚，只有自己一个人在这里。②

从护村队到服务管理站。1989年，太平在原来治保会基础上建立治安队。治安队由社区组织管理且下设护村队，护村队由居民小组组织且另有巡逻队，平时在村中的巡逻队由四个村各出一人组成。护村队基本是本村

---

① 2017年8月来自社工负责人的讲述。
② 2017年8月4日对刘××的访谈。

人，由居民小组支付工资，在招募时优先考虑本地户籍人员，人员不足时才招外地人。2000年前，外来流动人口被看成社会治安的隐患之一，社区对他们的管理只是简单地查暂住证，如果外来人口没有暂住证就强制办理，否则就要被遣返。2000年，社区和公安共同成立了流动人口服务站。从2000年至2013年，服务站由社区和公安共同管理，由社区提供人员和工资。服务站在2013年被政府收编，主要负责人口登记、消防、计生等工作。

本地人的篮球比赛。社区每年最大型的活动是八村篮球赛，寒暑假各举行一次，包括青少年组和成人组。笔者在田野调查期间曾去观看青少年篮球赛，比赛全程使用粤语，参加比赛的都是本地户籍人口，居民参与度很高，尤其是在决赛时，体育馆更是坐满了当地居民。在比赛现场，座位象征着观众各自的身份，如本地居民很自觉地坐在主席台附近，为同村、同宗族、同家庭的队员鼓掌助威，而外地人则坐在另一侧与身边的朋友聊天，在看台上他们只是临时的观众。

本地人的游园活动。2018年中秋节，太平社区在小学举行了游园会，由社工站负责操办。由于是社区提供活动经费，因此他们并不希望大量外地人来参加游园活动和占用资源。工作人员在游园会前已置办好了所有的活动物品，并设置好游戏、表演等摊位，免费供社区居民娱乐。虽然活动有近2000人参加，但只有本地户籍人员参加，礼品在一个小时便分发完毕。由于礼品的价格较高，居委会的维稳人员和治安队会一起审核领奖人的身份。

隐形的门槛。外来人口除了在参加社区活动方面受到一定的区隔外，政府政策所提供的社会资源，如积分入户、小孩入学等制度也存在隐形门槛来限制外来人口享受当地的社会资源。以公办学校读书为例，按规定孩子入学要有居住证、准生证、出生证、计划生育证明、结扎证等，证件不全是孩子无法获得公办教育资源的主要原因。地方制度会更偏向于高层次的外来人口和证件完善的年轻一代外来工，属于控制外来人口子女入学的隐形门槛之一。

三 从"二元社区"走向社区融合

国家对待农村外流人员的政策有一个变化的过程。1978年，我国开始实行改革开放，家庭联产承包责任制在农村普遍实施，但是以户籍制度为核心的城乡二元体制仍然存在，人口迁移仍然受到严格控制。面对重新出现的人口流动，政府最初的反应是压制。1981年，国务院颁布《关于严格控制农村劳动力进城做工和农业人口转为非农业人口的通知》等条令以阻止农民向城市流入，明确提出"要控制农业人口盲目流入大中城市"。

从1984年到1988年，中国政府开始允许人口流动。国家制定并颁布允许农民自理口粮进入城镇落户的政策，进入地点多为乡镇企业和小城镇，以"离乡不离土"为主要特征，流动的主体是当地的农民工。到1987后广东省政府开始组织省内贫困地区的农民到珠江三角洲打工。1988年我国经济出现低潮，国家政策随着民工潮又出现缩紧，如1989年国务院办公厅颁布《关于严格控制民工盲目外出的紧急通知》等。到1994年国家政策再次放松，劳动部在1994年颁布《农村劳动力跨省流动就业管理暂行规定》，首次规范流动就业管理制度等。事实上，东莞市在对待农村外来人员的态度上也经历了以上的变化，也看到了外来工对本地经济发展所作出的巨大贡献。

（一）外来工称呼的变化

在东莞市2007年第25号文件中，发布了用"新莞人"作为新称谓取代"外来工"的通知，并规定"新莞人"包括不同领域不同层次的外来劳动者和建设者。"新莞人"的称谓比较亲切和雅致、包容性强、涵盖面广，有利于消除本地人与外地人的隔阂，增强相互之间的理解与信任，有利于增强来莞员工对东莞的认同感和归属感，改名为"新莞人"体现了"海纳百川、厚德务实"的东莞城市精神，并要求各镇（街）、各单位今后在有关外来工的各种公文、讲话、宣传等正式文件及口头称呼中，统一使用"新莞人"的称谓。在政府的定义中，"新莞人"包括不同领域不同层次的外来劳动者和建设者，既包括享受政府积分入户和子女入学政策的外来人口，也包括在基层社区中长期居住的外来人口，还有经常流动的外来人口。

（二）政府机构的设立和新的公共服务

2008年2月，在市政府工作机构序列成立正处级的新莞人服务管理局，镇街、社区分别成立32个新莞人服务管理中心和621个服务站，这是全国首个地级市流动人口专职服务管理机构。出台《关于改善新莞人居住条件的指导意见》等，从2008年起，东莞市投资近10亿元大力实施安居工程；在子女教育上，推行积分入学政策，为新莞人子女提供足够优质的学位资源；2010年10月，正式开始接受新莞人积分制入户报名申请，让新莞人有机会获得与本地户籍人员同等待遇。

(三) 针对新莞人的社工服务

新莞人幼儿学堂项目是面向太平社区内新莞人家庭3—5岁未入园的幼儿，项目提供启蒙教育、舞蹈、绘画、礼仪等早教成长教育。每期20名左右幼儿，授课内容包括歌曲、语文、数学、绘画、舞蹈、基本礼仪、亲子活动等，每人收取80元费用，前后持续两个月左右。在上课期间，由家长负责接送。此项目已持续举办了近3年，在还没有正式宣传之前，基本就已经报满了。

(四) 社区餐饮的多元化

目前，太平区内共有餐饮店80多家，其中有4家提供银行卡消费服务。餐饮从业人员520多人，总经营面积达2400平方米，其中粤菜酒楼食店8家，川菜馆15家，湘菜馆12家，特色餐馆18家。餐饮店营业时间一般从早上7点至晚上12点，大部分餐馆提供订餐和送餐上门服务。在80多家餐馆中，仅有3家餐馆的经营者是本地人，其中1家为西餐厅、1家为粤式茶餐厅、1家为川菜馆（厨师为四川人），其他餐馆的老板都是外地人。

(五) 混合的居住空间

由于宅基地面积有限，本地人家庭既要满足自身的居住需求，又同时需要兼顾房屋出租可能带来的丰厚收益。因此，大多数本地家庭会将自家房屋翻修成六层半的小楼，一楼二楼供家庭成员居住，楼上则分隔出小房间用于出租。在这种情况下，房东家庭、房东的近亲家庭、外来务工者家庭同时居住在一栋楼中。本地人口与外来人口混杂居住在一起，打破了村民原有的生活格局，增加了不同人群交流互动的机会。

(六) 公园里的广场舞

在居民自发组织的社区娱乐活动中，一方面，外来人口和本地人之间形成了合作关系，相互依存，共同在一个公共空间中跳舞；另一方面，外来人口可以免费使用社区的音响、公园等资源，在日常娱乐活动中享受到了便利。另外，在表演中也存在一定的秩序，如本地人站在前两排跳舞，外地人则站在队伍后面。

四 结论与讨论

经历了40年的历程，早期进入城市的外来人口面临新的问题，如何处理本地人与外来人口之间的关系，是基层社区必然面临的问题。在人口政策方面走在全国前列的东莞市，创新地提出了"新莞人"概念。但是政府对"新莞人"的社区管理，实际上是一个将外来人口符号化的过程。针对他们实行专门的服务，但是这并没有帮助他们更好地融入当地社区，反而是强化了他们与当地村民之间的边界，并强化了日常生活中的群体区隔。

国家、社区和市场成为这个发展过程中常常出现的三种力量。国家话语在塑造大众的想象中发挥着重要作用，尤其在20世纪90年代，外来人口被当作"流动人口""三无人员""治安隐患"被进行管控。社区租赁经济的发展是市场力量的突出表现，村民在市场利益的诱导下发展起了出租屋经济，通过总结经验以及和邻里交流，他们学会了鉴别"好"的租客，以免给他们带来麻烦。在这个过程中，村民们也自愿地参与了流动人口的管理。

政府构建的想象并没有在基层社区实现。李培林认为一个完整的村落共同体，其实具有五种可以识别的边界：社会边界、文化边界、行政边界、自然边界和经济边界。① 而太平的社会边界和文化边界并没有完全开放，在社区中，外来人口与户籍人口享受不一样的社区权利，社区并不希望他们与村民共享资源，包括社区自有的资源和外界带来的资源。

只是相比之下，"二元社区"已经与20世纪90年代初有所不同。首先，外来人口已经不再只是最初那些因为贫穷而踏入城镇的外来工。经历了40年的发展，外来人口本身也在发生分化，这是过去很多研究忽略了的现象，比如外来人口已分化为生意成功的老板、各种自主经营的小商小

---

① 李培林：《村落终结的社会逻辑——羊城村的故事》，《江苏社会科学》2004年第1期，第1—10页。

贩、仍旧在打工的外来工等，他们在社会阶层和经济地位上有着明显的区别。而且农民工也有明显的代际差异，如第一代农民工进城主要是求生存，第二代是求发展，到了第三代甚至缺乏农村生活的经验；其次，原本在"二元社区"中发挥重要作用的"户籍制度"也在不断改革，在积分入户等政策下，有一批外来人口成功拿到了城市户口，户籍制度内化成一种社会结构来作用于他们的生活。

在外来人口不断参与一场场仪式的过程中，被符号化的身份标签建立着他们对"新莞人"的认同，这种认同会在他者的口头认同中逐渐加强。而在另外一些仪式中，他们作为局外人而存在着，逐渐强化着"与本地人不一样的新莞人"的认知。他们在享受着"新莞人"服务的同时，与本地人之间的边界也在强化。"新莞人"的称谓并没有让他们与本地人成为"一家人"，反而建立了新的边界和区隔。

总之，从"二元社区"到社区融合还有相当长的路要走，阻碍社区融合的因素有以下几点。一是集体主义遗产——股份分红。虽然社区有6万多人，但只有4000多本地户籍人口拥有股份公司的股份，集体资产带来的财富和利益只有他们可以享受，这是"二元社区"不断延续的最重要原因。股份公司实行"生不增，死不减"的固化规则，即新的孩子出生不再增加股份，家里有人去世也不减掉股份。广东省很多村庄的集体资产很庞大，只要集体主义遗产存在，便会影响到社区融合。虽然目前有很多外来人口已入户到太平村，但本地人户口和外地人户口在派出所实际上是分开管理的，在户籍上仍然可以区分本地人与外地人。

二是宅基地私人住房。珠三角是房地产行业快速发展的区域，宅基地和私人住房是一笔很大的财富，尤其是在东莞、广州、深圳等城市。珠三角地区很多村庄实行了村改居后，村民自己建造的房子都能卖出高价。因此，当地人拥有的宅基地就是一笔很大的财富，这也无形中导致外来人口与本地人之间存在巨大的财富差距，进而形成区隔。

三是基于户籍的福利政策。社区的医疗、教育、社保等重要的福利政策均是以户籍为基础的。例如社区的社保问题，缴纳社保的规定是只有自己缴纳的部分才能随人口流动，而企业代缴的那部分社保则不能带走。而缴纳社保一般是企业缴多数、个人缴少数，因此社保规定就不利于流动性比较大的外来人口。尤其是新的税收政策出台后，企业缴纳的社保将更多。如何做到全国一盘棋，避免基于户籍的福利政策导致本地人与外来人口之间的分化，也是需要关注的问题。

四是社区管理人员大部分为本地人。外地人不能参与社区的管理，权力结构仍以本地人为主，参加村民选举的都是本地户籍人口，他们仍是权力结构中最重要的角色。原来的村长、村支书在村改居后仍然是社区主任和书记，他们大多兼任股份公司的总经理并掌控财权，在管理结构上没有彻底的改变。2004年村改居后，原先的村委会管理体系仍然保留了原有农村的宅基地和原有资产的分红。事实上，固化的集体资产管理模式反而很容易导致经济丧失活力和缺乏监管，进而造成集体资产的流失。因此，一方面需要加强对集体资产的监管，另一方面也要增强集体资产的活力，比如聘请专业管理公司管理原有的农村股份制企业。

五是本村熟人社会的延续。太平本村的4000多本地户籍人口相互之间很熟悉，从而形成了一个利益共同体，习惯维护自己人共同的利益，因此无形中导致了本地人与外地人的区隔。

六是本地人优先的理念与政策。比如前文提到的广场舞案例，仔细观察会发现，所有人都觉得本地人应该站在前面，这其实说明了本地人优先的观念仍然存在，这也是阻碍社区融合的因素之一。

"二元社区"与都市居住空间[*]

一 "二元社区"的概念

笔者于2000年提出"二元社区"的概念，尝试对转型中的中国社会普遍存在的社区分异现象进行理论化和概念化，认为"二元社区"即指在现有户籍制度下，在同一社区（如一个村落和集镇）外来人与本地人在分配制度、就业、地位、居住上形成不同的体系，以致心理上互不认同，构成所谓"二元"；并分析了"二元社区"得以形成的原因，即寄生性经济和地方本位政策。[①] 在这之后，不少学者也针对这一现象进行了个案论证，比如陈光裕、徐琴从产权的角度对"二元社区"的居住格局进行了实证分析；[②] 骆腾以东莞市增埗村为例，历时性地分析了增埗村这个"二元社区"改革开放30年的发展过程，认为"二元社区"的结构在城市化过程中不但没有消失，反而会长期存在；[③] 华羽雯、熊万胜则以上海市郊的一个村落的城市化过程为例，分析了土地、技术在"二元社区"形成中的作用。[④]

---

[*] 本文由周大鸣、田絮崖撰写，原载于《山东社会科学》2016年第1期，第90—95页，收入本书时有修改。

[①] 周大鸣：《外来工与"二元社区"——珠江三角洲的考察》，《中山大学学报》（社会科学版）2000年第2期。

[②] 陈光裕、徐琴：《租、住区隔：城市中的二元社区及其生成——以产权为视角的个案研究》，《学海》2014年第2期。

[③] 骆腾：《冲突中的调适：城市二元社区新探——基于东莞市增埗村的实证研究》，《广西民族大学学报》（哲学社会科学版）2009年第2期。

[④] 华羽雯、熊万胜：《城郊"二元社区"的边界冲突与秩序整合——以沪郊南村为个案的调查与思考》，《上海城市管理》2013年第3期。

时至今日，城市中不同地域人群之间人际关系上的互动加深，外来人口原有的亲族网络、地域关系、性别分工、进城时间长短、务工种类的多元化等因素，也使得这个群体更加复杂多元。由此，原有的城市社区的社会结构不断变迁，社区关系也持续再造，在"二元社区"内部，更多时候出现了碎片化的发展，而未实现融合。基于此，笔者将对"二元社区"这一概念的内涵进行再梳理，分析都市"二元社区"的形成过程、内部冲突，并对治理提出相应的策略。

目前国内外对于都市居住空间分异的研究多从以下几个路径展开。其一是人文地理学的路径。这种路径借鉴地理学的空间及环境，特别是经济地理学的分析视角，关注空间内的土地利用方式、资源整合、经济关系等之于地理空间形塑的影响，且研究多从宏观层面展开，强调都市居住空间的分隔与宏观的都市化、城镇化过程及其内在变量的相关性。其二是政治学及政府管理的路径。这种路径多将流动人口视为"客位"主体，关注对流动人口的控制和管理，以此寻求对"二元社区"的治理办法。其三是社会学、人类学的路径。这种研究路径与都市人类学的研究颇有渊源。都市人类学萌芽于20世纪20年代，第二次世界大战以后开始受到关注，六七十年代迅速发展起来并成为人类学中的一个重要的分支。受"中心—边缘"及世界主义理论的影响，都市人类学的研究集中在对城市中的人群关系及社会关系的探讨上，特别关注城市族群关系、族群融合、贫富分化、种族歧视、性别关系以及社会不平等的主题，前期代表作如林德夫妇的《中镇》、威廉·福特·怀特的《街角社会》、Elliot Liebow的《泰利的街角——一项街角黑人的研究》等。在工业化背景下，从主位立场对城市底层人的生活给予关注是西方都市人类学研究的一大特色。

20世纪50年代，国内开始了大规模的快速的工业化建设，同时伴随一定程度的乡村城市化。此时的户籍制度规定农民和市民不可在城乡之间相互迁移。80年代后，户籍政策逐渐发生了改变，特别是农村社区在人多地少的情况下实行家庭联产承包责任制，农村产生了剩余劳动力，部分农民必须脱离"乡土"重新谋求生计。农民可以使用身份证自由进入城市务工，同时可以保留农村户籍。这并未打破原有的户籍制度，进城务工者在城市中生活，同时保留自己的农村户籍。户籍制度变革、流动人口进入城市，一个重要的结果是中国社会经历了从传统的乡土社会到城乡"二元社会"的转型。这既意味着城乡的区隔，也意味着乡村社区与都市社区在转型过程中的双重变革。人口流动对农村社区的一个重要影响就是流动人口的大规模迁出与回流，在一定意义上带动了农村社区的现代化；农村社区的乡村都市化，包括乡村工业区的建设以及乡村土地利用方式的改变，这又直接涉及农民与政府、移民的关系问题，而对城市社区最明显的影响是都市社区结构的复杂化。

二 都市化与"二元"居住空间的形成

以全国流动人口较为集中的珠三角为例，珠三角地区虽然在经济危机前后经历了"民工荒"和民工的回流，然而外来人口仍然占据珠三角人口较大比例，且数目有增无减。流动人口受到职业和工作种类的限制，在城市中通常聚居于"城中村"，或工业区中的集体宿舍，或城乡接合部。如前文所述，笔者曾从分配制度、就业、地位、居住等方面对"二元社区"的形成做过分析，随着打工人在城市中停留时间的延长，"二元社区"内部也发生着关系的重构。笔者接着将从社区空间布局、住房类型、房屋权属、定居意愿四个方面，对当下都市化过程中的"二元"的居住方式及人际关系再做分析讨论。

（一）社区空间布局

随着城市化进程的推进，城中村、城乡接合部的空间格局有所改变。比如部分城中村的房屋不仅用于居住，也用于生产、消费。根据笔者对广州市 L 城中村的调查，村内集中了大量的工厂，还形成了新的"商业区"。商业区分为街铺和地摊，街铺的租金每月约一万块，地摊的租金每天三十块，租金收入由地区所属的村集体所有，由经济合作社代收并管理。商户们有时候会不满村集体的涨租，但通常无能为力。每晚七点到凌晨两点，L 村最繁华的西大街上，商业气氛浓厚，商品种类繁多，百米的街上竟有十数家手机店，这还不包括在许多稍逊繁华的大街上的各式手机店，这些店里贩卖的是市面上最新款的手机。街边也有许多店铺零售成衣服装，西装、牛仔、女士洋装等，均有销售，价格从几十块到几百块不等；还有不少的化妆品店，大小规模不等的超市，山寨的西餐厅，各式各样的中餐厅、小吃店，稍大的酒楼也有许多，供人们在不同的场合、时段的大小聚会等；还有数十家贩卖各式数码产品、服装、零食等的路边摊。摆地摊的卖家也乐此不疲精力充沛地做着生意，使出全部精力留住顾客。村内的打工者们不出村便可消费，吃、住基本在城中村内。也就是说，该村已经成为集居住、生产、消费功能于一体的较为独立且封闭的社区。本村人并不排斥在村里购物，从地摊和店铺里买东西也常有。也就是说，外来人口的活动空间并未向居住村的外围移动，而是在村内开发出了具有不同功能的区域，除了住宅区之外，还有商业、娱乐等功能区域，即在外来人口的居住空间内部，形成了一个相对完整的生活社区。虽然空间格局的改变能够在一定程度上反应外来人口的社会融入程度，然而对于许多外来人来说，空间格局的改变只是地理上的和经济上的，外来人的社区归属感仍然较弱，比如一位在广州的工厂打工十年，而在武汉周边的县城买了房子的打工人曾告诉我她是"武汉市的人"，另一位在广州工作近十年，在高档住宅社区租房子的外地老板也认为，只有老家才是"家"。由此可见，流动人口对本地的认同并不强。甚至有时候会因为店铺租金、商业管制等问题与村集体、政府或城管起冲突，更不要说作为参与主体参与社区生活了。

（二）住房类型

流动人口的住房类型通常与本地人不同。从笔者调查的珠三角一些城中村来看，外来人口占村内常住人口的九成之多。本地居民已经较少住在类似的地方，他们中的多数人已经搬迁到其他环境较好的住宅社区，年轻人更是极少留在本村居住，不愿意离开的老人们或住在村内较为安静且独立的社区，或住在原有住房的顶层。另外，不论是城中村还是城乡接合部，均有大部分的居住建筑为后期新建或加盖的非法建筑物，例如一些城中村的楼层有九层之多。再比如笔者曾经调查过的佛山某城乡接合部的工业区地带，流动人口居住的"三角楼"，就是在村中空地的夹缝中盖起来的建筑。之所以被称为"三角楼"，原因很简单，就是楼的地基并不是方形的，而是三角形的。三角楼有15年的历史，在此居住的外来工们，多数也在佛山居住了15年以上，用他们的话说，他们是"看着这栋楼盖起来的"。另外一些给外地人居住的加盖的建筑，通常由几排二层平顶楼房组成，这些楼看上去没有任何建筑风格可言，只是砖瓦简单规整地堆砌，与村内的岭南建筑并不相同。这些村落被当地人称为"外工村"，在本地人的日常话语中也充斥着关于外来人的污名化故事，一些村里的人就建议笔者少与村里的年轻人接触，而应该去老人家多的地方。这说明本地人对于外地人的不信任感仍然存在，一位仍然居住在村里的年轻人曾对笔者说，家里人在晚上八点钟以后就不允许她出门了，理由是不安全。

（三）房屋权属

在原来，出租屋的房东一般是本村人，本村人直接将住房租给外地人，或者由村集体将土地卖给外地人开发。而今，据笔者的调查，一些较有实力的外来经营者们也会与本地人联合，以谋求生计。比如 Y 姓企业主的工厂所在的那栋房屋如今是向湖北籍的二房东租用的，而广东籍的大房东因为要投资房产资金紧缺，将房子抵押给二房东，因此二房东可以向企业主出租，以收租为主要经济来源。类似的租客向二房东租用房屋的例子很多。Y 姓企业主最不满的是二房东，其日常经营、生产中的许多矛盾也是与二房东之间的，而非与大房东的。由此，外来人口内部的人际关系出现了分化，出租模式与房屋权属的改变也在重塑流动人口内部的关系网络。不过，在最初出租房屋时，村集体会向租房者收取"进厂费"，在房屋进行第二次转租时，则由转租者向承租者收取"进厂费"，村集体为了避免外地人突然放弃经营而导致工人的工资无法下发的风险，因而有了这样一种收费的方式。

（四）定居意愿

笔者曾就定居意愿的问题对外来人口进行访谈，发现流动人口中越来越多人虽然在城市定居的意愿强烈，却不再执着于北上广这类大城市，他们用在大城市赚的钱，回到原居住地的镇、县或其周边的二、三、四线城市购房。比如 A 县城的人，来到广州打工，赚了钱之后在 A 县城所在的地级市购房，而子女们也在市里读书，一些家庭还会把老人家接到新购买的住房中居住；倘若可以的话，他们喜欢几个兄弟姐妹或亲戚朋友买在一个社区或者相邻的社区，以核心家庭为单位，一个家庭买一套公寓居住，而对于老人的赡养，则仍然实行兄弟之间的"轮吃"制度。这一方面与对故土的眷恋有关，同时也与大城市的一些制度壁垒造成的生活不便有关系。据笔者了解，一些经济实力稍好的外来者，例如独立经营或创业的外地人，会选择在广州的城市住宅社区购房，显然他们的居住环境有了很大的改善，然而，由于"二元"户籍制度的影响仍然存在，比如在子女入学读书上，与本地小孩相比，外来人口子女仍然要交高昂的借读费，且在这些打工人聚居的区域，许多的学校为民办而非公立，收费较高，这增加了整个家庭的负担。

三 "二元社区"内在冲突及成因分析

从本地人与外地人的关系看，当前外来人口和本地人口联系并不是很多，基本是两条无交叉的平行线。如前文所述，虽然两个群体在消费场所、消费习惯上有了一定程度的融合，但是这种融合仅仅是空间区位上的和经济上的，本地人与外地人的分异仍然存在，由于户籍制度的存在，外地人与本地人在收入、福利、医疗、教育、退休金等方面的待遇也不同。

原有的"二元社区"格局不但没有消失，其内部关系反而越发复杂化，其原因如下。

(一) 房屋与土地的权属的复杂化

"二元社区"产生的原因之一就是土地权属的"二元"分隔，如今土地权属仍然是影响社区空间格局及其内部关系的重要因素。过去，我国的土地权属分为国有和集体所有两种类型，城市中的土地为国家所有，作为建设用地由政府安排、开发、管理；农村则实行集体土地所有制，村集体可以对本村的土地进行使用安排。除此之外就是荒地，并无私人土地。如今，随着城市化进程的加快，土地所附属的经济价值升高，一些过去在产权上不明晰的"荒地"、无人管理的土地，成为博弈的核心。若土地权属明确，则外来的开发商直接与村集体或政府进行沟通；若土地权属不明确，则外来的开发商在进行开发的时候，很容易引发村集体与地方政府之间的矛盾。而二者之间矛盾的根源，则是土地权属的城乡二元分隔。由于城市开发可能获得的经济效益，村集体在土地权属问题上无法轻易与政府达成共识，而政府通常又缺乏合理的政策引导，加之在一些问题上有历史的遗留，致使二元社区长时段存在。

(二) 社区经济结构的复杂化

"二元社区"与非正式经济二者之间并非单纯的直接因果关系，而是蕴含着复杂的因果链条。一方面，"二元社区"的地缘区位是非正式经济得以存在的地理诱因。一般来说，城中村、城乡接合部等区域有着绝佳的地理位置、便利的交通，因此有着发达的信息网络，能够较为轻松而快速地获得充足的市场信息。另一方面，受到城乡二元体制的影响，都市"二元社区"也存在城乡分隔的管理问题，而由此产生的管理"真空"也成为非正式经济活跃的一个诱因。城中村受到村集体传统村落管理模式的影响，这使得社区在结构上仍然较为独立和封闭，非正式经济所有者们在房屋的租赁、居住以及以出租屋市场为依托的生产经营中通常直接与村集体发生关联，直接对村集体负责，而不是对城市管理部门负责。城市管理部门的力量无法渗入社区之中而只能在外围打转，或与村集体成为利益共同体，对非正式经济形成行政手段上的"庇护"，这使得"二元社区"内流动人口的管理几乎处于"真空"状态；管理"真空"的存在也使非正式经济所有者有了较为"自由"的空间，便于其自发地组织经营生产，这也在客观上成为非正式经济得以生长的"契机"。

（三）传统的亲缘、地缘关系在社会网络的形塑上并未失去作用，"二元社区"的内部结构不易被打破

对村民们来说，虽然乡村经历了城市化，然而"二元社区"发展至今只有40年，村落的社会规范并没有全然消失，家族传统、亲族网络、社会关系等仍然在日常生活与行政事务中发挥着作用，城中村对本地人来说在某种程度上依旧具有"熟人社会"的性质。而村内的外来人更是基于原居地的地域分别、姻亲关系等结成了社会网络，传统人际关系网络成为可以借助的风险化解工具，城中村内的治安管理困难等都反映了这种现象。因此从这个意义上说，"二元社区"还是一个通过传统社会关系网络联系起来的共同体，在社区的形成与维系中，血缘、亲缘网络等有着难以替代的功能。

四 如何治理？

"二元社区"长期存在的原因较为复杂，不仅与参与其中的多个主体之间的利益相关，也与深层的文化心理相关。"二元社区"意味着本地人与外地人、不同地域之间人群的文化偏见，这种偏见的形成又与历史及文化传统有关，并非朝夕可以改变。基于此，笔者尝试从四个方面对"二元社区"的治理提出一些建议，以供讨论。

（一）消除不同群体的文化偏见或可从日常生活领域着手

社区与街道可以尝试发挥积极作用，在日常生活中增加本地人与外地人的接触，比如在传统的年节、节日仪式中，如端午节的赛龙舟比赛，鼓励社区中的外地人参与进来，平日社区也可多组织足球赛、运动会、歌唱比赛等，鼓励外地人和本地人共同组队参加，增加相处的机会；另外，社区也可以尝试以某一地域人群文化特色为主题，举办相应的文化主题特色活动，比如在广州山东人较为集中的社区举办山东美食节、传统文化展览等与山东文化传统有关的活动，总之通过在日常生活中的沟通从而增加对彼此的了解，消除偏见。再如在对社区公共空间的利用上，推动公共空间使用及管理的"一元化"，消除本地人与外地人的管理差别，实行更为合理的管理办法，使公共空间更为合理、公平地使用。

（二）缓和"二元社区"内的矛盾需要移民群体本身做出许多努力

在缓和"二元社区"内的矛盾方面，移民自发形成的社会团体或社会组织或可发挥一定作用。就目前来看，城市移民群体中常有的社会组织以同乡会、商会、行业协会为主，然而这些组织的日常活动较为单一，活动较为形式化，虽然会内参加人数不少，但活跃人数不多，市民化程度不够，城市中的同业协会应充当政府与移民之间的良性沟通桥梁，解决实际问题。此外，移民群体亦可尝试注册成立相应的组织团体，针对教育、就业等问题与社区或街道进行协商。然而，鉴于移民群体本身流动性大，从事的职业类别差异也大，具体如何操作仍需要在实践中摸索。

（三）对流动人口的管理方式从管制逐步走向协商与引导

在以往的城市管理话语中，移民群体及流动人口多处于客位，扮演着"被管制者"的角色，城市管理者则处于主位，扮演着"管制者"角色，然而以后者为主位的管制往往不尽如人意。这种强制管理的文化逻辑既忽略了流动人口中的合法公民被保护的需求，又加深了本地人对外地人的刻板印象。因此，管理立场的转变有赖于对管理方式的结构性调整，这种调整又应以管理姿态的转变为前提,在理解与沟通的基础上尝试渐进式的改变,正视外来人口获得制度保护的合理性,进而增强其城市生活的安全感。

(四)文化偏见的消除有赖于合理公平的制度载体

如前文所述,"二元社区"的根源之一是城乡二元户籍制度的长期存在,以及由此导致的城乡人群身份地位的差异、社会资源占有的不平等,因此,有必要从户籍制度的变革入手改变不同群体的城乡身份认知。然而二元制的户籍制度在我国存在已久,对社会结构各个方面都有着深刻的影响,并非一朝一夕可以改变。制度的变革既要顾及管理需求与社会安全,又要顾及对相应群体的权益保障。在制度的拟定上,语汇用法上的区分能够影响人们的观念认知,近几年不论是在学界还是政府公文中,已经逐渐使用"城市新移民"替代了"农民工",这在一定程度上肯定了外来人口对城市发展的积极作用。除了语汇用法的改变,深层的制度结构上的改变仍需逐步推进,比如一些社区允许外地人入股分红,允许外地人入本地户籍但分开管理,这也属于一种过渡类型的管理制度。

五 结语

传统中国社会是通过血缘、地缘、宗族与家族的亲缘关系联系起来的,以农为生的人,世代定居是常态,迁移是非常态。改革开放之后,在乡土中国基础上而形成的地域社会格局发生了巨变,大规模的跨地域的人口流动成为我国都市化进程中最显著的人口现象。近十年来,随着城市化发展的深入,人口流向由东南沿海单向集中向多向集中转变,中西部劳务输出大省出现人口回流,省内迁移成为我国人口流动的主流,各大城市流动人口数量占总人口数量的份额越来越大,中国社会已经从相对封闭的传统"地域社会"开始向更为多元开放的"移民社会"的转型,城市也开始了由"地域城市"向"移民城市"的转变。特别是对于人口构成及相互关系复杂的移民社区或移民城市来说,共享同一地域空间资源的同时,也可能会因为制度层面的不健全、心理层面的不理解而产生一些歧视、偏见,比如本文提出的"二元社区"现象,就突出反映了外来人口与本地居民之间的区隔。"二元社区"既是城市化问题的突出表现，也是中国近年来城市化发展历程的缩影，其成因相对复杂，与社会历史、文化传统、制度规范等有着具体而微的联系，以主位视角观照移民群体的主体性及多元化诉求或许可以成为消解"二元社区"内部矛盾的发力点。

移民与城市活力*

一 问题的提出

移民与城市化是自20世纪90年代以来学术界一直热门的话题，关于二者之间的关系研究很多。移民与城市的共生关系成为近30年相关讨论的一个共识，即城市的发展离不开移民，移民同样离不开城市，这个群体在城市环境中实现其各种各样的主体诉求。最近10年来，在总结前20年关于移民研究的经验基础上，在观察和感受转型期中国城市发展的过程中，笔者提出中国社会正在经历一场以城市为代表的"文化转型"，社会转型中的文化转型这一概念并不是笔者首创的，费孝通先生在1997年北京大学校庆的演讲中专门谈过文化转型的问题，当时他提出了"文化自觉"概念，用来表达中国社会如何在文化转型中理解和发展自己的文化。费孝通先生认为中国社会从20世纪90年代开始经历一种转折，中西方之间的经济、科技和文化的交流开始增加，西方的科学技术制造了一个统一的人工化的物质环境，中国社会不断地被裹挟进这个环境中，作为非西方国家的人和文化在这样的环境中会发生一系列的变化。[①]

如果从城市化的视角观察文化转型，我们能够清楚地发现，城市就是统一的物质环境的基本载体。严格来讲，从古至今，从西方到中国，城市

---

* 本文原载于《学术研究》2018年第1期，第45—51页，题为《移民与城市活力——一个都市人类研究的新视角》，收入本书时有修改。

① 费孝通：《反思·对话·文化自觉》，《北京大学学报》（哲学社会科学版）1997年第3期，第15—22页。

的发展贯穿人类的历史，但西方社会的城市发展路径同中国有着巨大的差异。以纽约为代表的城市在 19 世纪初期就是典型的移民城市，这样的移民城市体现出由大量异质性人口集中互动所形成的新的经济关系和生活方式，各种先进的科技和艺术在这里孕育，新的杂糅的文化在这里兼容并包。而中国在历史上就是农耕文明占主导的地域社会，几千年来建立在农业文明之上的安土重迁思想使人口流动规模、地域、形式和速度都与西方社会截然不同。例如中国历史上的城市人口是由以讲同一种方言为主体的人群构成，这个人口特征很明显，例如广州方言是生活在珠江三角洲及其附近的居民普遍使用的语言，又被称为"广府话"或"白话"。城市的人口讲同一种方言，这也就意味着它的外来人口主要来源于周边农村地区。这些外来移民在一个城市内构成一个以地域性方言为特征的群体，因此中国早期的城市发展是基于地域性的群体构成的。这种地域性的城市刚好是中国传统文化的一个映射，大量基于地域认同的群体聚集在城市，不仅形成各式各样的生活聚落，同时伴随着群体迁移的还有中国几千年农耕文化中的熟人网络，这些网络在陌生的城市充当了移民的资源网、信息网及情感网，成为他们重要的生存策略；最重要的是，移民们也将村落文化搬到城市，他们依旧按照原来的文化传统经营生活和家庭，所以在讨论中国的移民与城市的关系时首先要明确，中国城市与欧美工业城市不同，是一种地域城市。

改革开放打开了中国对外交流的大门，进入 20 世纪 90 年代后中国城市所承载和容纳的移民群体也开始发生了变化，越来越多的来自不同地区，说着不同方言的多元异质群体出现在城市中。跨区域的移民开始在城市人口中占据越来越大的比重，多元文化的特质在当今城市中越发凸显。随着流动人口规模的扩大，中国从一个传统的农业社会走向一个现代的工业社会，逐渐地完成了工业化、城镇化，进入了移民社会快速形成和发展的时期。这个进程不仅仅是从乡村到都市的演变过程，也是一种乡村文明与城市文明整合后的新的社会模型形成的过程，这样的整合其实不是自发完成的，而是中国经历了多年的城市化，在不断地总结移民与城市的关系后提出的一套理解转型中的城市的理论视角。移民为中国的经济发展作出了巨大贡献，但无论是管理学研究还是社会学、政治学研究都更多地从治理术的角度将移民定位为需要被规范和管制的对象，将这个群体看作是无序、贫困、失范的代名词，将其同本地人隔离开。从地域社会向移民城市的文化转型论在这样的背景下被提出，是费孝通先生一直强调的"文化自觉"的展现，是人类学从移民的角度出发构建的理解社会转型的理论框架。在有了这样一种对于当下社会转型期城市发展的基本判断后，移民在城市中的合法性和正面形象应该重新被确立和树立。移民对于城市的贡献应该在学理上被更加有意识地凸显，基于这样的思考，本文的问题意识开始形成。移民与城市发展的关系能够在今天我们对于中国城市发展的直观印象中体现出来。一个城市的开放度和包容度决定了这个城市流动人口的规模，北上广深都是流动人口的绝对数量和其所占比例处于较高水平的城市，这些一线城市表现出了相当高的城市活力，其城市活力与移民之间构成了一种天然的共生关系。

《中国流动人口发展报告2016》显示，2015年，中国东部地区流动人口占全国流动人口的比例为74.7%，西部地区的流动人口占比为16.6%，东部地区依旧是流动人口最集中的地方。从流动人口的跨域情况看，2015年东部地区跨省流动人口占本区域流动人口的比例为75.6%，占全国跨省流动人口的87.7%。以上情况与我们最初对于移民社会的人口流动情况的描述基本一致，即区域间的人口流动开始增加，区域内的短距离流动开始逐步让位于区域间流动。再将人口流动聚焦到城市，中心城市对跨省流动人口及农村户籍流动人口的吸纳力依旧强劲。2015年流向中心城市的跨省流动人口占全国跨省流动人口的54.9%，流向中心城市的跨省农村户籍流动人口占56.2%。虽然近几年人口回流开始在中心城市出现，然而半数以上的流动人口仍旧集中在中心城市。[①]

二 相关理论检讨

城市的发展和活力的释放离不开移民成为一种可经验的、可观察的事实，然而检索有关移民与城市活力的文献，笔者却发现无论是西方还是中国，有关二者之间关系的研究成果均屈指可数。首先，在关于城市活力的研究成果中，有关城市活力的评价体系建构的成果较为丰富，主要采取因

---

① 国家卫生和计划生育委员会流动人口司编《中国流动人口发展报告2016》，中国人口出版社，2016，第22—23页。

子分析的方法，将城市活力的评价指标化，并通过成分分析对城市经济活力和城市竞争力进行解读。在这些研究中，用于衡量城市活力的指标包括人均 GDP、规模企业利润总额、工业企业数量、居民年人均可支配收入、人均财政收入、社会保障率、人均教育事业支出、人均绿地面积等，利用实证数据进行因子分析以发现不同的指标对于城市经济活力的贡献。在将这样的研究结论作为城市活力解释的工具的时候，我们必须注意到这些研究中有一个很重要的前提假设，即移民与本地居民在经济和城市活力的贡献中是同质的，也就是说在理论模型的算法中移民与本地居民并没有任何区别，然而真实的情况是移民与本地居民在经济贡献上的均等并没有换来在社会保障、教育、绿地面积等公共福利上的均等。由此，在建立指标和模型进行城市活力的研究时，就有必要在变量上将移民作为一个参数加入模型计算中，由此才能够真实反映中国现阶段城市经济发展的真实面貌。

其次，作为城市活力的重要体现，物质空间是相比上述抽象的指标体系更能够被直观感受的要素，因此大部分的研究从城市空间更新的设计视角讨论城市活力，这些研究追随西方反思其工业城市发展的城市理论，主张在越来越有疏离感、陌生感和不信任感的城市中打造更加宜居、舒适、安全的生活空间。如在雅各布斯的城市空间模型中，她把多样化、混合用途的空间组合作为一种非常重要的城市发展策略，她将这样的空间组合视为可以支持城市安全、公共交往和交叉使用的重要手段。[1] 雅各布斯的研究最重要的贡献在于将人置于城市规划的核心，并依据城市已出现的异质性建立一种模拟自然生态的复杂系统，以系统之间各部分要素的互动平衡实现城市活力的维持和增强。

最后，作为反映城市发展及城市规划的"城市活力"成为被城市规划、城市发展的研究者们用来描述城市空间的一个重要概念。大部分的学者都在一种结构化的视角下将中国的城市放置在全球化和工业化的框架之中，认为基于西方对于城市的理解——例如芝加哥学派对于城市的解读来看，中国的城市也开始同步于西方城市发展的进程，隔离、陌生、信任危机是中国城市的基本现状。在这个假设基础上，大部分学者主张城市的发展需要打破原有的空间布局，强化城市的交往功能，充分创造和利用公共

---

[1] 〔加〕简·雅各布斯：《美国大城市的死与生》，金衡山译，译林出版社，2006，第130页。

空间活化城市。基于城市空间设计视角的研究，强调人在城市活力中的要素性作用，然而，此种对于人的讨论仅是一般意义上的主体性的讨论，而未对生活于城市中的不同人群与城市空间的关系再做进一步的类型划分。而不同的人群对于城市空间的利用以及城市空间对于不同群体的接纳是有着很大差异的。如将移民与本地居民对于城市空间的感知和实践混为一谈，恐怕无助于思考中国在城市化进程中面临的城市空间的更新和利用问题。

通过上述理论的梳理与分析，本文对城市活力与移民的关系进行实证性和理论性思考，研究移民对于城市活力的贡献以及城市如何通过接纳移民提升活力，对话西方城市发展理论，思考其在理解发展中国家的城市发展中所面临的挑战。

三 人类学视角下的城市活力定义

通过上述文献综述能够发现，城市活力是一个跨学科的概念，从城市经济学的角度来讲就是高密度的城市，具有更多的社会互动与多元化的消费机会，所以消费视角是被强化的。生活于城市的人们愿意为此支付更高的租金和交通成本。研究城市规划的学者则认为，具有活力的社区往往是紧凑、高密度、具有很好的通达性、混合利用和易于步行的，可以以就业为导向，或者以居住为导向，比如活力居住社区，它们更能吸引高技能年轻人、企业家和创业者，能够产生更高的生产效率和更多的创业机会，并具有环境友好性，例如深圳的南山区、上海的黄浦区等。这里的城市活力就具有社会达尔文主义的意蕴，体现出明显的经济主导下的优胜劣汰，城市的居住隔离成为越来越凸显的现象。因此，既往的研究中对于城市活力的定义和研究，更多的从经济学、城市规划的角度强调城市物理景观及景观的生成和匹配对于城市活力提升的助力。注重行政都市化、经济都市化、城市空间都市化、政治都市化所带来的结果，利用各种指标体系测量城市活力。

然而，人类学关于城市及城市活力的理解首先的设定是将城市定义为关于人的空间，是从人来考虑城市发展的。人类学对于城市活力的理解更加强调"人"的作用。笔者在20世纪90年代就对城市下过定义，即"城市是有着更加多元、开放特质的人类聚落,城市作为一个不同于村落的聚合体,具有经济角色、政治角色、文化角色和流通角色四种职能"①。作为人类活动的聚落,城市的活力提升并不是简单的都市化水平的单向提升的结果,也并不是城市建设、政府管理水平的简单提高。人类学重视人在城市活力提升中的作用,强调城市的社会性,简单的经济性及行政性并不是人类学的关于城市活力研究的着力点。所以,人类学研究的移民时代的"城市活力"可以表述为:在移民时代,城市的建设和发展要围绕在城市中生活的多元主体,既包括本地居民,也包括外来移民,在尊重多元文化的前提下强调共同感的概念,包括移民在城市中的生活感、舒适感和安全感。这一理念的提出实际是对以往固着的以自我为中心的族群歧视,尤其是对移民的偏见的修正,更强调多元文化的包容和共生。

四 移民与城市活力

首先,移民为城市活力的提升提供了重要的人力资本积累,为城市的内生性增长以及活力的提升提供原动力。因此,研究城市活力首先要关注的就是移民的数量及其对减缓城市老龄化的作用。例如在广东,珠三角地区的流动人口比例一度达到每六个人中就有一个是流动人口。官方公布的数据显示,2015年,广州市常住人口1350.11万,非户籍人口495.92万;深圳市常住人口为1137.87万,非户籍人口768.23万;东莞市常住人口825.41万,非户籍人口630.4万。统计数据显示,目前珠三角地区移民的数量已经超过了本地的户籍人口,移民涌入珠三角改变了原来的人口结构。根据《广东统计年鉴2016》,广东省65岁以上户籍人口从2000年的6.05%增加到了2015年的8.48%。②老龄化比例的快速增加无疑会对城市的经济发展带来更多的负面压力。而珠三角地区可以通过吸纳移民实现城市人口年龄结构的优化,发挥替代迁移作用以缓解城市老龄化压力。

---

① 周大鸣编著《现代都市人类学》,中山大学出版社,1997,第49—70页。
② 广东省统计局、国家统计局广东调查总队编《广东统计年鉴2016》,中国统计出版社,2016。

2008年，笔者主持了"城市新移民问题及其对策研究"项目，将进入城市工作2—5年，并有定居意向的外来人口定义为"城市新移民"，并按照其工作类型，将其分成智力型移民、劳力型移民和经营型移民三种类型，通过对在全国五个城市收集的3168个有效样本进行分析后，发现在年龄段方面，三种类型的移民中21—40岁的年龄组占据了绝大部分的比重。例如，在智力型移民中，21—40岁的样本占到了总体样本的98.07%；在劳力型移民中，21—40岁的样本占到总体样本的71.89%；在经营型移民中，21—40岁的样本占到了总体样本的84.26%。智力型移民的平均年龄为26.11岁，劳力型移民的平均年龄为27.45岁，经营型移民的平均年龄为31.52岁。计划生育政策的实施降低了生育率，抑制了人口自然增长，导致了人口老龄化程度的加深。所以，以年轻人口为主的城市，其人口年龄结构呈金字塔类型，移民补充了城市的劳动力，优化了人口的年龄结构，使城市具有持续增长的人口活力。欧洲的城市发展滞缓就是由于城市中老年人口多，城市居民的自然生育率相对低，而外来移民又相对较少，导致人力资源匮乏。美国一直能保持很好的活力，就是因为一直有移民不断地进入，为城市的发展提供源源不断的人力资源。

         其次，城市可以通过吸纳移民提升经济活动人口的活力。在城市的外来移民中，除了大部分务工人员和从事服务业的劳力型移民之外，还有相当比例的经营型移民，他们的就业活动极大地促进了城市经济发展。外来移民不只是在就业市场被雇佣，其中经营型移民也直接和间接地创造就业岗位，在这个层面上，移民对于城市活力的提升起到了更加直接和积极的作用，而不是以往刻板印象中的从事低收入、高风险、高体力支出行业的简单劳力形象。例如，东北地区自然资源得天独厚，加之相对安定的社会氛围以及清朝后期屯垦戍边政策的推行，明清时期有大批中原地区躲避饥荒的难民越过柳条边迁移至东北。仅清朝一代，从山东、河北、河南三省移入的农民就达1000万人，其中从山东省移入的约占70%。[①] 从移民与东北地区的经济发展来看，流入东北的移民以农业移民为主，劳务移民和商业移民为辅。朱偰在《满洲移民的历史和现状》里记载，"（内地）移入吉、黑、奉（辽宁省）一带之居民……多数皆从事农业"[②]。除了农业外，

----

① 路遇：《清代和民国山东移民东北史略》，上海社会科学院出版社，1987，第58页。
② 朱偰：《满洲移民的历史和现状》，《东方杂志》第25卷第12号，1928。

大部分的移民被城市及城郊的工矿业、第三产业吸收雇用，从事开矿、建筑、市内短途运输及搬运、装卸、开饭店等为商品流动、贸易往来、城镇人口日常生活服务的商业性劳动。同时，山东、河北、河南等省的商人，在清朝初年已经成为东北社会的特殊阶层，主要从事长途贩运、开杂货店、粮食加工、日常生活用品生产、农机工具制造等行业，开始从事内地与东北地区的贸易活动。[①]《奉天通志》中的表格列出了当时沈阳的4040户商号，其中开设于同治以前的仅102户，开设于光绪、宣统年间的594户，其余3344户都是民国初年设立的。"其资本主直、鲁、晋、豫人占十之六七，本省之占少数。"[②] 从上述描述不难看出，早期的关内移民进入东北的同时也带来了大量的经济资本填充进当地的市场，这些资本无疑为东北地区的经济发展提供了重要的支持。这些商人在东北地区雇用大量的当地富余劳动力，解决了劳动力闲置问题，同时关内移民也为近代东北的工农业以及商业的发展提供了充足的劳动力，促进了东北地区在清后期及民国时期的城市和社会发展，提升了东北地区的活力。

最后，通过吸纳移民能够很好地促进城市人力资本的积累。移民本身对于城市来说是一种重要的人力资本，城市的经济活力提升取决于城市人口的素质、从业人口的受教育程度和技术水平。智力型移民和经营型移民在智力资本和经济资本方面为城市经济发展提供储备和积累，劳力型移民对城市人力资本积累同样重要，对城市发展发挥了重要的补缺作用，填补城市在建筑、餐饮、家庭佣工、物流等劳动力市场的供给不足。任何一个城市的发展都不可能完全依赖某一种类型的劳动力，例如深圳的高科技、信息化产业的发展全国瞩目，南山区更是号称集结了中国近一半的最优秀的智力移民，然而在深圳的发展中，农民工功不可没，劳力型移民为深圳的发展提供了坚实的基础。在互联网高速发展的今天，信息产业成为一个城市乃至国家发展的关键产业，即便如此，劳力型移民的吸纳和培养也是必不可少的，例如中国举世瞩目的电商产业高速发展的背后是高素质劳力型移民支撑起来的，如果没有快递物流行业的强大支撑，恐怕很难实现如此快速的发展。

---

① 周春英：《近代东北三省关内移民动态的分析》，《中国边疆史地研究》2004年第2期。
② 王树楠等纂《奉天通志》卷一一五，东北文史丛书编辑委员会，1983年影印本。

五 作为人口流动推拉力的城市宜居要素

移民可以为城市带来持续不断的经济活力和人口活力，城市是否能够提供良好的宜居要素吸引移民不断流入是影响城市活力的关键。城市的宜居要素可以分为内生宜居要素和外生宜居要素。

首先，内生宜居要素指城市能够提供给生活在城市中的人相关的要素。其中经济机会是首要的宜居要素，从今天的人口流动趋势中能够清楚地看到，人口流动的从西到东、从北到南、从农村到城市的规律。人口的流动体现出人在流向城市的过程中，首要考虑的是寻租、就业机会这样的宜业要素，简单来说，就是哪里有经济机会，哪里就会有人口流入，而这也会提升一个城市的经济活力和人口活力。改革开放后，中国东北地区的人口外流就是很典型的例子。中华人民共和国成立后的计划经济时期，由于资源和产业的优势，东北是当时城市化水平较高的地区。得天独厚的资源优势加上理想的宜业环境，使得东北地区的人口数量较为稳定，同时东北地区维持较高的城镇化水平。20世纪90年代中期之前，东北地区的城镇化水平在全国大的经济区中居于首位，高于排在第二位的珠三角10个百分点以上。另外，城镇化带来的低生育率使得东北地区的人口增长率保持在一个相当低的水平，仅为0.21%，全国均值为0.5%，然而低生育率为东北地区后来的重度老龄化埋下了隐患。进入21世纪，尤其是2010年后，随着我国经济体制改革的深化，东北地区的经济地位持续下降。2014年，东北净流出人口224万，主要流向北京、上海、广州、天津。流出人口年龄小、受教育水平高，如此结构性的人口外流势必影响东北地区的经济发展。东北地区的人口结构性外流导致东北地区经济活力迅速下降，反过来，经济活力的持续下降又加剧了人口的不断迁出。可见，城市的活力与移民之间有着密切的关联，保持持续、稳定的移民数量是目前城市发展的重要内容。以下仅就城市如何提升内生的宜居要素吸引移民做简要分析。

内生宜居要素主要包括城市社会互动水平及约束、本地私人物品的供给、本地公共物品的供给，外生宜居要素包括气候条件、空气环境、城市交通设施等。先看内生宜居要素，它决定着一个城市是否具有吸引力，能否对流动人口产生吸引力。经过对农民工研究的总结发现，对于吸引高技能、高人力资本劳动力，促进社会互动，提升城市活力来说，文化的包容力对城市活力的彰显作用越来越强，这与城市居民需求的变化密切相关。在改革开放初期，"洗脚上田"的第一代农民工初入城市，他们怀揣着的是淘金梦，希望能够通过自己的努力在城市中赚钱，再回到生养自己的家乡。"落叶归根"的家本位观念支配着第一代农民工在城市的生活实践，这个时代的城市活力主要体现在经济活力和就业机会上。只要是经济发达的城市，就会有大量的人口源源不断地涌入，这构成了改革开放初期城市活力的基本内涵和图景。然而到了新生代的农民工开始跟随父辈、乡亲进入城市的时候，这个群体对城市的理解发生了巨大变化。根据笔者在2008年对城市新移民的调查，新移民群体中无论是智力型移民、劳力型移民还是经营型移民，其定居意愿均超过了50%，分别为63.81%、53.45%和66.63%。越来越多的来源于不同文化背景的群体共存于一个社会空间中，必定会对城市的文化包容力产生极大的挑战，如果一个城市的文化是兼容并包的，是异文化友好型的，社会互动水平就会变得比较高。高互动水平的城市活力来自不同文化地域的移民在交流与对话中互相吸收与借鉴他人的观念与行为方式，避免思想观念与行为局限于某一固定模式，不断创新，体现出城市居民互动交流中形成的自然活力。城市居民的多样性活动是理解城市活力的关键，一个具有活力的城市空间需要相当多样的元素共存，移民与当地居民一起支撑起城市的多元互动，形成多维的文化互动空间。例如，一个城市中，咖啡馆、外国商店、熟食店、电影院、画廊和面包店等异质性空间的多与少是衡量城市的多元互动水平的重要标准。

除了多元互动水平以外，本地私人物品的供给也体现了一个城市的活力，伴随着互联网的普及以及电子商务在中国的超高速发展，本地私人物品的供给问题在很大的程度上已经被解决。以阿里巴巴、京东为代表的电商提供的一站式、差异化的购物平台，配合中国低成本、高效率的物流配送体系，城市的私人物品供给可谓相当丰富。在高密度的城市区域，人们在消费、社会互动中获益较多，高密度的城市空间和合理的人口结构促进了商品多元化，不同的人群能够去他们喜欢的地方消费，多样化的消费体验在提升与增强城市价值及宜居性方面十分重要。

同时，公共空间的社会供给是城市包容多元文化存在的另一个表现层次，移民友好型城市对于公共空间的定位要避免空间的风格化问题。多样化且充满活力的公共空间的存在有助于"自然监视"，提高生活于其中的居民的安全感。除了安全感的提升外，小路、十字路口等利于行走的道路的规划有利于消费活力的提升，会产生较强的宜居内生性，绿地、公园、广场等公共区域虽然占用土地，但由于其周边容易形成更多的私人投资和配套商业，例如餐厅、高档社区，有利于促进消费多样性的提升。

其次，外生宜居要素也是影响移民是否迁入的重要因素，近年来外生宜居要素的作用尤其明显。外生宜居要素包括气候条件，例如广州地处南亚热带，属亚热带海洋性季风气候，气候条件适宜各种类型产业的集聚和发展。适宜的气候条件也是移民选择输入地的重要参考，每年有效的工作时间直接决定了收入，因此，以珠三角、长三角为代表的城市集群之所以能够吸引大批移民，气候条件也是一项重要因素。另外，近年来随着雾霾开始被大家所认知，空气环境也成为影响移民选择流入地的重要因素。

除了上述几个重要的因素以外，城市管理者的引导、高密度和土地综合利用的城市社区发展都有利于邻里之间高质量的社会互动。同时政府需要提升提供公共服务的能力，降低犯罪率，进行更好的、有利于形成良性社会互动的城市设计等，吸引高技能劳动力并促进内生宜居要素的聚集。维护公共资源分配的公平性，在医疗、教育、养老、社会保障方面，解决同城不同待遇的问题。

六　结语

城市活力是城市发展的一个重要指标，提升城市活力是在中国从地域社会向移民社会转型过程中城市发展必须重视的工作内容。因为移民的多与少直接关系到一个城市发展的内生性动力，直接关系到城市的发展。衡量城市活力的指标有很多，但最终体现在城市的文化多样性上，因为城市活力说到底是人的活力。不同文化的存在有利于防止城市品位和趣味的标准化，创造力的贫乏以及文化表现形式的雷同。同样，中国政府一直在倡导和实施的"新型城镇化"也应该遵循文化与活力关系的规律，应该从过去一直以来的重视"物质实体"转向"以人为本"，强调人在城镇化中的作用，唯有如此，发展才能持久且深入人心。

后记　我的珠江三角洲研究之缘[*]

在 1995 年北京大学举办的首次社会学人类学学习班上，费孝通先生讲田野调查时强调："我们不要刻意寻找田野，田野就在身边！"先生的这番话打破了人类学家一定要到遥远的他乡做田野调查的误区，指出只要我们关注身边发生的事情，田野便无处不在。我回想起自己的学术经历，更觉得这番话十分深刻。我的很多学术成果来自生活中的观察和感悟，一个好的想法往往来自平常的灵机一动。我的研究正是围绕我学习生活的地方——珠江三角洲开始的。

我于 1978 春季来广州中山大学求学，一直到现在都没有挪窝，一晃就是 44 年！没有想到广州及其所在的珠三角会成为中国改革开放的前沿，也没有想到自己能与改革开放同行，能亲历改革开放的全过程，这一切成为我一生学术研究的资源和财富。我发表、出版的论文和著作大多与珠三角相关，总共超过 100 篇（本），主持的各类研究课题超过 20 项。

一　珠三角乡村都市化研究

我发表最早的关于广州的两篇文章是《浅议广州都市文化的特色》和《广州都市文化辐射问题略论》，前一篇探讨广州文化的特色，后一篇探讨广州文化的辐射问题。① 当时之所以研究广州文化，一是与当时的文化热有

---

* 本文原载于《广西民族大学学报》（哲学社会科学版）2022 年第 4 期，第 1—12 页，题为《身边的田野——我的珠江三角洲研究之缘》，收入本书时有修改。

① 周大鸣：《浅议广州都市文化的特色》，《广州研究》1986 年第 9 期；周大鸣：《广州都市文化辐射问题略论》，《东南文化》1989 年第 Z1 期。

关，二是为了回应改革开放所兴起的新潮。在《浅议广州都市文化的特色》中，我把广州新的流行文化概括为广州文化的特色之一。在20世纪80年代，整个中国都在关注广州兴起的流行文化和新现象，对此评价褒贬不一，我当时主要是从一种肯定的角度来做这个研究的。我在《广州都市文化辐射问题略论》中讲到广州文化对周边文化的影响与周边文化对广州文化形成的作用，指出媒体的影响变得越来越重要。改革开放初期，整个珠三角的媒体是以香港为中心的，珠三角地区的居民主要收看香港的频道以及阅读从香港传过来的报纸刊物等。接着，我写了一些与传媒相关的文章，从积极的、正面的角度探讨了传播媒介对珠三角的影响。我认为香港的传播媒介给珠三角开了风气之先，这也是珠三角广大民众愿意去关注的原因，其负面影响比较小。面对外来媒体，我建议不是去堵，而是去疏导，与此同时，我们也要把自己的媒体做强。后来广州的媒体，无论是平面媒体还是电视电台，在全国算是发展得比较好的。当时，全国有四大报业集团，广州就占三家。

我开始是零散的探讨，接着是比较系统的研究。我很幸运地申请到1987—1988年香港中山大学高等学术研究中心基金会课题资助项目，申报题目是"珠江三角洲的发展与文化"，资助金额为8000元。这在当时是数额很大的一笔钱，那时人均月工资还不到100元，在很好的宾馆住一晚才5元钱。我利用这个课题跑遍了珠三角的主要城市，还设计了问卷，组织了一批学生发放问卷，发表了一些有影响力的文章。如1990年，我在《社会学研究》上发表了《珠江三角洲的大众传播与大众文化》[1]。我当时运用了"大众文化"的概念，描述了一种新的媒介与听众的互动而整合形成的文化，它影响着我们的价值观、审美观，甚至我们精神的各个方面。结题的文章《珠江三角洲文化教育与现代性研究》[2]也发表在《社会学研究》上，文章就珠三角经济发展与文化的关系进行了讨论。人类学强调文化的重要性，因此，我从文化教育入手，探讨珠三角经济发展的同时，也深入分析了珠三角从一个教育落后的地区变成一个教育能够与经济发展齐头并进地区的过程。当时，受英格尔斯（Alex Inkeles）《人的现代化》[3]

---

[1] 周大鸣：《珠江三角洲的大众传播与大众文化》，《社会学研究》1990年第5期。
[2] 周大鸣：《珠江三角洲文化教育与现代性研究》，《社会学科学》1991年第6期。
[3] 〔美〕英格尔斯：《人的现代化》，殷陆君编译，四川人民出版社，1985。

影响，我在文章中强调文化教育的发展对人的现代性的影响。那时，社会各界太过于强调经济而忽略教育文化，甚至国内一些学者称广州、深圳乃至整个珠三角是"文化沙漠"。我尝试做定量分析，假设经济发展必然带来文化教育的发展以及人的现代性形成。当时我在珠三角发了500份问卷，做了一个统计分析。因为是第一次做定量分析，做得很辛苦，请了不少学生帮我发放问卷、回收问卷、编码、做数据表，然后用SPSS软件进行分析。我边看书学习边分析数据，既完成了课题结项，也掌握了基本的计量方法。这对我后来的研究帮助很大，尤其是对做应用性课题很有帮助。我在上"人类学方法论"这门课程时，一直强调人类学不仅要做定性研究，也要做定量分析。一方面，爱德华·泰勒（Edward Teller）、默多克（George Peter Murdock）等人类学的先驱们都践行定量分析；另一方面，随着互联网时代、大数据时代的到来，定量研究更为迫切需要！同时，我认为仅在课堂上学习方法是不够的，一定要实践才能真正掌握。

为了庆祝香港中山大学高等学术研究中心基金会成立十周年（1993年），我写过一篇短文，题目是《高等学术研究中心伴我同行》。我在文章中提到，通过申报该中心课题，我掌握了申报课题的方法，这对我的学术生涯有莫大的帮助。该中心成立于1983年，完全遵循国外的学术规范和按国外的运作方式运营。研究中心设立在中山大学，杨振宁先生为香港中山大学高等学术研究中心基金会的主席，课题的评审由香港中文大学学术委员会负责，项目评审人都是匿名的。我先后三次获得该基金会的资助，分别是：1985—1986年"吴越文化研究"，1987—1988年和1996—1997年"凤凰村的变迁"。该基金资助的额度比中华社科基金（现国家社会科学基金）一般项目大，因此吸引了很多大牌教授来申报。前两次申报成功时，我还是年轻的助教，课题申请的成功不仅给我带来喜悦，也带给我进一步研究的动力，使我坚定了在高校待下去的决心。那个年代的校园比今天还浮躁，"出国潮""下海潮""打工潮"等深深影响着教师队伍的稳定。1978级毕业生留校了100来人，能坚持下来的不足20%。此后，我成功申请到一系列的课题，包括国际合作、国家、省、市和学校的项目。

随着珠三角在改革开放中崭露头角，尤其是1989年广东省GDP超过山东、江苏和上海，排名第一以后，珠三角成了全球的焦点。费孝通先生考察珠三角的发展模式后，特别将之命名为"珠江模式"，哈佛大学的傅高义教授来广东做了 8 个月的调查，出版的《先行一步：改革中的广东》[①]一书（英文版出版于 1990 年，中文版出版于 2008 年）引起全球的关注。海外人类学家是研究珠三角的先锋队，如加州大学洛杉矶分校的杰克·帕特夫妇（Sulamith Heins Potter and Jack M. Potter）于 1979—1980 年在东莞茶山调查，出版了 China's Peasants: The Anthropology of a Revolution[②]（《中国农民：革命的人类学》）。耶鲁大学的肖凤霞（Helen Siu）于 1979 年在广东新会调查并出版了书，后来在中山小榄等地继续调查。詹姆斯·华生在珠江口的沙田区做移民社区宗族的研究。瑞典隆德（lund）大学的罗斯（Ross）做新会民间信仰研究（专门研究黄大仙）。还有一批海外人类学博士候选人选择了在珠三角做田野调查，我所知或接待过的就有来自美国、英国、法国、荷兰、德国、丹麦、加拿大、澳大利亚、日本、韩国的。除了人类学学者外，还有历史学、社会学、经济学、政治学等学科的学者来珠三角调研。

中山大学于 1991 年成立珠江三角洲经济发展与管理研究中心，聚集了经济学、人文地理学、历史学、人类学等不同学科的学者，时任校长黄焕秋很重视该中心的研究工作，该中心还获得霍英东基金会的支持。珠江三角洲经济发展与管理研究中心主办了很多学术活动，包括资助项目研究、主办国际会议和出版系列著作。我记得在中山温泉举办了一次会议，学术会议的规格很高，国内著名的学者吴敬琏、童大林，广东省时任省长叶显平和基金会主席霍英东都参加了会议。霍英东还兴致勃勃地带我们参观高尔夫球场，给我们示范怎么打高尔夫球。该中心在南沙也举办过会议，霍英东那时倡导开发南沙，何博传（《山坳上的中国》的作者）也积极参与，他指出要把珠江口建设成与东京湾相似的经济区，南沙将是湾区的中心。没有想到他的预言在 30 年以后成了现实。现在中央专门提出了粤港澳大湾区发展规划，而南沙真成了中心！我当时也积极参与了珠江三角洲经济发展与管理研究中心的活动，课题"珠江三角洲社会保障问题研究"于 1993 年获得该中心的资助，我后来发表了几篇这方面的文章。

我的国际项目主要是与顾定国（Gregory Guldin）先生合作的。顾先生

[①] 〔美〕傅高义：《先行一步：改革中的广东》，凌可丰、丁安华译，广东人民出版社，2008。
[②] Sulamith Heins Potter, Jack M. Potter, China's Peasants: The Anthropology of a Revolution, Cambrige UniversityPress, 1990.

是美国太平洋路德大学的教授，他毕业于美国威斯康星大学（麦迪逊分校），师从艾丹·索撒尔（Aidan Southall）[1]。顾先生博士学位论文的田野调查是20世纪70年代在香港做的，论文研究的是香港的福建人。他娶了一位香港太太，因此会讲广州话。他1984年来中山大学参加首届国际人类学会议时我们相识，1986年他又来中山大学访学一年，并开设"都市人类学"课程，倡导都市人类学研究。那时，国内民族学、人类学的老师大多做传统的少数民族研究，尤其热衷于民族源流、社会形态的研究。也许都市研究当时在相关学科研究中属于异类，又或者是顾先生所在的大学不是"名校"，所以系里老师很少与他来往，只有我们几个年轻的助教、研究生和他在一起的时间比较多。我与顾先生合作申请了两个课题，一个是"广东都市化研究"（1991年），另一个是"华南都市化比较"（1992年）。第一个课题的田野点主要在珠三角，我们选择了深圳的蛇口、东莞的虎门、广州市黄埔区的南岗、南海的西樵和官窑、四会的罗源和清塘、高要的新桥；第二个课题我们选择了福建厦门的蔡塘村，泉州的安海、惠安，云南玉溪的峨山、德宏的瑞丽，后来因为中国藏学研究中心格勒博士的积极参与，又选择了西藏的堆龙德庆。当时我们在珠三角选择了不同的城市，每个城市选择了不同的田野点，如在广州选择了花县（后来称花都），在黄埔区选择了南岗街道及旁边的南湾村，在深圳选择了蛇口工业区和蛇口镇，后来又增加了沙井的万丰村。

那时，珠三角各县市比较欢迎外国学者来调研，管理远没有现在严格。一般中山大学外事处提前给计划去调研的市县发一份函，地方外事办就会安排和联络。交通、食宿由我们自理，地方官员一般会在我们去时或离开时宴请一次，平时没有人陪同调研。有一段时间，我的生活基本上是这样的：星期一陪顾先生去市县调查，星期六回来（只有星期天休息）。那时交通远没有现在这么方便，很多地方过河还要乘船，我嫌往返太麻烦，但顾先生周末一定要回中山大学陪家人。顾先生会讲广州话，在珠三角调研比较方便，我也是那时候学会的广州话。白天访谈时一般都是我提问，他记录，并在晚上录入手提电脑中，他用英文、我用中文整理田野笔记。他有台康柏LTE 286（手提电脑），看我很羡慕他有手提电脑，他回国

---

[1] 艾丹·索撒尔是美国第一批都市人类学家之一，主要从事非洲城市化研究，1973年出版《都市人类学》。

时就送给了我，那是我的第一台手提电脑。我陪顾先生除了到珠三角调查，还去过福建的厦门、泉州，湖南的郴州，云南的玉溪和瑞丽。有一次在湖南郴州的乡下，顾先生吃东西吃坏了肚子，要打点滴。乡里的女护士没有见过外国人，打针手发抖，还是我帮忙打的。打完针，我见他吓得全身都汗湿了。后来聊天才知道，这是他生平第一次打针，我说我是第一次给别人打针，又把他吓得胆战心惊。他不敢与太太讲这件事，也嘱咐我不要讲出去，理由是，害怕讲了，太太不让他下田野。后来，我出访美国，到他家做客，他太太说要感谢我的"救命之恩"!

我们当时在深圳选了蛇口工业区和蛇口镇作为田野点，研究快速的工业化所带来的城市化，当时的深圳，工业的发展非常迅速，外来人口非常多，城市化速度很快。走在深圳街头，我问顾先生的感受，他说感觉像被外星人入侵劫后重生的画面，因为街上全是20来岁年轻人的面孔。那时的深圳城市化没有医院、学校的刚需，这也是后来深圳医疗资源、学位资源（包括幼儿园、小学、中学）奇缺的原因。可见，动态地分析人口结构的变化是多么重要!

在东莞，我们主要选择虎门镇及大宁村作为田野点。选择虎门的原因有三个：一是我们对虎门比较熟悉，过去来过几次；二是虎门在香港和广州的中间，地理位置较为便利；三是外来人口也比较多。很有名的电视剧《外来妹》中的主要场景就是在大宁村拍的。这是一种依赖劳动力密集型外资企业吸纳大量外来工而兴起的都市化模式，而深圳和广州开发区是工业化带动的城市化。我们还选择了当时的肇庆四会县和高要县。此外，因为当时南海县的一位领导很热情，我们还去了南海的西樵、官窑、平洲、大沥等镇考察。

我们通过研究珠三角发现：一是珠三角都市化发展不平衡，深圳、东莞、佛山南海发展比较快，而四会和高要的发展就滞后很多；二是珠三角发展具有差异性和多样性，每个地方都有自己的特色，形成不同的发展模式；三是珠三角的发展动力是自下而上的，村民、市民、工人、干部、企业管理者都充满活力；四是对珠三角有影响的中心城市是香港而不是广州，由此可见在这场乡村都市化运动中，行政并没有成为主导，主导者是市场和基层。

我在乡村都市化研究中对都市化进行了分类，分为都市边缘地区、村镇和工业区的都市化。同时也提出乡村都市化的过程，或者说不同层级的都市化，即村落的集镇化、原有乡村集镇的市镇化、县城与小城市的城市化，以及大中城市的国际化。后来我在对深圳的继续研究中，又增加了自然村的"城市小区化"。

上述研究的成果用中英文发表，一部分中文文章收录在《中国乡村都市化》① 一书中，这本书由许学强先生作序。许先生是人文地理学家，具有世界性眼光。他领导的团队对珠三角做了系统的研究，吴良镛院士当时对他极为赞赏。许先生在序中指出了人类学家研究的特色：本书的作者注重城市化过程中人的观念及生活方式的变化，也可以说就是在研究一种"文化"，而不是"物化"。他认为，该研究的意义在于理论上的贡献，即作者力图科学地界定"乡村都市化"，提出了以"五化"特征为内容的定义，同时概括了乡村都市化从初级到高级的诸阶段。另外我还有10余篇文章散见在不同的中文刊物中，如《论都市边缘农村社区的都市化——广东都市化研究之一》② 发表在《社会学研究》上。一部分英文文章收录在顾定国先生的 *Farewell to Peasant China*③（《再见吧，中国农民》）一书中，一部分发表在英文刊物和文集中，算起来大概有10来篇。我与顾先生合作30年，非常愉快，课题申请书、英文的文章，大都是他翻译或者他请人翻译的，现在已有30多篇英文文章，多被SSCI/SCI收录。此外，我还发表了两篇日文文章，是王建新教授帮忙翻译的，德国的柯兰君教授还帮我翻译成德文。有一次去日本国立民族学博物馆，馆长委托一位教授陪我参观。这位日本教授很直率，说仅仅是奉命陪我。他带我参观了图书馆，特别进了现刊室，那天我很得意，因为在摆出的现刊中有10多本刊物中有我的文章，他知道后态度一下子发生了大转变，从公事公办变得非常热情，还特别请我吃了中午饭。

这一时期除了与顾先生合作外，我还与其他国内外学者有合作，如加拿大温哥华大学的詹森（Granm Janson）、格林·彼得森（Green Peterson），以及维多利亚大学的温远芳。我多次陪詹森教授去珠三角追踪他研究的四个点。詹森早在1972年就访问过中国，他当时在广东要求去乡镇调查，中国政府给他介绍了四个田野点：广州的罗岗镇、人和镇，顺德勒流的南水

---

① 周大鸣、郭正林等：《中国乡村都市化》，广州人民出版社，1996。
② 周大鸣：《论都市边缘农村社区的都市化——广东都市化研究之一》，《社会学研究》1993年第6期。
③ Gregory Eliyu Guldin, *Farewell to Peasant China*, Routledge, 1997。

村，台山的端芬镇。詹森教授是《从中国到加拿大》①一书的作者，他会讲台山话，自访问那四个点后，以后每隔两年又要回访，我跟着他访问过几次，对回访的过程感触颇深。因为他第一次访问中国是外交部安排的，到田野点则是省外事办和侨办负责的。之所以选那些点，大概是因为那些点那时候是"农业学大寨"的先进单位，但到了20世纪90年代初，这些地方不再是先进单位。因此，市县外事办都不太高兴我们回访这些田野点，顺德外事办的领导更是直接说："南水代表不了顺德！"詹森教授坚持要去，最后答应外事办去完南水再去外事办安排的地方参观。到了南水，大队书记（当时大队改为乡，但他还是自称大队书记）挽着裤腿，赤着脚，刚从田里干活回来。听他介绍，南水一直坚持集体生产制度，没有分田到户，也没有发展什么非农业。在珠三角工业最为发达的顺德，南水不得不说是另类。后来我们去了北滘、大良参观了很多大型现代化企业。顺德走的是规模化企业发展道路，据顺德的一位副市长介绍，他们不再接受1000万以下的投资，这令我很吃惊。在人和镇（现在白云机场附近），那里发展的基本上都是小型企业和养殖业，产品主要供应香港。人和镇是侨乡，很多人移民到加拿大，现在村民都说广州话，我1993年去加拿大维多利亚市的唐人街时发现，那里的人和镇移民清一色讲客家话。由此我想到变化真快，几代人后语言都发生了变化，广州北，包括花都过去是客家方言区，现在成了广州话方言区。探究这种变化是如何发生的，是很好的研究选题。温远芳是研究华侨史的专家，他出版了一本书，是专门研究从开平移民到加拿大的关姓家族的。我跟他一起去过四会，并在关姓家族的村子做过访问，有位老爷子当时90多岁，他说自己16岁移民到加拿大，上岸要交人头税，费用相当高，相当于现在的10万美元。80多岁回到家乡开平住，90岁的时候，加拿大总理给他写了一封信祝贺生日，同时还对当年加拿大政府排华、歧视华人的行为道歉。那时台山、开平的碉楼保存得很好，随处都可见。

这两位教授的研究给我很大启发。一是从家族视角去研究移民，珠三角很多村都是一村一姓，宗族很发达，移民的社会网络与家族是密切相联的。二是把移民的输入地与输出地联系起来研究。这样才可以对移民的连续性、移民与家乡的联系、移民适应的特色做出分析和解释。所以后来我

---

① 〔加〕魏安国、詹森等：《从中国到加拿大》，许步曾译，上海社会科学院出版社，1998。

在研究珠三角农民工时也强调农民工输出地与输入地比较研究的重要性。三是对一个田野点应该做持续调查、不断地追踪研究，而不是打一枪换一个地方。这也使得我在后来的研究中都坚持这一点。如对虎门大宁村的持续研究，我相继派了几位硕士研究生和博士研究生到那里做学位论文调查。我的《中国乡村都市化再研究：珠江三角洲的透视》[①] 一书就是对几个点持续回访的成果。

珠三角是我国重要的侨乡，詹森去的四个田野点都是侨乡。在台山和开平，我看到了四处可见的碉楼，以及到处张贴的开办厨师班的广告（移民前大多数人会参加厨师培训），这让我对侨乡有了很深的印象。后来我参加了广东省增强中华民族凝聚力学会的活动，该学会是担任过广东省委统战部部长的郑群先生组建的，在他的安排下，我去江门做了一些关于侨乡的调查，自然地就会与詹森、温远芳教授等人的前期研究联系起来。

刚开始大家提交的文章大部分是理论性的，翻来覆去都是比较空的东西，因此我提出做一些实地调查。会长郑群先生接受了我的建议，带我们去了新会，我们在新会选择了几个镇做调查，其中一个就是荷塘镇，统战部的人介绍说荷塘镇没有大华侨（超级富豪），但侨务工作做得很好，充分利用香港同乡会做了不少公益项目。我们还访问过几位新会籍的香港商人，一位叫陈经纶，他在内地捐资建了几所学校。当地人说得很神奇，说陈老板原来没有儿子，他捐建了中学后，就生了儿子。当时一起调查写作的社会学的蔡舒老师出了一本书，主编是学会的负责人。我自己也发了几篇文章。大体来说，这些经历使我对侨乡、海外华人华侨研究多多少少有些了解，也对我理解珠三角文化很有帮助。

我在台山做研究时发现，虽然台山的经济发展比不上顺德、东莞，但台山人消费水平很高、很有钱。原因是他们有侨汇收入，很多家庭有稳定的侨汇收入，因而养成了一种高消费的习惯。当时让我印象特别深的是，台山的男人整天都在各个饭店消费，从喝早茶到晚上吃饭，谈论的大多是与移民相关的话题。台山外事侨务局的人说，台山人去美国大部分从餐厅开始干起，平时在家里不做饭，只是到开始办移民手续时，才会参加各种

---

① 周大鸣：《中国乡村都市化再研究：珠江三角洲的透视》，社会科学文献出版社，2015。该书出版以后反响很好，被纳入"中华学术外译项目"，英文版于2021年在Routledge出版社出版。

各样的烹调班学做菜。他们平时是到饭店里面吃饭,一到北美以后先从厨师做起,然后就办餐厅。有些家庭已经很富裕,有的人已经当老板甚至办了工厂,但是他们还是要想方设法移民。我在《侨乡与移民文化》[①]一文中就提出,侨乡文化最重要的特征就是把移民作为成功的标准和追求的目标。

2008年我们又做了乡村都市化再研究的项目,拿到了教育部人文社会科学重点研究基地重大项目,初步完成后,又申请到国家社会科学基金后期资助项目。这个调查就是以我们早期乡村都市化研究为基础的,选择了7个田野调查点来看20年来都市化的过程和问题。

我们研究的整体目标有以下三个。

一是选择原来做过实地调查的点进行追踪研究,一方面了解20世纪90年代以来的变化,另一方面从一个更长的时间维度来看乡村都市化的过程。我们选择了东莞虎门的大宁村、南海的西樵、广州大学城北亭、珠海的唐家湾、中山的小榄、顺德的大良、深圳龙岗的龙东等田野点,前期已经有学生在这7个点做过硕士或博士学位论文调查,有大量的学术积累。如基于对大宁村的调查研究,学生们写了1篇博士学位论文和3篇硕士学位论文;基于对西樵的调查研究,写了4篇硕士学位论文;基于对唐家湾的研究,写了2篇硕士学位论文和1篇博士学位论文。为了指导论文,我也多次到田野点考察,熟悉田野点的全貌和特征,这有利于更深入、更准确地来理解乡村发展的过程。

二是检验我们在进行乡村都市化研究时提出的理论预设。在乡村都市化研究中,我们提出了几个重要的观点。其一,反对人口从乡村向城市集聚的观点,而强调城市化主要表现在生活方式的转变上,并提出了"五化"的测量指标;其二,指出乡村都市化是自下而上的、自发的一种在地的都市化,而不是空间的集聚,即自然村的社区化、行政村的集镇化,以及原有集镇的大都市化;其三,中国的城市化走的是"农村包围城市"的道路,珠三角是小城镇的发展推动了大都市的发展以及大都会区的形成;其四,我们提出,工业化与城市化从"二化异步"到"二化同步"发展,工业化只有与城市化同步发展才是健康发展之路。

[①] 周大鸣:《侨乡与移民文化》,载周大鸣、柯群英主编《侨乡移民与地方社会》,民族出版社,2003。

三是以乡村都市化后出现的焦点问题为研究导向，结合个案进行研究。这些问题包括都市化过程中地方与国家的关系、从乡村到都市过程中社会结构的转型和人们文化意识的转变、失地农民的生活适应过程、乡村传统组织在都市化后的变化、"村改居"、集体资产的变化与转型等。

上述三点是在每个田野点调查研究时要注意的地方，但在实际的研究中，我们会根据田野点的特色从不同的视野来分析。例如，我们在对虎门大宁村的调查研究中，详细描述了村落都市化的全过程，即从"农业村"到"工业村"，再到"城市村"，最后成为"城市社区"。在这一过程中可以看到本地人与外来人的关系（从"二元社区"到逐步融合），国家和地方政府与村落的关系（从自发的城市化到纳入整体城市规划管理的过程），村集体经济从发展到繁荣再到衰落的过程。在对南海西樵民乐村的调查研究中，我们透过历史结合现状，谈论乡村都市化与地方现代性的关系。顺德南海这一区域是我国现代缫丝业的发源地，改革开放以后又重拾传统，成为纺织业的重镇。民乐村的发展过程与大宁不同：一是这里有工业的传统，宗族与近代的缫丝业同步发展；二是分散的丝织业因为销售需要在村中形成闹市，因而成为"村中城"似的集镇化。① 随着城市化的加速，失地农民日益增多，在对广州和珠海唐家湾的调查研究中，我们主要探讨了失地农民的适应与发展，以及失地所导致的心理适应问题。在对中山小榄的调查研究中，我们探讨了"村改居"的问题，发达地区村委会改成社区居委会是普遍的现象，可改制遭到村民抵抗，所以造成"村改居"成为一个漫长的过程。虽然组织名称改为了居委会，但小榄村"村"的特征却还顽强存在。对顺德大良的调查研究是从志愿者服务角度来看城市化的过程，我们习惯把志愿者服务看成是城市所特有的，看成是城市生活成熟的表现。顺德是工业化和城市化发展较快的地方，志愿者服务也起步早，经历了从"雷锋式"做好事的服务，到成熟的购买服务的过程。对深圳龙岗龙东的调查研究发现，这里的本地居民是客家人，宗族组织比较发达，至今还保留着面积最大的围龙屋。② 因此，我们考察了这个村的宗族组织从农村宗族发展为城市宗族的过程，指出宗族作为一种社会组织其本身具有

---

① 参见杨小柳《"村中城"：一种乡村都市化类型的研究》，《思想战线》2017年第3期。
② "鹤湖新居"占地2.5万平方米（现为深圳客家民俗博物馆）；我们在20世纪90年代调查时发现屋内居住了上万农民工。

工具性，可以发挥其积极性的功能。

我在《中国乡村都市化再研究：珠江三角洲的透视》中也指出相关的问题。一是土地利用问题。区域整体统筹和综合调控作用弱，土地制度改革的各自为政，也使得土地制度多样化，村、镇、县市都有自定的制度。二是城镇规划难以统一协调。过去自发的发展，形成了自然村、行政村、集镇、县城或市中心不同层级的城市化，已经建成的设施难以整合。城市里有"城中村"，镇里有"镇中村"，村里有"村中城"，要相互协调统一规划难度很大。这几年的"三旧"改造，实际上就是拆除不协调的物业。三是产业发展方面。人口结构与经济结构的失衡，造成就业结构与产业结构的失衡。简单讲，就是产业分布在珠三角，而就业的人主要来自区外和省外，一方面导致就业人口的流动性大、稳定性差，另一方面也导致离乡人口的"两栖化"。四是社会公共服务方面。总体上是社会发展滞后于经济发展，"城乡二元"和"本外二元"结构依然存在，影响着社会公共服务建设。五是行政管理方面。区域间的竞争激烈，缺乏有效的协调机制；不同层级间的管理，强调从上至下的领导，缺乏合理的赋权和反馈协调机制。如村改居后，居委会的权力远比村委会小，对于原有的集体经济，居委会只能"维持"而无发展的主动权；有的集镇已经发展到城市的规模，但仍然沿袭原有的乡镇模式，各方面权限受到限制，难以满足实际的需求；地级市纷纷把下属的县改区，这严重地束缚了县区的发展，如东莞从县直升为地级市，顺德和南海被改成区，原来顺德和南海各自经济发展水平比东莞高，可是现在两者加起来还比不上东莞。六是经济增长与环境保护、资源利用的矛盾尚未消除，永续发展问题突出。

二　珠三角农民工与移民研究

关于珠三角研究，我的另外一个重要的领域是农民工研究。我已有专文发表，在此做些简单的介绍。农民工是后来的称呼，刚开始称其为"外来人""外来工"等，外来工属移民的范围，因为户籍制度的限制无法真正成为移民，这才形成了中国特有的人群。外来工研究实际上是乡村都市化研究的一个副产品，因为我们在珠三角各地调查时发现有大量的外来人口，他们或者务农，或者在工厂里打工，或者在建筑工地打工。我们发现这批人以后，马上将其纳入研究的视野。真是无心插柳柳成荫。2000年以前我关于农民工研究的文章，部分收录在《渴望生存：农民工流动的人类学考察》①一书中。

提到农民工研究，就不得不提到在1989年年底召开的中国第一届都市人类学的国际会议。会上我提交了题为《珠江三角洲的人口移动与文化适应》的文章，对珠三角的外来人口的规模进行了估计，阐明了外来人口在珠江东西两岸的分布和分类。我把外来人口分成三种类型。第一种是离乡不离土的，或者叫宜农型的。很多人离开了本土，但是还是从事农业。珠三角这个地方很特殊，通过不断地围海造田，再加上大量的人口外移到香港、澳门，因此人均土地面积比较多。当时一些农民到城市周边承包耕地、鱼塘、果园、养殖场等，虽然离开了本地，但还是以务农为生。第二种是离土不离乡的。改革开放以后，乡镇企业兴起，尤其是"三来一补"劳动力密集型企业的兴起，不仅迅速吸纳了本地的劳动力，还开始吸收外来的劳动力，所以很多人离开了本土到城镇从事工业。第三种是离土又离乡的，即离开了本土，到工厂里面去工作的劳动力。当时这一类人也可以分成三种类型：一是商品粮户口，粮食按计划和凭证供应，主要是由于城镇扩展，租用土地，大批农民转化为商品粮户口；二是"三自理"（自理口粮、自理户口，自理职业），即从农村迁入城镇的人，大部分人是属于这一类的；三是自筹粮户口。

我在这篇文章中对珠三角地区的劳动人口规模进行了估计，认为珠三角外来人口可能有300万到400万，而且这些劳动人口主要是在"三来一补"这一类的劳动力密集型企业里工作。我也对外来工分布情况进行了分析，分成东线、中线和外围3个区域，同时把外来工分成了4种类型。第一类是企业工人。可以进一步细分为国营或者镇办大型企业中的合同工、"三来一补"企业中的工人和私营个体企业中的劳动者。第二类是散工，即外来劳动人口中从事各种自由职业的人口，他们既没有经营证件，也不是合法的雇用者。第三类是农业工，即离乡不离土的人。这类人包括专业承包者，比如水稻、鱼塘、蔬菜、果园等承包者，不少人是举家迁到珠三角。随着各类农场与鸡场、猪场增多，需要更多这方面的工人。农业工分为长工与短工，长工是给农业专业户打工，在主人家吃住，年底拿工钱；

---

① 周大鸣：《渴望生存：农民工流动的人类学考察》，中山大学出版社，2005。

短工就是农忙时的雇工，工作往往按件给钱，这在当时也是蛮普遍的。第四类是专业人才。这是一大批有大专及以上文化程度者，通过各种正当的手续流动到珠三角，当时的说法叫"一江春水向东流"，可见当时来珠三角创业、就业的各类大学毕业生非常多，所以，珠三角的基础教育质量能够迅速提升，与大量外来的教师有关系。我最后讨论了外来人口的文化适应，包括本地人与外来工如何相处等。这大概是国内最早的关于农民工的学术文章之一（此前，媒体报道甚多，但多是负面的评价），所以这篇文章当时在国际会议上影响很大，同时被几个刊物看中，最后被《社会科学战线》抢先发表。另外，也吸引了一些国外的学者以及国际基金来关注中国农民工研究。

自此以后，我开始自觉地做农民工研究，申请了一些项目，如1992年的"珠江三角洲城市化进程中人口移动研究"（广东省"八五"规划一般课题）、1997年的"广州城乡接合部社区的研究：南景村追踪研究"（广州社会科学基金"九五"规划一般课题）等，也发表了一些文章。同时，我开始与北京的学者合作。一是与北京的李银河、谭深、李楯、王小波课题组合作，参与珠三角企业女工研究项目，广州这边是我和郭正林负责。该课题成果以课题组的名义发表在《中国社会科学》上。这个课题是以定量研究为主，为了设计问卷，我给他们做了关于珠三角农民工的全面的介绍。介绍内容修改后以《珠江三角洲外来劳动人口研究》[①]为题发表在《社会学研究》上，这篇文章还被评为《社会学研究》创刊十周年优秀论文，这也算是学界对我的肯定。二是与黄平、谭深、李楯、冯小双共同主持了"农民流动与性别"课题，参与的学者有长沙的邓微、四川的许蕙、南京的金一虹，广州的事务还是我与郭正林负责。课题组接受了我的建议，到农民工输出地调查。1994年春节前，课题组9人从广州坐火车到湖南郴州，大家经历了一段难忘的历程。火车站广场上人山人海，管理人员用长竹竿驱赶人群，虽然是冬天，挤进候车室已经是满身大汗，9个人中有6人丢了东西，或丢了车票，或丢了录音机，或丢了钱包。候车室里连站的地方都难以找到，一问工作人员才知道我们乘坐的车次昨天的还没有到站！我们临时想办法，直接上站台，寻找北上的车。幸亏黄平带了一本中共中央党校的毕业证书，于是月台上的负责人领我们上了卧铺车厢，我

---

① 周大鸣：《珠江三角洲外来劳动人口研究》，《社会学研究》1992年第5期。

们还补到了卧铺票！在郴州，我们到嘉禾、宜章两个农民工多的县做调查。调查结束后，回程更为艰难。我们到火车站时看到昨天送到车站的朋友还在车站，根本上不了车。最后，我们只能租了一辆车到长沙机场。有了这次经历，谭深、冯小双他们后来连续做了几个农民工输出地的调查项目，我也发了几篇关于农民工两地比较的文章。

我自认为我对农民工研究的贡献有以下七点。

第一，倡导农民工输出地与输入地的比较研究。我提出了关于农民工流动的"钟摆理论"，即由于土地制度和户籍制度的限制，农民工就像钟摆一样总是在输出地和输入地之间流动，我还尝试建立了一个钟摆模型，分析哪些因素导致流动和回流。

第二，"散工研究"。当农民工研究成为热点，大家关注企业农民工之际，我把眼光转向了对非企业雇用人群（散工）的研究。以散工的研究为例，早期住房实行的是单位分配制度，大家分到房子后会做些简单的装修，如粉刷墙体、重装线路开关、装上水龙头等。那时工资很低，大都买来材料自己动手。在街头一些十字路口坐了一些人，摆着砖头或木牌，上面写着供应泥沙白灰。买材料就要找这些人，他们不仅卖材料，还可以帮忙做泥水工。我买东西的时候就与他们聊聊天，发现他们都是从外地来打工的，于是就萌发了对这个群体做调查的设想。那时我在给本科生上"人类学概论"课，就布置了一个作业，要学生在课余时间做一个关于散工的调查。我设计了一份简单的访谈问卷，其中的部分问题是开放式问题，我要求每个学生访谈5—10个人。那个班级的学生特别给力，大概访谈了200多位散工，其中有两位男生，不仅做了很多访谈，还到了散工的居住地考察。学生还发现了一些从事非法经营的人群，如卖走私物品[①]，还有其他从事非法活动的人群。我知道后出于对学生的安全考虑禁止他们继续做下去。后来学生带我去认识了他们访谈过的人，也去散工居住地和工作场所考察，在走私贩子那里还买了台录音机（不买东西，人家不会与你闲聊）。因为这些散工就分布在中山大学周边，学生做调查也方便。珠江电影制片厂门口聚集了很多找工作的人，因为厂里经常要雇人，建筑工人更好找工作，因为到处都是工地，中山大学布匹市场聚集了大量搬运工，

[①] 那时广州这个人群很庞大，从人民大桥到海珠桥几公里的沿江路边站满了卖走私物品的人群，大约一半是潮汕人，一半是广府人，这引起了我对广东族群研究的兴趣。

随时可以为门店服务，另外就是前进路口的泥水工。根据这些访谈材料，还有自己在各地调查的记录，我给散工下了一个定义，然后进行分类描述，最后进行分析。我当时把散工分成了几类：一是建筑工地的工人，二是保姆，三是搬运工，四是其他（遇到什么就干什么）。文章《广州"外来散工"的调查与分析》发表在《社会学研究》1999年第4期上。

此后，我对散工研究的兴趣更浓，为了更深入了解这一群体的生活、工作状况，以及他们在城市里面的适应情况，我利用2000年以后陆续得到的一些资助散工研究的小额项目资金，组织2000级、2001级、2002级本科生和部分研究生在广州、东莞、顺德、番禺等地进行了大规模的调查。在此基础上申请了一个国家社会科学基金项目"中国东南沿海城市'外来散工'研究"（项目批准号：04BSH017），把散工研究扩展至厦门、南宁和杭州等地，成果集《"自由"的都市边缘人：中国东南沿海散工研究》于2007在中山大学出版社出版。该书出版以后反响不错，一年以后就有二次印刷和修订本，还在出版行业获得了优秀著作奖。此外，我还指导研究生围绕散工对一些没有做过的类别进行研究，如梅方权做了矿山研究，发现当时下井工人都不是企业正式雇用的，而是包工头根据任务多少临时叫来下井挖煤的，他们都是没有经过训练的农民工，应该也属于散工。李翠玲做了拾荒者研究，她选择对广州的一个垃圾填埋场附近的一个拾荒者聚落进行调查，一个女孩子在这个聚落住了相当长的时间进行参与观察实属难得。王琛对深圳街头卖工艺品的苗族妇女做了长时间的调查，还到她们的家乡贵州调查。田阡对深圳出租车司机进行了调查，也到了司机的家乡湖南攸县调查。他们都在此基础上完成了学位论文。

第三，提出了"二元社区"概念。这一概念主要是我针对本地人与外地人（外来工）间的关系而提出的，指出两者之间生活在同一空间内，但在社会地位、职业、收入、消费上不对称。具体来说，在农民工输入地，针对本地人与外地人的关系，我提出了"二元社区"概念。同样住在一个村（或社区）里面，在同一个空间里面，从收入、就业、消费、娱乐、休闲、心理认同等方面来看，本地人与外地人实际上是二元区隔的一种状况。而支撑"二元社区"的基础，就是"寄生性经济"——一种以土地为基础的经济体系，如出租土地、出租物业、出租房屋等。

第四，农民工的流动与转型研究。大家习惯把农民工视为一个整体，实际上其内部差异很大，另外农民工也不是静止的，而是不断流动转型的，因此需要分门别类研究。这一研究的开端与我一次去深圳的经历相关。在深圳乘坐出租车时，发现一路上司机不断用平台的对讲机讲话，可这些话我听不懂，但因为我懂几种方言，所以对方言有些敏感，就问司机讲的是哪里的话。他回答说讲的是湖南话。我不禁疑惑："我这个湖南人怎么听不懂你的湖南话？"他回答说讲的是攸县话。我继续问道："你们用攸县话对话，那深圳开出租车的攸县人不少啰？"他的回答令我惊诧，"深圳一大半的出租车司机都是攸县人"。回到学校我就让博士生田阡去关注一下深圳的出租车司机，研究地缘与业缘是如何形成的，也许这是一个好的学位论文选题。果然，以此为题，田阡顺利地完成了博士学位论文，还跟随司机去了攸县做调查。硕士生陈曦以留守儿童为切入点完成了学位论文。我还率本科生在攸县的碌田镇做了一个月的调查，后来出版了《农民的流动与转型——以湖南攸县为例》①一书。攸县是农民工输出大县，有意思的是，攸县农民外出，基本上是一镇一业，有几个镇的人是开出租车的，有的镇的人是做小五金的，有的镇的人外出开超市，我调查的碌田镇的人大多是外出开挖掘机。当时碌田镇就有7000多台挖掘机，主要在珠三角一带作业，回到广州我又让研究生去佛山调查来自碌田镇开挖掘机的人群。

根据调研结果，我把农民工分为四类：一是劳工型，纯粹以出卖劳动力为生；二是技术型，这类人掌握了一定的技能，如电脑、汽车、电器等维修工，企业中的电工、模具钳工等；三是业主型，有一定的技术，掌握了一定的生产资料，如出租车司机、货运司机、挖掘机司机等；四是投资经营型，经营一定的产业，如开旅馆、开超市、开运输公司、开小食店等。我当时调查时发现劳工型的农民工在攸县已经不足20%。

为了对企业农民工进行深入的研究，我也指导了几位研究生到企业做田野调查。如孙九霞对深圳中成文具厂的调查持续了十年，先是作为调查者，后来又作为厂里业余培训导师对该厂进行了调查。她发表的关于企业员工与族群关系的文章②，获得中国都市人类学会十年优秀成果一等奖。后来，文具厂搬迁到三水县，我又派研究生孙萧韵到厂里任职，顺便做调

---

① 周大鸣主编《农民的流动与转型——以湖南攸县为例》，知识产权出版社，2012。
② 参见孙九霞《珠江三角洲外来企业中的族群与族群关系（上）——以深圳中成文具厂为例》，《广西民族学院学报》（哲学社会科学版）2001年第3期；孙九霞《珠江三角洲外来企业中的族群与族群关系（下）——以深圳中成文具厂为例》，《广西民族学院学报》（哲学社会科学版）2001年第4期。

查。她在人事部门工作，我问她忙啥，她说每天就是帮人办离职手续和给新人办入职培训。我当即意识到这不正常——这个厂工人流动太频繁，我认为应该找一找原因，这也许是一个好的论文选题。后来她以"转工"为切入点，针对农民工代际问题进行了研究，提出了新生代农民工的概念，很好地解释了工人流动频繁的问题。对于农民工的代际划分，我用"生存"和"发展"做了简单的界定。老一代农民工求生存，改革开放之初，经济发展水平低，农民工能找到事情做、能维持温饱就满足了；新一代的农民工求发展，农村的温饱问题已经解决了，他们把进企业当成一种磨炼和学习，甚至是一条创业的途径。研究生邹琼则自己报名到一家企业当职员，以工人的身份进入企业做调查。她与企业女工同劳动、同生活，最后完成了以企业女工为主题的硕士学位论文。还有一位来自台湾的博士生，他本身是台资企业的高管，我要他关注如何吸引、如何稳定外来农民工的问题。他通过比较几家企业，得出了一个出人意料的研究结论：社会责任感差的企业比社会责任感强的企业更能吸引工人、留住工人。有的企业不允许工人加班，国家规定的医保、社保都按规定交，可是福利好了，拿到的现金就少了，工人不乐意就走人。他总结道：工人外出打工总是希望在有限的时间里挣更多的钱。而这些正是我们政策制定者没有关注到的。

第五，少数民族外来工研究。我率先倡导对移入珠三角的少数民族外来工进行研究。在农民工研究中，我发现珠三角有不少来自西部的少数民族农民工，如广西的壮族、侗族、瑶族，贵州的苗族，四川凉山的彝族，等等。大概可以分为以下四类。一是企业的员工。最早出现的是受到对口帮扶的粤北瑶族，他们受雇于支援对口扶贫的企业，成为粮食生产基地的农工、特色餐厅的服务员等。二是散工。在搬运、建筑以及家政等行业均有少数民族。三是小商小贩。如开拉面馆的主要是从青海东部来的撒拉族、回族，卖坚果的主要是维吾尔族，卖藏药的主要是藏族等。四是学校系统里的少数民族。如中学的民族学生、大学的民族预科生以及参与西部少数民族骨干计划的硕士、博士研究生。当时我跟广东省民族宗教研究院的马建钊院长合作（他也组织了专门的调研小组），举办了一系列学术活动，主编了《城市化进程中的民族问题研究》[①]。这本书影响很大，不仅推动了国内相关学术研究，推动成立了"城市民族问题研究学会"，还推动

---

① 周大鸣、马建钊主编《城市化进程中的民族问题研究》，民族出版社，2005。

了国家民族事务委员会在武汉召开了城市民族工作专题会议。

第六，提出"新移民"概念。过去因为户籍制度的限制流而不迁，通过对农民工的研究，我发现农民工中有一部分人有在输入地定居的意愿，而且也具有定居的条件。新移民概念的提出不但突破了以往农民工概念可能带来的在研究对象上的局限，也关注移民群体本身的复杂性和分化性，更是将移民过程的动态性纳入研究视野，有助于学者们区分并聚焦在输入地城市有定居意向的移民群体。而且在实践层面，它还有助于调整移民政策，将不属于城乡移民范畴的外来人口纳入政策瞄准的范围。

第七，提出了"打工经济"概念。在农民工输出地调查后，我提出了"打工经济"概念。我们在湖南、江西、四川、安徽一带做调查，就发现这些地区的农村不再以农业生产为主，经济来源主要依靠打工。打工经济的指标很简单，就是两个50%以上，一是外出务工人员占劳动力总数一半以上，二是打工的收入占家庭经济收入一半以上，打工经济成为村落的支柱产业。我觉得了解这一点很重要，中国这些地区的农村不再以农业为主！分析打工经济形成后对农村的影响就显得很重要，其直接的影响有哪些？间接的影响有哪些？即使是在近几年的精准扶贫和乡村振兴背景下，打工经济的影响仍不可忽视。我们跳出传统农民工输出大省，转而关注西北、西南地区，如甘肃、青海、贵州等地，发现打工还是重要的脱贫和振兴的途径。

三　新近在珠三角的探索

本书收集的大部分文章是我近年来发表的关于珠三角研究的论文，这些文章也代表着本人新近的一些思考。其中第一编第二篇、第三篇，第三编第一篇、第二篇文章是专为本书写作的，主要是为了完善本书的整体结构。其中，第一编第三篇、第三编第一篇、第三编第二篇文章分别在《社会科学战线》2022年第8期、《湖北民族学院学报》（哲学社会科学版）2019年第1期、《湖北民族学院学报》（哲学社会科学版）2018年第1期发表。

导论部分表述的是近年来我最重要的观点和理论预设。我认为，人口迁移规模的扩大以及频率的加快，导致人口结构的变化和文化转型，中国的城市正在经历从地域社会向移民社会的转变，城市文化正在经历从地域文化向中华民族共有文化的转变。

第一编围绕珠三角城市转型展开论述。首先，介绍了珠三角的基本情况，珠江流域的族群分布与文化；其次，对珠三角人口迁移统计数据进行分析，了解人口迁移的过程和趋势；再次，讨论了珠三角外来人口政策的变化，可见人口政策经历了从对"盲流"的围追堵截到对外来人员的严格管理，再到"善待外来工"和鼓励他们融入城市的变化；复次，描述了珠三角农村改革开放40余年的大背景；最后，讨论了珠三角从乡村到城市的文化转型。

第二编标题是"珠三角的城市移民"。这表达了我的理想，我希望农民工不是永远处在"流而不迁"的状况，而是能够融入本地社会成为真正的移民。首先，讨论农民工的"转工"问题，分析频繁转工的原因以及新生代农民工的就业选择特征；其次，对从农民工到城市新移民的转变进行了讨论；再次，对新移民中的"经营型移民"进行了专门的研究，我认为这一类人是有能力在珠三角留下来成为移民的；最后，对广州的非洲导购中介商群体进行了专题研究。

第三编的主题是"移民、都市化与'二元社区'"。回顾了明清以来移民对城市化的影响，分析了移民结构与城市化的社会特征，接着分析了移民与本地居民的关系，即从"二元社区"到社区融合，最后试图从正面来看移民，把移民看作衡量城市活力的重要指标，分析结果是移民数量与城市活力成正比。

四　致谢

写到此，本书应该结束了。珠三角研究是我学术的起点，回顾研究珠三角的历程，感觉有说不完的话，千言万语化作一句话，那就是感谢，感谢一路支持我的老师、同事、朋友和弟子们！在此，我要特别感谢为本书作出贡献的弟子们，他们分别是：第一编第三篇文章的合作者肖明远、第五篇文章的合作者陈世明，第二编第一篇文章的合作者孙箫韵、第二篇文章的合作者杨小柳、第三篇文章的合作者田洁、第四篇文章的合作者许多天，第三编第二篇文章的合作者马磊磊、第三篇文章的合作者郑梦娜、第四篇文章的合作者田絮崖。本书之所以以个人的名义来出版，有以下两个原因：其一，文章发表时，除了杨小柳，其余人都是在读的硕士研究生或博士研究生，他们的田野调查是在我的指导下完成的；其二，课题的设计、申报是我个人所为，研究的经费也由我支出。因此，我理应为本书负责。

感谢我的助手姬广绪、祁红霞、陈显林、钟宇梦、肖明远，他们为本书做了核对资料、编排、校对等工作；感谢本书的组稿编辑刘荣与文稿编辑周浩杰，她们细致、认真、负责的工作，给我留下了深刻的印象。最后要感谢所有在田野调查中给予帮助的领导、朋友以及所有的调查对象！

周大鸣
2022 年 4 月 26 日于斯盛堂